日本比較法研究所翻訳叢書
76

エーラース教授名誉学位授与記念講演集
教会・基本権・公経済法

ディルク・エーラース 著
松原光宏 編訳

Kirche, Grundrechte und
öffentliches Wirtschaftsrecht

Von
Dirk Ehlers

中央大学出版部

装幀　道吉　剛

エーラース教授名誉博士学位授与式 (2014/05/08)

ご講演「ドイツにおける国家的共同体・宗教的共同体―相互関係と発展―」
(学生によるドイツ語での質問)

祝賀会で謝辞を述べるエーラース教授

Cécile Ehlers 夫人と

只木誠(日本比較法研究所所長=当時)・山内惟介両教授と

著者まえがき / Vorwort des Autors

　この論集はまず第一に，私が2014年の春，中央大学（東京）客員教授として行った，名誉博士号授与記念講演を伝えるものである．次に，若干の，極めて多様な指向を備える私の論攷が，ドイツにて出版された書籍より集められ，共に印刷に付されている．これらの論攷は，専ら中央大学の同僚によって構成されている．私への名誉博士号授与に尽力された方々，及び，原稿を日本語へと翻訳するという，かなりの困難を伴う，極めてチャレンジングな仕事に参加された人全てに対し，私は心より御礼を申し上げたい．

　中央大学における教授職を引き受けたことも，30年以上にわたる，同大学とヴェストフェリッシェ ヴィルヘルム大学（ミュンスター）とのパートナーシップの枠組によるものであった．このパートナーシップは，日本側にあっては，山内惟介教授（法学博士・ミュンスター大学名誉法学博士）によって，ミュンスターにあっては，1990年代より2014年までまずは私により，そして今はインゴ・ゼンガー教授（法学博士）によって，進められている．客員教授の相互交換を定期的に行ったことは，日独間の法学的対話に多大な貢献をもたらしている．私自身も，中央大学を三回にわたって（1996/2005/2014）訪問することを許されるという，僥倖に恵まれた．私の最初の訪問からも，当時の講演を収めた書物が，「ヨーロッパ・ドイツ行政法の諸問題」という表題の下，日本語の書籍として出版(2008)されている．この双方の大学間のパートナーシップに基づく関係が，過去と同様に，引き続き，次世代の法律家にとって有益な形で形成されてゆくことを祈念したい．

ディルク・エーラース
Dirk Ehlers

編訳者まえがき / Vorwort des Herausgebers

　2014 年 5 月 8 日，ドイツ国法学者協会元理事長，ミュンスター大学法学部教授であるディルク・エーラース氏に対し，中央大学より名誉博士学位が授与された。本論集は，学位授与を記念して行われた三つのご講演（「ドイツにおける国家的共同体・宗教的共同体――相互関係と発展――」，「国家行政に対する私人の情報請求権」，「ヨーロッパ連合における補助金規則」）のほか，エーラース教授の学問の特徴を浮き彫りにする論考を我々が慎重に選び，訳出したものである。これによって，同教授がこれまで精力的に学問研究を進めてこられた主要領域である，教会法・基本権・公経済法はもちろん，その他のフィールドについても，本邦の読者にとってよりアクセスがしやすくなったものと思う。その優れた学問的業績は勿論，中央大学・ミュンスター大学交流にとどまらないご活動を通じ，日独の公法学研究の進展に多大なご貢献をされたこと等，名誉博士学位授与の理由については，もはやここで繰り返す必要はないであろう。エーラース教授のご経歴等については，D・エーラース（山内惟介・石川敏行・工藤達朗編訳）『エーラース教授講演集　ヨーロッパ・ドイツ行政法の諸問題』(2008) を，学位授与式の詳細については，以下の Web アドレスを参照されたい。http://www.chuo-u.ac.jp/aboutus/news/2014/05/16703/

　私事であるが，当方には 2011 年 10 月，エーラース理事長の下，ミュンスター大学にて開催されたドイツ国法学者協会・学術大会に参加する機会があった。伝統的な学会の開催中，学術報告聴講は当然であるが，会員である同僚教授より敬愛されるエーラース教授（及び令夫人）のご様子についても，度々拝見することとなった。長らく本学側の交流窓口として活躍された山内惟介教授共々，人格的にも優れたお二人の先生によって支えられてきた，既に四半世紀を超える両大学の交流史について，思いを新たにしたことは言うまでもない（私もそ

のご配慮にあずかることを許された「おもてなし」については，山内「おもてなし考（編集部註）」HAKUMON Chuo 2014 年秋号を参照して頂きたい）．学問は結局のところ，人と切り離せないものと考えるが，この一冊が，エーラース教授の学問及びお人柄について，更に深く理解する手がかりとなることを希望している．最後ではあるが，両教授が今後も，ますます活発な学問研究を続けられることを祈念したい．また，翻訳原稿の点検に尽力された，柴田憲司・土屋武の両氏，今回も出版について大変お世話になった，日本比較法研究所事務室のみなさん，更に中央大学出版部の小林瑞穂氏にも，この場をお借りし，改めて御礼申し上げたい．

2016 年 9 月

訳者を代表して 松 原 光 宏
Mitsuhiro Matsubara

目　次

著者まえがき　　　i
編訳者まえがき　　iii

I. ドイツにおける国家的共同体・宗教的共同体
　　――相互関係と発展――
　　　　　　　　　……………………松原光宏・村山美樹訳…1

II. 国家行政に対する私人の情報請求権
　　　　　　　　　…………………………柴田憲司訳…21

III. ヨーロッパ連合における補助金規制
　　　　　　　　　……………………………山内惟介訳…49

IV. 土地および環境の使用にかかる財産権保護，社会的拘束と公用収用
　　　　　　　　　……………………………土屋　　武訳…75

V. 憲法と行政法
　　　　　　　　　……………………………工藤達朗訳…121

VI. 基本法140条
　　　　　　　　　……………………吉岡万季・村山美樹訳…147

＊脚注の表記方法につき相互に不揃いが見られるが，全て原文を尊重した結果である．

Dirk Ehlers, Kirche, Grundrechte und öffentliches Wirtschaftsrecht

Inhaltsverzeichnis

Vorwort des Autors
Vorwort des Herausgebers

I. Staats- und Religionsgemeinschaften - ihre Beziehungen und Entwicklung in Deutschland (Originalbeitrag)
 Übersetzung von Prof. Dr. Mitsuhiro Matsubara/Miki Murayama
II. Informationsansprüche Privater gegen die staatliche Verwaltung (Originalbeitrag)
 Übersetzung von Assis. Prof. Dr. Kenji Shibata
III. Die Europäische Beihilfekontrolle (Originalbeitrag)
 Übersetzung von Prof. Dr. Dr. h.c. Koresuke Yamauchi
IV. Eigentumsschutz, Sozialbindung und Enteignung bei der Nutzung von Boden und Umwelt, in: VVDStRL 51 (1992), S. 214 ff.
 Übersetzung von Assoc. Prof. Takeshi Tsuchiya
V. Verfassungsrecht und Verwaltungsrecht, in: Erichsen/Ehlers (Hrsg.), Allgemeines Verwaltungsrecht, 14. Aufl., 2010, S. 237 ff.
 Übersetzung von Prof. Tatsuro Kudo
VI. Art. 140 GG, in: M. Sachs (Hrsg.), Grundgesetz. Kommentar, 7. Aufl., 2014, S. 2546 ff.
 Übersetzung von Maki Yoshioka/Miki Murayama

I. ドイツにおける国家的共同体・宗教的共同体
　　　――相互関係と発展――

Staats- und Religionsgemeinschaften - ihre
Beziehungen und Entwicklung in Deutschland (Originalbeitrag)

松　原　光　宏・村　山　美　樹　訳
Übersetzung von Prof. Dr. Mitsuhiro Matsubara/Miki Murayama

目　次

I. 初期と中世：宗教的・世俗的兆候の下での国教主義
II. 宗教改革時代から第一次世界大戦終結まで：
　　宗教の自由と宗教的平等保障の端緒
III. 今日における法的状況
　1. 憲法上の基礎
　　a) ワイマール憲法
　　b) 基　本　法
　　c) ドイツ宗教法における本質的な標識
　2. 欧州人権条約
　3. アクチュアルな問題提起
　　a) 世　俗　化
　　b) 多　元　化
IV. 結　　　論

今日，人間の行動および公共体（Gemeinwesen）におけるその共同生活は，国家法によって統御されている．しかしながら同時に，宗教および宗教共同体は，人間に対し全般にわたって働きかけを行っており，超越論的な（transzendental）演繹を引き合いに出すことによって，行為を宗教上の要請に合致させるよう要求する．従って各々の要求が食い違う場合には，重大な衝突が生じることがある．国家というものがその時々において有する憲法秩序は，国家法が宗教および宗教的共同体をどのように取り扱っているかによって，かなりの程度，特徴づけられる．この判断のためには，第一に宗教の自由が――それをもってこの自由の姉妹として，同時に宗教上の平等もまた――保障されているか否かが重要である．歴史的にみれば，宗教の自由保障は，そもそも最古の基本権保障に属しているが，このことは偶然ではない．なぜなら宗教の自由なくしては，**いかなる**自由も存しないことは明らかだからである．こうしたことに対応し，宗教の自由は今日，国家的憲法のみならず，世界人権宣言（18条），市民的及び政治的権利に関する国際規約（18条），欧州人権条約（9条）等，人権に関する国際的な取り決めによっても保障された人権（Menschenrechte）として妥当している．

　このことから宗教の自由が確保されていると結論するならば，それは早計であるのみならず，誤りとなる．一方では，宗教の自由を認めていない国家が依然として存在している．他方では，法令集の法と実践の法は区別されなければならない．信頼性ある報告が一致して述べるところによれば，宗教の自由への侵害は，世界的にみて拡大の途にある[1]．それどころか一部では，世界人口の75％は，宗教上の行為が無条件に保障されてはいない国家に生活していると

---

1) 例えばその一例として，国連特別報告を示す．Bielefeldt, Streit um Religionsfreiheit. Aktuelle Facetten der internationalen Debatte 2012; Heimbach-Steinz, Religionsfreiheit, ein Menschenrecht unter Druck, 2012.

さえ論じられる²⁾．たとえば，キリスト教徒迫害³⁾，相互に異なるイスラム信仰宗派間における，暴力を伴う（一部には，進んで戦争のような国際的または非国際的な）対立，仏教徒とイスラム教徒間での敵対的活動といった事態に至ることも，決して珍しいことではない．これらの侵害は常に国家に由来するとは限らず，しばしば，社会的勢力による侵害に基づいている．だが，そのことにより，国家は免責されるわけではない．なぜなら宗教の自由の権利は，防禦権であるだけではなく，私人による違法な介入（Eingriffe）に対する，国家的保護を要請するものだからである⁴⁾．

他方においては，宗教に自由の領域を残すか，または国家として，宗教と結びつくことによって，問題が語り尽くされるというわけでもない．この自由は，宗教によって抑圧されることもあり得るからである．例えば神権主義的支配というものは，国家の強制的支配よりは自由にとって脅威的でない，というわけではない．かつてのドイツ女性革命家のしばしば引用される言葉によれば，自由とは常に，思想を異にする者の自由でもあるということができる（ローザ・ルクセンブルク）⁵⁾．これら全てのことは，相互に反する利益は調節されなければならないということ，および，拘束を伴わない自由というものは，通例，

---

2) Vgl. den Bericht Rising Tide of Restrictions on Religion des Pew Research Centers on Religions & Public Life, 2012 (Index, S. 52 ff.)

3) その詳細については，EKD, Bedrohung der Religionsfreiheit, Erfahrung von Christen in verschidenen Ländern, 2003. それどころかイスラム的傾向を持つ二，三の国家では，キリスト教への改宗は死刑をもって罰せられる．

4) ドイツ法における（私的第三者による）基本権制限に対する保護義務について，一般的には，Calliess, Schutzpflichten, in: Merten/ Papier (Hrsg.), Handbuch der Grundrechte, Bd. II, 2006, §44, 欧州人権条約における保護義務については Grabenwarter/Pabel, Europäische Menschenrechtskonvention, 5. Aufl. 2012, §19 Rn 3 ff.; 個別的に宗教の自由については，Unruh, Religionsverfassungsrecht, 2. Aufl. 2011, §4 Rn 104 f.; v. Ungern-Sternberg, in: Karpenstein/Mayer (Hrsg.), EMRK, 2012, Art. 9 Rn 52.

5) Roza Luxemburg, Die Russische Revolution. Eine kritische Würdigung, 1920, S. 109.

存しないこと——つまり，公共体における一定のルール承認——を，すでに明らかにしている．

　国家は，生み出される挑戦に対し，様々な形で対応を行ってきた．国家と宗教的共同体の整序のあり方に目を向けるならば，理論上のみならず現実においても，宗教の扱いについて，3つの形式が区別されうる．つまり，国家と宗教的共同体の結合，双方の統一体の厳格な分離，または，国家と宗教共同体との分離から出発するものの，相互の協働（Kooperation）を排除しない，両者の中間的モデルがそれである．

　結合モデルは，国家による宗教的共同体の掌握（Einvernahme）または統制（Kontrolle）に行き着く可能性があるが，同時に，その他全ての宗教的団体を抑圧または制圧する可能性がある（少なくとも過去にあってはトルコにおいて，そうした傾向が認められた[6]）．このモデルは逆に，国家を宗教的共同体に服従させることもありうる（宗教指導者の最終決定権を伴うイラン＝イスラム共和国において，そのような傾向が認められる[7]）が，多かれ少なかれ，ただ歴史的意義を有するに過ぎない場合もある（その時々の君主がイングランド国教会の長に就くものの，宗教上の指導的作用とは結びつけられることはない，イギリスなど[8]）．国家と宗教的共同体の分離モデルは，世俗的な事柄と宗教上の事柄を，互いに引き離すことを狙いとする[9]．公的空間から宗教的共同体を

---

6) トルコにおける国家世俗主義（Staatslaizismus）については，1982年トルコ憲法前文，2条，136条，174条を参照．この点および——宗務庁（Diynaet İşleri Başkanliği）（——の詳細については，VerfGE 1970/ 53; 1989/ 1; Uslubaş, Das Präsidium der Diyanet-Angelegenheiten der Republik Türkei, 2014, S. 188 ff.
7) イラン＝イスラム共和国憲法107条以下を参照．
8) Mückl, Europäisierung des Staatskirchenrechts, 2005, S. 78 ff., 99 ff.
9) 日本法に関しては，参照，日本国憲法20条1〜3項，89条．絶対分離の困難さについては，参照，津地鎮祭事件最高裁大法廷判決（1977年7月13日：目的・効果テスト）．更に参照，空知太神社事件最高裁大法廷判決（2010年1月20日）．判

締め出し,私的領域へと追いやることが,その主要な方向性からみて問題となっている場合には,分離は厳格,といえる[10].ヨーロッパにおける例としては,とりわけ分離法 (1905) により導入されたフランスにおけるライシテ (Laizität) を,こうした狙いを持つものとして挙げることができる.中間的モデルにとっては,同時に協働が認められているとはいえ,分離が原則となる.このモデルは,ドイツにおいて際立って現れたのである.以下,いかにしてそうなったのかについて,手短に跡づけることにしたい[11].それはこの発展が,様々な観点においてヨーロッパという地域にとって特徴的であり,比較法 (Rechtsvergleich) を喚起しうるし,そうあるべきだからでもある.

I. 初期と中世:宗教的・世俗的兆候の下での国教主義

古代ヨーロッパにおいては,政治的公共体と宗教は分かちがたく,互いに緊密な関係にあったが,キリスト教の台頭と共に,状況は変化した.聖書においては,その関係について異なる言明が認められる.一方では「人間に従うよりも,神に従わなくてはなりません(使徒言行録,5章29節)」とされるが,他方では「人は皆,上に立つ権威に従うべきです(ローマの信徒への手紙,13章1節)」とされる.この関係性についての規定の相違は,キリスト教徒が迫害されていた間は,特に注意を引きつけるようなものではなかった.しかし,キリスト教が国教となって以降(紀元後380年),この相違は重要性を帯びる

例の詳細については,Matsui, The Constition of Japan. A Contextual Analysis, 2011, S. 189 ff. 日本の宗教法については更に参照,Zacharias, The relationship between State and Religion in Japan, 2004.

10) Vgl. Art. 2 I der Verfassung der Fünften Republik vom 4.10.1958 sowie vor allem das Trennungsgesetz vom 9.12.1905. この詳細については,v. Campenhausen, Staat und Kirche in Frankreich, 1962; Mückl (Fn 8), S. 143 ff.

11) その一例として参照,v.Campenhausen/deWall, Staatskirchenrecht, 4. Aufl. 2006, §§24 ff.; Heckel, AöR 134 (209), S. 309 ff.; Ehlers, in: Leitgedanken des Rechts, Paul Kirchhof zum 70. Geburtstag, 2013, §130 Rn 3 ff.

こととなった．東ローマ帝国においては，皇帝教皇主義が展開された[12]．皇帝は，皇帝に服し皇帝に従属した存在である，教会を支配した．それに対し西ローマ帝国においては，教皇（つまり，カトリック教会）が，宗教上の権力についてのみならず，世俗的な権力についても，支配権（Oberhoheit）を要求した．これは論争を呼び起こし，中世においては，激しい形をとって継続された．一般的には，いわゆる両剣論（Zweischwerterlehre）の基準に基づくこととされていた．それによれば，神は，二つの剣――霊的および世俗的な剣――を通じて統治を行う．剣は双方とも，教皇に授与されていたが，世俗的な剣については，皇帝，王または領主へと引き渡すという基準を伴う．もっとも彼らは，教皇の指図に基づいてそれを行使しなければならない[13]，というものである．この際には，とりわけ，ローマ皇帝コンスタンティヌス1世による教会への寄進が援用されていたのだが，漸く数百年後に証明されたように，そうした事実は，実際には存在していなかったのである[14]．自治都市を含む世俗の権力保持者が，世俗の事項においても教会に服従することを度々拒否し，一部では逆に，司教を聖職へと任命する権利を自らのために要求したというのは[15]，決して驚くべきことではない．たとえば，中世期全体は，政治と宗教が互いに融合させられた領主司教区（Fürstbistümer）の設立に成功していない限り，宗教的権力と世俗的権力との間の権力闘争によって特徴づけられる．対外的には，ムスリムに支配された領域への軍事行動，とりわけ十字軍の形式をとった行動が，繰り返し行われた．対内的には，カトリック教会は権力闘争を免れずにはいられなくなり，一時的な宗教的分裂，および異端審問による異端者への継続的迫害にまで至った．

---

12) De Wall/Muckel, Kirchenrecht, 4. Aufl. 2014, §2 Rn 10.
13) Vgl. Bulle Unam sanctam von 1289; vgl. dazu Link, Kirchliche Rechtsgeschichte, 2. Aufl. 2010, §, Rn 1.
14) Vgl. Link (Fn 13), §5 Rn 10.
15) 叙任権闘争については，参照，deWall/Muckel (Fn 12), §3 Rn 3.

II. 宗教改革時代から第一次世界大戦終結まで：
宗教の自由と宗教的平等保障の端緒

　ドイツにおける法的状況は，宗教改革をもって根本的に変化した．なぜならこれ以降，カトリックとならびプロテスタントも，つまり第二宗派も重視しなければならなくなったからである．ツヴィングリやカルヴァンといった宗教改革者を信奉する者をも考慮に入れるならば，それどころか三つの宗派といわなくてはならなくなるだろう．この新しい状況は血に塗られた宗教戦争へと至ったが，アウグスブルクの宗教和議（1555）[16]においても終結をみることはなかった．それにもかかわらずこの和議は，法的状況を規定することとなった．平和条約締結問題の解決は，二重の方法によった．領邦内においては領邦君主の宗教に従い，宗教が決定された．「領土を治める者が，宗教を決める（cuius regio, eius religio）」という原則が妥当したのである．信仰を異にする者には，少なくとも移住の権利が認容された——もとより，その財産を残してゆくという，条件つきである．これに対し帝国（Reich）のレベル，つまり様々な領邦（Länder）の連合においては，西洋史上初めて，異なる（すなわち，カトリックおよびプロテスタント）宗教の共存およびその同質性の承認が実現した．ここに見出された解決方法は，その約100年後，30年戦争終結（1648）後には弱められた．その理由は，これ以降，1624年が，宗派地位（Konfessionsstatus）が従うべき基準年として規定されたからである[17]．このため，もとより領邦君主は信仰を変更することが可能であるが，臣下はそれに従う必要はないという結果が生じた．さらに，信仰を異にする臣下は寛容され，家庭内礼拝および礼拝式の訪問も妨げられないとされた．こうしてフランス革命のはるか以前に，基本権保障への最初の一歩が踏み出された．さらに教会に関わる領邦君主の指

---

16) この点については，参照，Schilling/ Smolinsky (Hrsg.), Der Augsburger Religionsfrieden 1555, 2007.

17) Art. V §3 ff. Instrumentum Pacis Osnabrugense.

導的権利は，その後，少なくともプロテスタント領域においては，始まりつつある啓蒙主義のゆえもあり，ますます制限された．この領域では，プロイセンのフリードリヒ大王のモットーが広範に認められていたが，それによれば，各人はその流儀に基づいて幸せになるとされた．このことは，ユグノー派またはユダヤ教徒といった信仰を異にする者にとっても，プラスになった．ナポレオンの時代には，多くのカトリック教領主司教区が世俗化された．アメリカ憲法およびフランス人権宣言に準拠しつつ，信仰と良心の完全な自由の保障を伴う，統一的憲法(フランクフルト憲法＝訳者)を創設しようとする1849年の試みは，確かに復古（Restauration）により頓挫した．それにもかかわらず，自由に関わる重要な内実は，多様なラント憲法（とりわけ，プロイセン憲法＝1850[18])において書きとどめられた．したがって，宗教改革～第一次世界大戦までのこの時代は，法治国家へと至る長い道のりとして特徴づけることが可能である．

Ⅲ．今日における法的状況

1．憲法上の基礎

a）ワイマール憲法

　君主制が（いわゆる）ワイマール共和制に取って代わられたことに伴い，宗教の自由や宗教的平等といった権利を含む基本権が最終的に承認されたことは，ブレイクスルーを引き起こした．ワイマール憲法（1919）は「信仰及び良心の完全な自由」を，ライヒ住民すべてに保障した（ワイマール憲法135条）．また，国教会の禁止をもって，国家と教会との分離（同法137条1項）を導入したが，宗教的共同体の自己決定権が同時に保障されていた(同法137条3項)．同法により，積極的な宗教の自由のみならず，消極的な宗教の自由（つまり，宗教的もしくは世界観に関わる確信をもたない，行使しない権利，またはこれ

---

18) とりわけ参照，12条（宗教上の信仰告白の自由，宗教的共同体結成の自由，家庭及び公共における共同の宗教的行為の自由）及び15条（教会における自己決定権）．

らを秘匿する権利）もまた，保護されている．伝統的な宗教的共同体は，教会税徴収の権利を有する，公法上の社団のままである（同法 137 条 5 項・6 項）．その他全ての宗教的共同体にも，存続の見込みが確実にあるものに限り，同様の扱いが認められた．公立の宗派学校（すなわち，特定宗派に準拠した国立の学校）は，教育について決定権を有する者が望む場合には，公立の宗派共同学校と並び，許容された（149 条 2 項）．さらに，公立学校においては，宗派に結び付けられた宗教教育が提供されなければならなかったが，その出席は，自由意思に基づくものであった（149 条 1 項）．従来の（すなわち，キリスト教的な）大学神学部は存置された（149 条 3 項）．日曜日（139 条）も，宗教的共同体の財産（138 条 2 項）も，共に国家による特別な保護の下におかれ，宗教的共同体は，かつての財産世俗化（Säkularisierungen）への補償を得ることとなった（138 条 1 項）．最後に，宗教的共同体には，国家の営造物（例えば，病院または刑務所といった施設）において，司牧（Seelsorge）を行う権利が認められていた（141 条）．

b）基 本 法

基本法はワイマール憲法の諸規定を概ね引き継いだ．もとより憲法の冒頭に位置する基本権，および，それをもって宗教の自由の基本権（基本法 4 条 1 項・2 項）にも，ワイマール時代よりもはるかに強い効力が認められる．これらの基本権が，出訴可能な主観的権利であることについては，もはや疑う余地はない．出訴の途が尽きた場合には，連邦憲法裁判所へ憲法異議を提起できる（基本法 93 条 1 項 4a 号）．宗教の自由と宗教的平等は，宗教についての法の基盤に相当し，その内容形成に対しては，引き続き効力をもつワイマール憲法の制度についての規定——例えば租税徴収権——に関しても，指針および基準を付与する．もっとも，宗教の自由は無制限に妥当するものではない．個人の宗教の自由の場合，その限界は，少なくとも衝突する憲法，とりわけ他者の基本権（たとえば意見表明の自由）[19]に認められるし，宗教的共同体は，全ての者に妥当する法律には，依然として拘束される（基本法 140 条と結びついたワイマー

ル憲法137条3項1文).宗教の自由への介入(Eingriffe)は,いかなる場合においても比例的でなければならない[20].ドイツ法において発展した比例性原則の基準は,その他の(同原則適用が行われる)憲法秩序と比較しても,きわめて厳格に適用されている.けれども極端な場合には,宗教的共同体といえども,——例えば暴力的であったり,または人間の尊厳を無視する場合には——禁止することが許される[21].

c) ドイツ宗教法における本質的な標識

ドイツ宗教法における主要な要素をスケッチしようと試みる場合,まず確認できるのは,国家と宗教的共同体による共同の法ではなく,国家法が問題となるということである.このことは,ドイツでは広く普及している国家教会条約,すなわち,国家側では立法者もしくは議会の同意が必要とされる,国家と宗教的共同体間における,政教条約(Konkordate)にも,協定に基づく合意(vertragliches Übereinkommen)にも,該当する[22].それは,その法的性質を基準とすれば,カトリック教会の関係においては国際法上の条約が,その他の場合においては国家法に基づく協定(Verträge)が問題となっている.国家法の解釈,具体化および適用は国家機関の義務であり,争いある場合には,裁判所の義務となる.したがって,宗教,宗教の自由および宗教的共同体の下,憲法上何が理解されるかについての決定は,例えば,基本権享有主体の自己理解に

---

19) Vgl. BVerfGE 28, 243 (260 ff.); 108, 282 (297).ムハンマド風刺画を巡る論議については,参照(国際的観点より),Nathwani, Freedom of expression and religious feelings, in: Nielsen u.a. (Hrsg.), Yearbook of Muslims in Europe I, 2009, S. 507 ff.; Langer, The rise (and Fall?) of Defamation of Religions, in: Yale Journal of International Law 35 (2010), 257 ff.

20) BVerfGE 67, 157 (173); 70, 278 (286); 104, 337 (347 ff.).

21) BVerfG (K), NJW 2004, 47 (48); BVerwG, DVBl 2003, S. 873 f.; EGMR, EuGRZ 2007, S. 543.日本の比較可能な状況については,参照,宗教法人オウム真理教解散命令事件最高裁決定(1996年1月30日).

22) Ehlers, in: Will (Hrsg.), Die Privilegien und das Grundgesetz, 2011, S. 75 ff.

委ねられたままにはできない[23]。国家は，自ら定義できないものについて，これを保護することはできない．「憲法とは，裁判官がそうであるというものである」，合衆国最高裁判所長官ヒューズのこの言明は，合衆国にのみ当てはまるわけではない．裁判権は，ドイツにあっては，宗教または世界観を，世界全体ならびに人間生命の起源およびその目的に関する特定の言説についての，人間人格に結びつけられた確信として理解している．その際，宗教は，人間を凌駕し包摂する，（超越的な）現実を基礎とするとされ，他方で世界観は，この世界における（内在的な）関係に限定される[24]．宗教の自由の保護領域を画定するに際しては，信仰者および宗教的共同体の自己理解は，もっともなものとして説明される場合に限って，決定的なものとして共に考慮されなくてはならない．たとえば経済活動というものは，さしあたり宗教上，中立的な事象である．この活動が宗教上の目標定立に仕える場合には別の判断が適切となりうるし，宗教の自由の保護の下にもおかれなければならない．これら全ては，宗教の自由が，きわめて広範な枠概念（Rahmenbegriff）であるということを示している．基本法上のきわめて鷹揚な自由のオファーをそもそも行使するのか，どの程度およびどのように行使するのか，これらについて自ら決定することが，自由の担い手の権利に属するということは，自明の事項である．

さらに，国家的事項と宗教的事項は，組織上も内容上も互いに分離している．一方において，国教会は許されず（基本法140条と結びついたワイマール憲法137条1項），他方において，国家は信仰上中立[25]を義務づけられている．つまり，特定の宗教的または非宗教的な，見解または制度と自らを同一視することは，国家には禁止されている，ということである．しかしながら，これをもっ

---

23) BVerfGE 83, 341 (353 ff.). Vgl. aber auch Morlok, Selbstverständnis als Rechtskriterium, 1993, S. 431 ff.
24) BVerwGE 90, 112 (115).
25) BVerfGE 19, 206 (216); 24, 236 (246); 33, 23 (28); 93, 1 (16); 102, 370 (383); 108, 282 (299 ff.); 123, 148 (178 f.).

て，国家と宗教的共同体の協働が排除されているわけではない．ドイツ法はこの協働関係を特別な仕方によって形成してきた旨, 標榜することも可能である．ドイツ的理解によれば, 国家と宗教的共同体の分離は, 友好的な分離であって, 決して敵対的なものではない[26]．それは基本権としての自由の現実化に仕えるものである．すでに示唆されたとおり, 基本権は, 国家に対する防禦権のみならず, 保護義務および客観——法的な保障をも含んでおり, この後者は, 自由実現の前提条件を可能性の枠内において作り出す権限を, 国家に付与すると共に, 国家をそのように義務づける．今日において自由とは, もはや国家からの自由であるのみならず, 国家における自由および国家による自由をも意味する[27]．このことは自由権の全てに, それゆえ宗教の自由にも該当する．例えば, 国立の幼稚園, 学校, 大学, 病院, 軍事施設, 刑務所, 老人ホーム, または地方自治体による墓地における埋葬の枠内において, 宗教を話題にすることが許されないとすれば, 宗教は, 国家により広範にわたり支配された公共生活を前に, どのように発展してゆくことができるのだろうか？ 基本法は, 純粋に私的な領域へと宗教的行為を追いやることを要求してはいない．宗教的共同体を国家により助成することもまた, 許容されている[28]．かつてはこうした助成は, ほぼ専らキリスト教の宗教的共同体のためであった．しかし今日では, 全ての宗教的共同体が, 宗教の自由および平等原則を援用することが可能である．国家に対しては, 宗教的共同体を評価することが禁止されているため, 共同体の相互にランキングを作ったりすること, または助成のあり方を, 忠誠の表れ[29]もしくはその有用性についての国側の考慮に基づかせることは, 許されないのである[30]．助成は目的から自由に行われなければならない．基本法に

---

26) Vgl. Ehlers, in: Sachs (Hrsg.), Grundgesetz, 7. Aufl. 2014, Art. 140 Rn 9 m.w. Nachw.
27) Heckel, AöR 134 (2009).
28) これに対して参照, 日本国憲法 89 条・
29) BVerfGE 102, 370 (392 ff.).
30) Ehlers (Fn 11), §130 Rn 7.

基づく自由主義の国家は，世界観──宗教上の見解における多元主義に対し開放的態度をとることにより，その宗教上および世界観上の中立性を維持する[31]．

2．欧州人権条約

ドイツの国家権力は，国家的な憲法のみならず，欧州人権条約，それゆえヨーロッパ共通の基準にも拘束されているが，この基準の中にも，思想・良心・宗教の自由の保障が帰属する（欧州人権条約9条）．欧州人権条約の遵守について決定するのは，欧州人権裁判所である．この裁判所は，連邦憲法裁判所の判決から逸脱することが可能である．その場合にはドイツ連邦共和国は，国際法上，欧州人権裁判所の判決に従うよう，義務づけられる．確かにドイツ国内では，欧州人権条約は単に法律の地位にあるに過ぎないとみなされており，したがって憲法に優位することはない．ただし，連邦憲法裁判所は，基本法を基準とする基本権保護の制約または縮小に至ることがない限り，基本法を国際法親和的に解釈している[32]．そのため，欧州人権裁判所の判例は，ドイツにおける基本権の内容および射程を画定するための解釈の助けとして考慮に入れられているのである．事実，この裁判所には，宗教法上争われている重要問題解明のため，より頻繁に訴えが提起されている．しかしながらこの点に関する判決は，強度に抑制的なことによって際立っている．互いに衝突する自由（例えば，積極的および消極的な宗教の自由，または宗教の自由と意見表明の自由）を均衡させる際には，価値観念の相違を理由として，条約締結国には宗教上の事項について判断の余地（Beurteilungsspielraum）が容認されることが原則である[33]．このことは同時に，その限りにおいて，比例性原則による厳格な審査

---

31) BVerfGE 41, 29 (50).
32) BVerfGE 74, 358 (370); 111, 307 (317 ff.).
33) 典型的な例について，イタリアの学校における十字架取り付けに関する欧州人権裁判所の判決を参照（Fn 40）．公共空間におけるブルカ禁止（フランス）の人権条約適合性については，参照，EGMR (Große Kammer), Urteil v. 1.7.2014 (Application no. 43835/11).

が放棄されることを意味する（そうしなければ，判断の余地（Margin of Appreciation）は認められない）．しかしながら個々の場合には，異なる事情が妥当する可能性がある．ドイツでは，教会において雇用される労働者は，教会上の特別な忠誠義務に服している．このことは例えば，あるカトリック教区のパイプオルガン奏者兼合唱指揮者が，カトリック道徳原則に反して自身の妻と別れ，彼の子を妊娠しているパートナー（Lebensgefährtin）の下に移ったことを理由に解雇される，という結果を招いた．ドイツの裁判所は，連邦憲法裁判所も含め，解雇は適法であると宣言した[34]．ところが，欧州人権裁判所は[35]，そこに私生活の尊重を求める権利の侵害を認めたのである．このことはドイツの宗教法もまた，ヨーロッパ法による個別的修正を受忍しなければならないということを示している．とはいうものの，大きな変化が期待されるというわけではない．

3. アクチュアルな問題提起

　宗教法が現在および近い将来，とりわけ検討しなければならない，またはそうなることと推測される挑戦的な課題は，ドイツにおいて長期間継続している，世俗化（Säkularisierung）および多元化（Pluralisierung）の風潮に関連している．例えば，およそ国民のうち33％は，もはやいかなる宗教的共同体にも帰属していない（増大傾向にある）．キリスト二大教会のメンバーは，59％に過ぎない[36]．概算によれば，ドイツでは約400万人のイスラム教徒が生活するが，それは増加傾向にある．これとならび，より小さな構成員数を備える，多くの宗教的共同体がある．例えば，ユダヤ教，仏教，ヒンズー教といった共同体，または，そもそも宗教が問題となっているのかについて，常に確信が持てる訳ではない，いわゆる若者宗教（Jugendreligionen）がそれに当たる．こうした多様化からいかなる問題が生じうるのか，二つの事例を下に解説を加えること

---

34) Urteil des Bundesarbeitsgerichts, NJW 2000, S. 1286; BVerfG-K, Az. 2 BvR 1160/00.
35) EGMR, EuGRZ 2010, S. 560.
36) Zahlenangaben der Bundeszentrale für politische Bildung für das Jahr 2010.

にしたい．

a）世 俗 化

ここでは，宗教から離脱するという趣旨のみならず，無神論（Atheismus. すなわち一神教的な神も多神教的な神も存在しないとする確信）の趣旨における俗化（Verweltlichung）もまた，「世俗化」として理解することにする．無神論的な見解や行動様式も，等しく宗教の自由の基本権により保護されている．従って，学校のような国立の施設においては，積極的および消極的な宗教の自由が，いかにして互いに整序されうるのかという問題が提起されている．例えば，ドイツの多くの地方における公立学校の教室には，十字架が取り付けられていた．これは多数派の意思に合致していたのである．十字架の中に——当然のことであるが——キリスト教のシンボルを認め，その無神論的確信ゆえに，自らの子どもが「十字架の下で」学ばなくてはならないということを希望しなかった両親は，これに対し訴えを提起した．生徒には，いかなる要請または禁止も行われていないにもかかわらず，連邦憲法裁判所は，異論の多いその判決の中で，キリスト教シンボルとの対面は，これに同意しない生徒またはその両親の消極的な宗教の自由への介入であること，この介入は，十字架には布教としての意義があることから，正当化が不可能であると解した[37]．それにもかかわらず，バイエルン州では教室における十字架はそのままであり，その際には，バイエルン州の歴史的および文化的特徴が援用されたが，同時に，真摯かつ理解可能な，信仰上または世界観上の理由をもって，十字架の取り付けに対して異議を唱える権利を，全ての生徒と両親に容認したのである．学校長はその場合，十字架に対し肯定的態度をとる者と異論を唱える者との間の納得づくの合意に向けて，影響力を行使しなければならないとされたのである[38]．その後，連邦行政裁判所の裁判では，両親が無神論である場合，または反宗教的

---

37) BVerfGE 93, 1 ff.
38) Art. 7 III BayEUG i.d.F. des Gesetzes v. 23.12.1995.

見解を理由に，自らの子どもが教育において宗教的影響にさらされることを要求不可能（unzumutbar）なことと考えている場合には，両親の異議に従わなくてはならないという趣旨にて，決定がなされた．この異論は，純然たる世界観上の中立性（Indifferenz）のみでは，乗り越えられないのだろうか？[39)] 欧州人権裁判所における関連判決は，この事項についてドイツに向けられたものに関する限り，存在しない．けれども同裁判所は，イタリアに関係する法的事件の中で，公立学校の教室における十字架取り付けは，原則的に条約締結国の判断の余地（Beurteilunsspielraum）に属する旨，決定している[40)]．

b) 多 元 化

宗教上の多元化は，宗教と宗教的共同体の多様性拡大を意味する．とりわけ平等問題が，それによって提起されることになる．例えばドイツにおいては，公務員である（beamtet），公立学校におけるイスラム教徒の女性教師が，宗教上の理由からスカーフを着用することは許されるか否かについて，議論がなされる．女子生徒および学生には，このことは何の問題もなく許される．しかしながら，公務員である女性教師は国家を代表している以上，彼女に対しては，それとは異なる考慮が妥当する可能性がある．だが同時に，公務にある場合でも完全に排除されることは許されない，公務員の宗教の自由も顧慮されなくてはならない．連邦憲法裁判所は今日までのところ，この衝突がいかに解決されるべきかについて決定しておらず，法律による規制を要求するにとどまっている[41)]．その結果，各州は，明瞭とは言い難い，様々な法律を公布した[42)]．その内の幾つかのものについては，宗教によって基礎づけられる服装は許されないことが原則であるが，キリスト教—西洋的な（christlich-abendländisch）文化価値の表現は許容され，したがってキリスト教的服装は受忍されなければな

---

39) BVerwG, NJW 1999, 3063 ff.
40) EGMR (Große Kammer), NVwZ 2011, 737.
41) BVerfGE 108, 282 ff.
42) その概観については，参照，Baer/Wrase, DÖV 2005, 243 ff.

らない，と解することも不可能ではない．しかしながらこのことは，国家の宗派的中立性および平等原則に恐らく合致しないであろう．もし教師の外観によって伝えられる宗教的関連が，生徒から遠ざけられなくてはならないのであれば，——これに賛成すべき，若干の理由もある——このことは全ての者に対し妥当しなくてはならない．

イスラム教によって方向づけられた国家の全てにおいて，宗教の自由が保持されていない旨指摘し，それゆえドイツにおいても，イスラム教徒の自由はそれほど厳格に扱う必要はないと結論することも，許されないであろう．宗教の自由や平等原則は，他国の法的状況に関わりなく，ドイツにおいて生活する全ての人格に当然帰属する，人権なのである．

IV. 結　　論

最後に，ドイツにおける宗教法を正しく評価しようと努めるならば，国家と宗教的共同体が，公共体の中において権力をめぐり争った時代は過ぎ去った，という確認が可能である．政治と宗教の分離は，政治的公共体の自由と宗教の自由な発展，その双方を保障する．従って，競争者，またはもはや敵対者などという言葉は，まず用いることはできない．共同体は，核心において異なった任務を果たさなくてはならない場合に限って，相容れないもの(Aliens)となり，またはそのままであったのである．学校，大学(Hochschule)，墓地およびその他の多くの施設のような，国家による施設にあっては，任務領域が交差しており，国家は宗教的共同体を助成する用意をしていることから，国家および宗教的共同体は，パートナーシップをもって対峙することが通例である．もとより世俗化および宗教的多元化がさらに進行すれば，このことは影響を与えずにはおかないであろう．人間が，積極的な宗教の自由を行使しなくなればなるほど，市民が，国家の施設において消極的な宗教の自由を援用することが頻繁になるほど，そして国家が，平等な取扱いという難問に度々直面させられるほど，

教会との法的要請に基づかない協働（Zusamnenarbeit）または教会助成を国家が制限する傾向は，一層，強まるであろう．従って傾向的には，国家と教会の協働（Kooperation）の程度は，恐らくは後退することになるだろう．

II. 国家行政に対する私人の情報請求権

Informationsansprüche Privater
gegen die staatliche Verwaltung (Originalbeitrag)

柴 田 憲 司 訳
Übersetzung von Assis. Prof. Dr. Kenji Shibata

目　次

A. 導　　入
　 I. 国家における情報の連関
　 II. 個人の情報請求権の発展
　 III. 本講演の構成

B. 憲法上の基準
　 I. 基　本　権
　　 1. 情報アクセスへの一般的な請求権
　　 2. 個別の基本権における情報請求権
　　 3. 情報請求権と対立する基本権
　 II. 憲法上の〔基本〕原理

C. 通常法律における請求権の根拠
　 I. 国家行政に対する私人の請求権
　　 1. 行政手続の枠内における請求権
　　 2. 行政手続の枠外における請求権
　　 3. 裁判手続における請求権
　 II. EUに対する私人の請求権

D. 情報に関する瑕疵ある行動の帰結

E. 国家行政へのアクセスに関するその他の国際法上の規律

F. まとめ

A. 導　　入

I. 国家における情報の連関

　責任を自覚した行動をなしうるのは，ただ適切な範囲で情報提供を受けた者のみである．これは，社会のあらゆるアクターについて妥当する．私人は，行動を起こすこと，すなわち自らの権利（とりわけ自らの基本権）を行使し，あるいは自らに課された義務を履行することを可能にするために，国家の情報を必要とする．私人はまた，世論形成への参加資格をもつためにも，情報を利用できなければならない．民主国家は，自由かつ可能な限り適切に情報提供を受けた世論なしには存立しえない [1]．さらに，国家情報へのアクセスによって初めて，国家権力のコントロールが可能になる．逆に，国家，とりわけ執政〔行政〕府も，実効的かつ市民の立場に立ったかたちで行動することを可能にするために，市民からの多様な種類の情報に頼らざるをえない．同様に，国家にとって重要なのは，たとえば危険配慮・危険予防（情報提供を受けた公衆，という構想）のために，国家自らが市民ないし個々人に情報提供することである．国家行政は，その原則において情報処理に基づいている，といっても，決して誤りではない [2]．これらはいずれも，私人と国家との間の情報連関が相互作用的であること，そしてその連関が双方の多様な諸利益によってもたらされていること，を示すものである．このような，情報にかかるあらゆるアクターの，ますます増大する相互依存性は，近年，自由な情報社会 [3] という概念によって特徴づけられている．この自由な情報社会には，フェイスブックやグーグルのよ

---

1)　BVerfGE 27, 71, 81 f.
2)　Vgl. z.B. *Gusy* in: Hoffmann-Riem/Schmidt-Aßmann/Voßkuhle, Grundlagen des Verwaltungsrechts, 2. Aufl. 2012, §23 Rn. 1.
3)　情報社会については，*Hoffmann-Riem*, in: ders./Schmidt-Aßmann, Verwaltungsrecht in der Informationsgesellschaft, S. 9, 10 f.; *Schmidt-Aßmann*, ebd., S. 405.

うな優先的にデータを取り扱う企業の，高く取引される市場価値が示すように，情報が取引可能な経済的な財になっている，ということも含まれる．さらに指摘されるべきこととされているのは，知識は，たんに経済的な財であるのみならず，決定的な権力の動因でもあり，かくして知識には，共同体の形成にとって傑出した意義が認められる，ということである[4]．

II. 個人の情報請求権の発展

　国家情報の扱いは，ドイツにおいては，まず，ほぼ全範囲にわたる守秘義務および秘密文書の存在から始まり（秘密主義の伝統 Arkantradition）[5]，長きにわたり行政を特徴づけている文書公開の原則——わずかに規範化されていた閲覧権に限定されてはいたが——へと発展した．文書閲覧の形態での情報アクセスは，行政手続ないし裁判手続の関与者のみが要求しえた．さらに，国家のデータ収集の関係者には，（たとえば行政機関に保存されている，自己に関する個人関連データに対する）情報提供請求権（Auskunftrecht）が認められた．正当ないし法的な利益が存する場合には，第三者も（たとえば現存する登録簿に対する）情報アクセス請求権（Informationszugangansprüche）を有しえた．広範な条件と結び付けられていない国家情報への請求権は，たとえば公文書館での記録資料のような個別領域においてのみ存在した．この記録資料には，30年の経過の後にアクセスが認められることとなっていたものであり，そして現在も依然としてそうである[6]．このような制限は，ここ20年の間に根本的に転換した．今日の状況は，情報の公開性によって特徴づけられる．このような意識の変化に決定的な影響を与えたのは，EU法，国際法，およびアメリ

---

4) Vgl. auch *Schoch*, Asymmetrischer Grundrechtsschutz im Informationsrecht, in: FS Kloepfer, 2013, S. 201, 202.

5) *Wegener*, Der geheime Staat. Arkantradition und Informationsfreiheit, 2006, S. 317 ff.; *Trantas*, Akteneinsicht und Geheimhaltung, 1998, S. 257 ff.

6) 連邦公文書館法5条1項．

カ合衆国のような他国の模範であった[7]．この開かれた行政への変遷を表明しているのが，ドイツにおいては，個別領域における情報（公開）法の公布であり，これには，環境情報法（UIG[8]）や消費者情報法（VIG[9]）とならび，──とりわけ──公職上の（amtlich）情報へのアクセスに関する法律（情報自由法── IFG[10]）という形態のものがある．最後に挙げた情報自由法は，すべての者に対し，原則として無制限に，連邦の行政機関に対する公職上の情報へのアクセスの請求権を保障している．情報〔開示〕の拒否は，かくして例外であり，情報の付与が原則である．ラント〔州〕の行政機関にとって義務的な効力を持つ同様の法律を，ドイツのたいていのラント〔州〕も公布している．

III．本講演の構成

以下，まず，行政に対する私人の情報請求権の憲法上の基準（B.）について扱い，次に通常法律上の諸規範（C.）について扱う．それに続けて，瑕疵ある行政手続について簡単に示す（D.）．そのうえで，国家情報へのアクセスに関する一般国際法上の規律を一瞥する（E.）．最後にまとめを付し，本講演の叙述を閉じることとする（F.）．

---

7)　各国に関する概観については，参照，*Wegener* (Fn.5), S. 401 ff.
8)　2004 年 12 月 22 日の環境情報法（Umweltinformationsgesetz vom 22.12.2004, BGBl. I S. 3704），現在，2013 年 8 月 7 日の法律（BGBl. I S. 3154）によって改正．
9)　2012 年 9 月 1 日の健康にかかる消費者情報の改善に関する法律（Gesetz zur Verbesserung der gesundheitsbezogenen Verbraucherinformation in der Fassung vom 1.9.2012, BGBl. I S. 2166），現在，2013 年 8 月 7 日の法律（BGBl. I S. 3154）によって改正．
10)　2005 年 9 月 5 日の連邦の情報へのアクセスの規律に関する法律（Gesetz zur Regelung des Zugangs zu Informationen des Bundes vom 5.9.2005, BGBl. I, 2722），現在，2013 年 8 月 7 日の法律（BGBl. I, S. 3154）2 条 6 項によって改正．

B. 憲法上の基準

情報アクセスの決定の際に衡量されるべき〔法的〕地位の重さをはかることを可能にするためには，憲法上の基本決定への迂路が必要となる．情報アクセス請求権は，一部においてはすでに基本権から生じている（Ⅰ.）．さらに，憲法の〔基本〕原理も作用している（Ⅱ.）．

Ⅰ. 基 本 権

1. 情報アクセスへの一般的な請求権

基本権から一般的な情報アクセス請求権を導くことができるかどうかは，長らく議論されてきたところである[11]．基本法5条1項1文後半は，たしかに，一般的にアクセス可能な情報源から情報提供を受ける権利を保障している．条文は次の通り：何人も，言語，文書および図画によって自己の意見を自由に表明し流布させる権利，ならびに一般的にアクセス可能な情報源から妨げられることなく知る（sich unterrichten）権利を有する．この一般的にアクセス可能な情報源とみなされるのは，しかし，ただ次のような情報源のみである．すなわち，個別に特定されない範囲の者に情報を提供することに，技術的に適しており，かつそのために特定されるような情報源である[12]．この特定性について決定するのは，その情報源について利用する権能を持っている者である．後者の権能は，高権の担い手については，公法上の諸規定から生じる．したがって，ドイツ基本法5条2項1文後半は，情報源の開示を求める権利を含んでいない[13]．これに反対する見解によれば，当該規範を空転化させないためにも，

---

11) 昨年〔2013年〕来，当該請求権を基本法の中に組み込むことを予定していた法律案（Bundestagsdrucksache 17/9724）は，（さまざまな法的・政治的理由から）否決された（Plenarprotokoll des Bundestags 17/235）．

12) BVerfGE 27, 83.

憲法規定は国家に対し，少なくとも，一般的にアクセス可能な情報源の最低限度を制度化することを義務づけているという[14]．

プレスのジャーナリストの情報提供請求権（Auskunftsansprüche）に関し，情報提供（Auskunft）に対する憲法上の請求権が，最小限度のレベルで，基本法5条1項2文で保障されたプレスの自由から導かれる[15]．プレスや非政府組織，その他の集団は，民主的なコントロールの機能（「公共の番犬（public-watchdog）」）を果たしているため，次の限りで，国家情報へのアクセス権が認められる．すなわち，国家が情報を独占しており，それに基づく国家機関によるアクセス拒否が検閲のように作用する，という場合である[16]．このことを，ドイツ基本法の国際法適合的な解釈が要請している[17]．なぜなら，ヨーロッパ人権裁判所は，ヨーロッパ人権条約（EMRK）10条1項[18]で保障されているコミュニケーションの自由から，そのようなアクセス権を導いたからである[19]．

---

13) 判例のうち，この点を未解決にしているものとして，BVerfG-K, NJW 1989, 382 f.; NJW 2001, 503, 504,〔当該権利を導くことを〕否定したものとして，BVerfGE 103, 44, 60; 119, 309, 319; 学説のうち，否定説として，*Dörr*, in: Mertens/Papier (Hg.), Handbuch der Grundrechte, Bd. IV, 2011, §103 Rn. 77; *Bethge*, in: Sachs (Hg.), GG, 6. Aufl. 2011, Art. 5 Rn. 60; *Jarass* in: ders./Pieroth, 12. Aufl. 2012, Art. 5 Rn. 20.

14) *Angelov*, Grundlagen und Grenzen eines staatsbürgerlichen Informationszugangsanspruchs, 2000, S. 81 ff.; *Scherzberg*, Die Öffentlichkeit der Verwaltung, 2000, S. 341 ff.

15) BVerwGE 146, 56 ff..

16) 国際法適合的な解釈の原則の詳細については，BVerfGE 74, 358, 380; 128, 326, 365 ff.; *Rojahn*, in: v. Münch/Kunig, GG, 6. Aufl. 2012, Art. 59 Rn. 45, 50; *Pfeffer*, Das Verhältnis von Völker- und Landesrecht, 2009, S. 182 ff.; *Hofmann*, JURA 2013, 326 ff.

17) ヨーロッパ人権条約の基本権への作用については，参照，BVerfGE 111, 307, 315 ff.; 128, 326, 367 f.; *Voßkuhle*, NJW 2013, 1329, 1330．その際に顧慮されるべき方法論的な是認可能性および基本権の基準との両立可能性は，ここでは基本権上の給付請求権の妨げにならない．

18) ヨーロッパ人権条約10条1項は次の通り：何人も，自由な意見表明に対する権利を有する．この権利には，意見を持つ自由，ならびに，当局による介入なしに，かつ国境にかかわりなく，情報や思想を受け取る自由および伝える自由が含まれる．

19) 2009年7月14日のヨーロッパ人権裁判所の判例（EGMR v. 14.07.2009, Nr. 37374/05, Rn. 36 –Társaság a Szabadságjogokért）．この点は，2013年11月28日の

2. 個別の基本権における情報請求権

情報アクセス権は，さらに他の基本権規定から生じうる．基本権には，手続的な次元が内在している[20]．そこから導かれる情報請求権は，次の場合に承認される．すなわち，基本権が保護している利益がかかわっており，実効的な基本権行使にとってその情報が不可欠な場合である．たとえば，情報自己決定権（基本法1条1項と結びついた同2条1項）から，その本人に関し保存されているデータについての情報提供請求権が生じ[21]．そして，その同一の基本権〔規定〕から生じる人格権に基づき，公的健康保険業務者のカルテを閲覧する権利が生じる[22]．基本法19条4項1文の〔裁判による〕権利保護の保障は，行政手続にも作用するものであるが，そのプロセスの準備のために必要な場合には，文書閲覧の請求権を導く[23]．裁判手続においても，文書閲覧は，法的

同裁判所の判例（v. 28.11.2013, Nr. 39534/07, Rn. 34 – Österreichische Vereinigung）および2013年6月25日の同裁判所の判例（25.6.2013, Nr. 48135/06, Rn. 13 ff. – Youth Initiative for Human Rights）でも確認されている．全体の詳細については，*Ehlers/Vorbeck*, Presserechtliche Auskunftsansprüche gegenüber Bundesbehörden, in: FS Frank, im Erscheinen, m.w.N.; および *Dehon*, in: Coppel (Hrsg.), Information Rights, 3. Aufl. 2010, Kap. 3 Rn. 12 ff. を参照．後者は，〔アクセス権の対象となる〕情報が，次のような情報であることを，さらなる要件とみなしている．すなわち，その情報へのアクセス化を求める請求権が，通常，国内の情報アクセス法に基づき存するような情報（たとえその請求権が，具体的な事案において充足されない可能性がある場合であっても）である．抑制的なものとして，*Schilling*, Internationaler Menschenrechtsschutz, 2. Aufl. 2010, Rn. 351 ff. も参照．

20) 基本権の手続的な次元の一般論について，たとえば，BVerfGE 53, 30, 65; *Scherzberg*, in: Erichsen/Ehlers (Hg.), Allgemeines Verwaltungsrecht, 14. Aufl. 2010, §12 Rn. 24 ff.
21) これは，一部はラント〔州〕憲法において明示的に保障されており，そして通常法律では，連邦データ保護法19章および34章，もしくはそれに対応するラント〔州〕法律に規定されている．
22) BVerfG-K NJW 2006, 1116 ff.
23) Vgl. BVerfGE 61, 82, 110; 69, 1, 49; *Papier*, in: Isensee/Kirchhof (Hrsg.), Handbuch des Staatsrechts der Bunderepublik Deutschland, 3. Aufl. 2010, Band VIII, §177 Rn. 22; *Schmidt-Aßmann*, in: Maunz/Dürig, GG, Art. 19 IV (2003), Rn. 256.

審問を求める憲法上保護された権利（基本法 103 条 1 項）の一部でもある．なぜならば，手続全体の要素にかかる情報は，そのプロセスにおける自己決定的な行動のための前提条件だからである[24]．その上，その他の基本権上の規範との関連でも，ヨーロッパ人権条約の作用が考慮されなければならない．たとえば，ヨーロッパ人権裁判所は，ヨーロッパ人権条約 8 条 1 項で保障されている私生活および家族生活の尊重に対する権利から，環境情報を付与する国家機関の義務を，健康の危険からの防御のために導き出した[25]．これは，対応する基本法の基本権の解釈にも影響を及ぼすものである．

3. 情報請求権と対立する基本権

基本権における情報請求権は，憲法上保障されている国家的利益のような憲法上のランクを有するその他の法益のみならず，第三者の基本権とも衡量されなければならず，1 つの実践的な整合的関係がもたらされなければならない．この対立する第三者の権利に属するのは，とりわけ，情報自己決定権であり（基本法 1 条 1 項と結びついた 2 条 1 項），かくしてこれは，情報請求権を基礎づけるのみならず，第三者の情報の付与がかかわる場合には，情報請求権を限界づけることになる．情報自己決定とは，個人的なデータの開示や利用について，原則として自身で決定する個々人の権能である[26]．この権利は，当該基本権の保持者に関わる，個人を特定し，あるいは特定しうるデータの無限定な収集，保存，そして——ここで特に関連する——〔他者への〕提供から保護するものである[27]．国家機関[28]ないし非国家的機関における個人関連情報のあらゆる

---

24) 詳細については，BVerfG-K, NVwZ 2010, 954, 955.
25) EGMR, NVwZ 1999, 57 ff. – Guerra u.a. → JK EMRK Art 8/3, *Marauhn*, in: Ehlers (Hg.), Europäische Grundrechte und Grundfreiheiten, 3. Aufl 2009, §4 Rn. 11 および *Dehon*（Fn.19）, Kap. 3 Rn. 2 ff. ヨーロッパ人権条約 8 条に関する判例につき，同書に引用されている文献を参照．
26) BVerfGE 65, 1, 43; BVerfG-K, NVwZ 1990, 1162; E 113, 24, 46, E 115, 166, 188.
27) BVerfGE 103, 21, 33, BVerfG–K, NJW 2007, 351, Rn. 65, BVerfGE 128, 1, 42.
28) BVerwG, NJW 2005, 2330, 2331.

（収集，利用，および）提供が，この権利への介入となる[29]．この介入は，法律の留保に服する．その〔法律による〕具体化（Ausgestaltung）について，連邦憲法裁判所は厳格な要請を付している．とりわけ，規範の明確性および規範の特定性の要請が順守されなければならず，比例原則を充足しなければならない[30]．

　考慮されるべきことは，さらに，職業の自由（基本法12条1項）および財産権（同14条1項）の基本権である．これらの基本権を通じ，企業秘密や営業上の秘密，職業上の秘密が保護される．企業秘密や営業上の秘密に属するのは，ある企業にかかわる，次のようなあらゆる事実，状況，関係書類である．すなわち，ある一定の限定された範囲の者のみがアクセス可能であり，その非開示に，当該権利の保持者が正当な利益を有している，というものである[31]．情報請求権にともなって生じる基本権の衝突は，通常法律上の平面でさらに継続しており，あらゆる情報の付与の際に，考慮されなければならない（たとえば明文における規律として，行政手続法29条2項，情報自由法3条〜6条）．

II．憲法上の〔基本〕原理

　考慮されるべきことは，さらに，一般的な憲法上の原理，たとえば法治国原理や民主制原理である．法治国原理（基本法20条2項，同条3項）からは，国家の透明性の要請および情報提供義務が生じる．民主制原理は，情報提供を受けた市民による参加を要請する．これは，法律による具体化を必要とする．かくして，上掲の憲法上の諸原理は情報請求権を支えてはいるが，しかし，そ

---

29)　BVerfG-K, NVwZ 2005, 681, 682.
30)　BVerfGE 65, 1, 46; 100, 33, 700; 103, 21, 33 f., 113, 29, 50 f. 最近の批判論として Schoch (Fn.4), S. 201, 216.
31)　BVerfGE 115, 205, 230 f.

れ自体としては，情報アクセスへの個々人の主観的な請求権を導くものではない．

C. 通常法律における請求権の根拠

それでは，通常法律における私人の情報請求権について考察を進める．ここにあっては，国家行政に対する請求権と（I.），EUに対する請求権（II.）とが区別されうる．

I. 国家行政に対する私人の請求権

国家行政に対する私人の情報請求権にあっては，それが行政手続の存在に結びついている場合なのか，それとも，行政手続からは独立して妥当している場合なのかが，問題となり得る．

1. 行政手続の枠内における請求権

あらゆる国家機関は，市民に対する配慮・保護を行うべく義務づけられている．これは，すでに基本法の法治国原理および社会国家原理（基本法20条1項，同条3項，同28条1項1文）から生じている．何人も，不知ないし未経験，技術不足のみによって，自らの権利を失うことがあってはならない[32]．また，市民は，すでに人間の尊厳の保障（基本法1条1項）に基づき，国家行政の単なる客体にさせられてはならないこととされる[33]．さらに，市民は，自らの義務について教示を受けることが必要であり，これによって市民は，主体的な

---

32) 連邦行政手続法（Verwaltungsverfahrensgesetz des Bundes（B-VwVfG））25条の法律提案書（die Gesetzesbegründung）につき，同法草案21条（現行25条）に関する連邦議会資料（Bundestagsdrucksache 7/910, S. 49）を参照．

33) 連邦行政手続法草案25条（現行の行政手続法29条）に関する連邦議会資料（Bundestagsdrucksache 7/910, S. 49）を参照．

地位を得ることが可能となる．それゆえ，憲法に基づき，行政手続における行政情報の付与を行政に対して求める法律上の請求権が必要となる．これは，連邦・ラント〔州〕の行政手続法上の情報提供請求権（Auskunftrecht）および文書閲覧権（Recht auf Akteneinsicht）によって実現されている．

  a）情報提供請求権および文書閲覧権（行政手続法 25 条 1 項 2 文，同 29 条 1 項 1 文）

行政手続法 25 条 1 項 2 文によれば，行政機関は，関与者に対し，必要な範囲内で，その者の行政手続上認められた権利に関する情報，およびその者に課せられた義務に関する情報を付与すべく，義務づけられている．行政手続法 29 条 1 項 1 文に基づき，行政機関は，関与者に対し，その手続にかかわる文書の閲覧を，次の限りにおいて認めなければならない．すなわち，その閲覧が，その者の法的利益の主張ないし擁護のために必要な場合である．行政機関のこの活動について，いかなる費用も徴収されてはならない．

  aa）当該既定の適用可能性

上掲の両規定は，行政手続法が適用可能であることが前提となっている[34]．すなわち，次のような行政機関の公法上の行政活動が問題となっていなければならない（行政手続法 1 条）．それは，要件審査，行政行為の準備および発動，もしくは公法上の契約の締結に向けられている行為である（行政手続法 9 条）．もっとも，当該規定は，具体化された憲法の類推として，あるいは一般的な法思想の表明として，純然たる高権的な行為，あるいは私法上の行為に転用されうる[35]．行政手続を通じて EU 法が実施される場合，あるいは EU 法の適用範囲で扱われている場合，適正な行政に関する EU 法の規律が，

---

34) 行政手続法の適用領域の詳細については，*Ehlers*, JURA 2003, 30 ff.
35) もっとも，これは行政機関が直接に行政の事務を遂行している場合にのみ認められるものであり，一般的な経済活動への参加や事務委託の場合，あるいは財産利用取引の締結の場合には認められない．下記も参照．*Kallerhoff*, in: Stelkens/Bonk/Sachs（Hg.）, VwVfG, 8. Aufl. 2014, §29 Rn. 14.

あわせて考慮に入れられなければならない[36]．

bb）時間的限界

行政手続の開始前，および終了後にも，いかなる範囲で，情報提供請求権や閲覧請求権が存するかは，議論されているところである[37]．正当な見解によれば，当該諸規定は事前的な効力を有しており，したがって手続の開始前にあっても考慮されなければならない．手続の終了後は，ただ慣習法上の情報提供請求権および文書閲覧権が存するのみである．これは，正当な利益の存在が前提となる．そのような利益は，とりわけ法的手段が成果をあげる見込みが審査されるべき場合に肯定される．

cc）請求権者と義務者

情報提供および文書閲覧は，行政手続の関与者がこれを要求しうる（行政手続法13条．特に申請人，行政行為の名宛人，または公法上の契約の当事者）．ここで主張されている見解によれば，将来の関与者も〔含まれうる〕．情報提供もしくは文書閲覧の保障をすべく，当該手続もしくは文書を扱う行政機関が義務づけられている．

dd）形式的要件

形式的観点においては，行政手続法上の諸規定は，情報提供ないし文書閲覧が積極的に請求されることを要求している．当該申請を，関与者も，またその受任者ないし代理人も行うことができる（行政手続法14条，同29条1項3号）．

b）情報提供請求権についての詳細

情報提供とは，事実ないし法的地位についての教示と解されている．もっと

---

36) 欧州連合基本権憲章（GRCh）41条2項（b）および42条は，明文においては，ただEUの〔主要〕機関，〔専門〕機関，その他の機関のみに向けられており，構成諸国の諸機関には向けられていない．

37) 参照，BVerwGE 67, 300, 304. 委細については *Ritgen*, in: Knack/Henneke (Hg.), VwVfG, 9. Aufl. 2010, §25 Rn. 20; *Pünder*, in: Erichsen/Ehlers (Fn.20), §14 Rn. 40; Kopp/*Ramsauer*, VwVfG, 14. Aufl. 2013, §29 Rn. 23.

も，行政手続法25条1項2文は，行政機関に対し，ただ法的地位についての情報の付与のみを義務づけている．これには，単に手続上の諸権利(すなわち，手続的行為の期限，形式，種類)のみならず[38]，具体的に手続に関連する実体法上の問題も含まれる．それゆえ，当該手続において追求され(う)る権利の内容についても，情報提供がなされなければならない．その情報提供は，関与者が自らの権利を実効的に行使し，あるいは法秩序に従って自らの義務を履行するために必要な範囲で与えられる．基準になるのは，裁判で全面的に審査可能な，客観化された行政機関の見解である[39]．情報提供の拒否は，他者の権利や義務が関係していない以上，許されず，また必要でもない．

c) 文書閲覧請求権についての詳細
aa) 文書閲覧の概念

情報提供請求権と対照的に，文書閲覧請求権は，法的地位のみならず，文書に書き留められたすべての関係記録，とりわけ事実関係も，閲覧不可とされていない限り含まれる．文書とは，あらゆる種類の，集積された，書面による，あるいは電磁的な資料と解されている．これらが外見上相互に結合させられているか否かにかかわらない．文書閲覧権は，行政が当該文書をすべてありのままに扱うべく義務づけられている場合にのみ，実効性を有する[40]．この観念上想定された義務は，少なくとも法治国原理から生じる[41]．この請求権は，当該手続に関連する文書についてのみ存する．決定の草案には認められな

---

38) もっとも，この点に限定するものとして，*Kallerhoff* (Fn.35), §25 Rn. 51; *Müller–Waack*, Auskunftspflichtder Verwaltungsbehörden im Zusammenhang mit Verwaltungsverfahren, 1980, S. 67.
39) *Ziekow*, VwVfG, 2. Aufl 2010, §25 Rn 12.
40) 電磁的文書については特殊性があり，参照，*Pünder* (Fn.37), §14 Rn. 34; *Britz*, in: Hoffmann-Riem/Schmidt-Aßmann/Voßkuhle (Hg.), Grundlagen des Verwaltungsrechts, Bd. 2, 2. Aufl. 2012, §26Rn. 74 ff.
41) BVerwG, NVwZ 1988, 621; *Ladeur*, in: Hoffmann-Riem/Schmidt-Aßmann/Voßkuhle (Fn.10), §21 Rn 14.

い⁴²⁾．もっとも行政機関は，当該草案を開示することはできる．というのは，当該規定はもっぱら行政機関の事務の流動性の保護のみに資するものだからである⁴³⁾．

当該請求権を満たす文書の閲覧には，アクセス可能にすること，文書の調査の機会，およびメモの作成が含まれる⁴⁴⁾．文書の携行も，認められうる（行政手続法29条3項2文）．コピーを作成する権利について，行政機関は，裁量の瑕疵のないかたちで決しなければならない⁴⁵⁾．

bb）必　要　性

閲覧請求権が存するのは，ただ文書の内容の教示が関与者の法的利益の主張ないし防御のために必要な場合のみである．純然たる経済的，社会的，理念的利益のみならず，法的利益が必要とされる．これが意味するのは，関与者にとっては，法的関係についての事実における不明確性を明らかにし，あるいは法的に有為的な行動を整序し，あるいはある請求権の追求のための確実な根拠を得ることが問題となっていなければならない，ということである⁴⁶⁾．この法的利益の証明には，過度に高い基準をあてがうべきではない．とりわけ，いかなる成果の見込みを，ある権利の追求が有しているのかは，問題にならない⁴⁷⁾．

cc）除外理由の不存在

行政機関は，文書閲覧の全部または一部を，次の場合に拒否しうる．すなわち，行政機関の秩序だった任務の遂行が妨げられる場合か，当該文書の内容の公表が国家福祉に不利益をもたらしうる場合，または当該関係書類（Vorgänge）につき，法律もしくはその本質に照らし，つまり関与者もしくは第三者の正当な利益のために，秘密保持が要請される限りにおいてである（行政手続法29条2項）．

この例外の要件は，狭く解釈されるべきである⁴⁸⁾．単なる作業上の困難は，

---

42) 時間的限界について，参照．§29 I 2 VwVfG.
43) *Ritgen*（Fn.37），§29 Rn. 24.
44) *Kallerhoff*（Fn.35），§29 Rn. 34.
45) *Pünder*（Fn.37），§14 Rn. 35.
46) BT-Drs. 7/910, S. 53.
47) 同旨，*Pünder*（Fn.37），§14 Rn. 33.
48) *Kallerhoff*（Fn.35），§29 Rn. 71 ff.

行政機関の任務の遂行の妨げにはならない[49]．国家福祉にとっての不利益が認められるのは，ただ，対外的・対内的な安全が関わっている事案，さらに他国や国際機関との友好関係が問題となっている場合のみである[50]．関与者ないし第三者の正当な利益にあっては，とりわけ営業の秘密・企業秘密（行政手続法 30 条）ないし保護されたデータが関わる．これは，この点について発せられた個別の諸規律によって規定される．

あらゆる国家行為と同様に，文書閲覧の拒否も，憲法上の過剰介入の禁止，すなわち制約は比例的でなければならないという要請に服する．例外要件の存否は，裁判所によって全面的に審査可能である．

連邦行政裁判所が最近取り扱ったある例[51]が，上述の点を例示しうるであろう．ある航空機整備士が，行政手続において次のような理由から全面的な文書閲覧を要求した．すなわち，行政機関が同人に対し，ある証人の陳述に基づき，航空機の安全感応領域への立ち入りを，イスラム過激派の信仰を理由に禁止した，という理由である．文書閲覧によって，その申請者は，当該証人の氏名を知ろうとした．個人関連データは原則として秘密保持が要請されるものであること，そしてこれらの情報はただ秘密の確約がある場合にのみ収集されうるものであり，また航空運送の際には多くの人間の身体・生命がかかわるものであるため，行政機関のワークフローが関わっていたこと，を理由に，当該文書閲覧は，それが証人の同定につながる限りで，裁判において〔閲覧〕拒否が認められた．

2．行政手続の枠外における請求権

行政手続法上の諸規定とあわせ，ドイツにおいては，情報への公的なアクセスに関する他の多くの規定が存する．一方においては，とりわけ個人ないし職業上の権利領域の擁護が関わり（たとえばある個人が国家に対し，保存されているデータの情報提供を求める場合），他方においては，国家の情報システム

---

49) Kopp/*Ramsauer* (Fn.37), §29 Rn. 29.
50) *Kallerhoff* (Fn.35), §29 Rn. 63.
51) BVerwG, NVwZ 2010, 1493 ff.

の利用が関わる（たとえば登記簿や運転記録簿の閲覧など）．しばしば，法的ないし正当な[52]利益が要求される．特に重要な意義を有しているのが，さらに，プレス・メディア法であり，これは行政機関に対し，通常法律において，プレス関係者もしくはメディア関係者に，その公的な任務の遂行のために資する情報を提供すべく，行政機関を義務づけている．とりわけ情報法は，国家情報への事実上無制限のアクセスを認めている（a）．成文法の規律が存しない場合には，慣習法から情報付与を求める請求権が生じうる（b）．

a) 情 報 法

aa) 概　　観

以前とは異なり今日においては，原則として開かれた行政が出発点に置かれるため，連邦および各ラント〔州〕は，環境情報法や消費者情報法といった形態での個別領域における情報法，および一般的な情報自由法を発している[53]．すでに冒頭で示唆したように，これらの諸法律は，「市民」の民主的な参加を強化し，行政のコントロールを可能にし，実効的な基本権の行使のための前提条件をもたらすものとされている[54]．連邦および各ラント〔州〕の環境情報法は，そのうえ，EU 指令の転換にも寄与している[55]．時間的な理由か

---

52) 要請される内容の詳細については，下記の C. I. 2. b).

53) 個々のラント〔州〕法は，下記の文献に挙げられている．*Schoch*, IFG, 2009, Einl. Rn. 99; これ以降の変化について，ハンブルクの情報透明化法（Hamburger Transparenzgesetz GVBl. 2012, S. 271）およびチューリンゲン情報法（ThürIFG GVBl. 2012, S. 464）のみを挙げておく．情報自由法を持たないラント〔州〕においては，たとえばミュンヘンのように，自治体情報公開条例が置かれているところもある（MüABl. 2011, S. 57).

54) とりわけ参照．*Schoch* (Fn.53), Einl. Rn. 34 ff.; *Maurer*, Allgemeines Verwaltungsrecht, 18. Aufl. 2011, §19 Rn. 21d.

55) もともと環境情報法（UIG 1994 BGBl I, 1490）は，EU の環境情報指令（Umweltinformations-RL 90/313 EWG）を転換したものであった．これに換わる 2003 年 1 月 28 日の EU 指令（RL 2003/4/EG v 28.1.2003）の発布の後，2004 年 12 月 22 日に環境情報法が新たに公布された．この指令は，オークス条約（情報へのアクセス，決

ら，連邦の情報自由法のみを扱うことにする．これは 2005 年に発せられ，実践的な有意性をますます獲得しつつあるものである[56]．

bb）連邦情報自由法

連邦情報自由法によれば，何人も，公職上の情報へアクセスする無条件の請求権を有している（情報自由法 11 条 1 項）．これは（原則として）申請人の選択に従い，情報提供，文書閲覧，またはその他の方法によって行われる．

(1) 同法の適用領域

連邦に向けられた連邦レベルでの情報自由法については，「公職上の情報へのアクセスに関するその他の法の規定における規律」が優先されるため（情報自由法 1 条 3 項），特別の諸規範が存在しない場合にのみ適用される．この特別の諸規範が存在しない場合には，個別法が人的ないし事項的な観点から制限的な規律を含んでいる場合も含まれる[57]．たとえば近時，連邦予算規則に，ある規定が挿入され，それによると，連邦会計検査院は第三者に，情報提供，文書閲覧，あるいはその他の方法で審査結果へのアクセスを認め「得る」（連邦予算規則 96 条 4 項）．この規定にあっては裁量条項が扱われており，情報自由法が優先する．なぜなら，情報自由法によれば情報が付与されるべきだからである．これは，連邦予算規則の優先適用効力に，何らの変更をもたらすもの

定手続への公衆参加，環境事項における裁判所へのアクセスに関する国連欧州経済委員会条約）を転換したものである．

56) 2011 年には，同法に基づく 3280 件の申請が所轄の連邦諸大臣に提出され，そのうち 1957 件について全面的ないし部分的に認められた．2012 年には 6077 件の申請があり，そのうち 4590 件が全面的ないし部分的に遂行された．2013 年には 4736 件の情報アクセスが申請され，3366 件が全面的ないし部分的に認められた．この点については連邦各省の統計を参照．下記から入手可能である．http://www.bmi.bund.de/DE/Themen/Moderne-Verwaltung/Open-Government/Informationsfreiheitsgesetz/informationsfreiheitsgesetz_node.html．

57) 情報自由法 1 条 3 項から生じる困難な解釈問題の詳細については，*Schoch* (Fn.53)，§1 Rn. 158 ff. 行政手続法 29 条と情報自由法 11 条 1 項 1 文との間には，情報自由法 1 条 3 項により請求権競合が存することとなり，かくして情報自由法上の請求権は，行政手続法に関しても主張されうる．

ではない．予算法上の諸規定はただ連邦会計検査院の審査のみに関連するものであるため，連邦情報自由法は，会計検査院の行政〔活動〕の領域が問題となっている限り，適用可能である[58]．

(2) 請求権者

請求権者はすべての者である――これには，自然人および私法上の法人[59]が含まれ，国籍，居所，所在地は問われない．実際上，最も利用されるのは，ジャーナリストおよび連邦議会議員によるアクセス請求である．これは驚くべきことである．なぜならば，ジャーナリストはいずれにせよプレス法上の情報提供請求権を有しており，また，議員はいつでも，大質問・小質問を議会で行う権利を有し，この質問に執政〔政府〕は回答しなければならないからである．

(3) 請求に対応する義務者

請求に対応する義務を負っているのは，情報自由法1条1項によれば，すべての行政機関，公法上の行政事務を遂行するその他の機関，および行政機関がその公法上の事務の遂行のために用いる自然人または私法上の法人である．公法上活動しているか私法上活動しているかは，重要ではない[60]．

(4) 請求の要件

(a) 積極的要件

情報アクセスの保障は，権限ある機関への，自由な形式による申請が前提となっている．この権限ある機関とは，情報が存在し，または利用可能な機関である（情報自由法7条1項1文）．当該申請が第三者の個人関連データに関わる場合，理由が付されなければならない（情報自由法7条1項3文）．公職上の情報には，あらゆる職務上の目的に資する記録が含まれ，その保存の形式は問われない．しかし，草案やメモは含まれず，これらは関係書類の構成要素で

---

58) 連邦会計検査院への情報自由法の適用可能性（法律改正前）については，BVerwG, NVwZ 2013, 431 ff. m. Anm. *Schoch*. 法改正につき，参照，*Greve*, NVwZ 2014, 275.
59) 公法上の法人については，参照，*Kloepfer/von Lewinski*, DVBl 2005, 1279, 1280.
60) *Schoch* (Fn.53), §1 Rn 91.

はないものとされている（情報自由法2条1号）。公職性の基準は、ただ私的な記録を排するのみである。

(b) 除外理由の不存在

公的・私的な利益の保護のために、行政手続法29条2項と同様の方法で、情報アクセスは、法律に基づき、一定の場合に全部または一部が除外される（情報自由法3条以下）：保護に値するとみなされるのは、特別の重要な公的利益（たとえば、軍事的ないしそれに類する利益であり、情報の開示が公衆の安全に危険をもたらしうる場合[61]）、行政機関の決定プロセス（情報の事前開示によって決定または目前の行政機関の措置の成果が阻害されうる場合、そしてその限り[62]）、個人関連データ（情報アクセスを排除する、保護に値する第三者の利益が優越する場合[63]）、ならびに知的財産および営業秘密・企業秘密の保護[64]、である。これらの〔アクセス〕拒否理由は、その一部は絶対的性格を有しており、一部は利益衡量が必要な相対的性格を有している。例外条項として、情報の拒否理由は狭く解釈されるべきである[65]。請求者の動機は考慮の対象とならない[66]。

(5) 請求の内容

要件が充足された場合、情報へのアクセスに対する覊束的な請求権が存することとなり、その際、申請されたアクセスの種類（情報提供、文書閲覧、その他の使用）に応じられるのが原則である（情報自由法1条2項2文）。情報提供は口頭、書面、または電磁的なかたちで付与される（情報自由法7条3項1

---

61) §3 IFG.
62) §4 IFG.
63) §5 IFG.
64) §6 IFG.
65) *Schoch* (Fn.53), Vorb §§ 3-6, Rn 52. 裁判所による審査可能性は、たとえば情報自由法3条1号aのように、一部制限されているものもある。参照, *Schoch*, ebd. Rn. 34 ff.
66) Vgl *Schoch*, JURA 2012, 203, 210; もっともこれに対しては、以下も見よ。§13 VII BerlIFG, §8 II Nr 1 UIG und §4 IV 1 VIG.

文〕．その限りでは行政機関の裁量が存する．情報アクセスへの請求権がただ部分的にのみ存する場合，当該申請は次の範囲で認められる．すなわち，秘密保持が必要な情報を開示することなく，あるいは不相当な行政コストを生じることなく，情報アクセスが可能な範囲である（情報自由法7条2項1文）．行政機関は，情報の内容上の正確性を審査する義務を負わない（情報自由法7条3項2文）．もっとも，正確性に対する，文書によって明らかな疑念は通知されなければならず，誤りであると判明した情報は正しく提供されなければならない．

　(6)　その他の手続的な規律

　手続の観点から，考慮されるべきいくつかの重要な点がある．とりわけ，第三者の権利が制約を受ける場合については，当該第三者に対する決定が確定し，または即時強制の命令の際には一定の期間が経過した場合にはじめて，情報アクセスが行われる（情報自由法8条2項2文）．申請者がこの点から免除されるのは，第三者に関連する情報を個人識別不能とすることに当該申請者が同意を表明した場合である（情報自由法7条2項2文）．これは，実務上は重要な役割を果たしている．

　(7)　費　　用

　情報アクセスについては，単なる情報提供の場合を除き，手数料および経費が徴収される（情報自由法10条1項）．これはしかし，個人が権利を行使することの妨げとなるような高額なものであってはならない（情報自由法10条2項）．

　(8)　裁判における具体例

　情報自由法に基づく情報の申請のイメージをつかむために，近時の裁判からいくつかの例を取り上げてみたい．

　ある申請者は，連邦首相に対し，首相官邸で開催されたある式典の来賓リストと席次〔についての情報〕へのアクセス，および連邦首相のスケジュール・カレンダーの閲覧を求めた[67]．連邦首相官邸での食事会への招待の承諾によって，招待された各人は，保護される私的領域の核心部分には分類されない，公

---

67)　OVG Berlin-Brbg, NVwZ 2012, 1196 f.

的な意見交換の領域に踏み入れたこととなるため，そして連邦首相のスケジュール・カレンダーにおける業務上のスケジュールの記録にあっては，公職上の情報が関わっているため，当該申請はその限りで認められた．これに対し，連邦首相のスケジュール・カレンダーへの情報アクセス請求権は，対内的・対外的安全の利益と衝突するため，否定された．

　先の連邦議会選挙に関しドイツ社会民主党の候補者は，講演活動の際に受け取った報酬の開示を命じられた[68]．

　福島第一原発での大災害を受け，ドイツは核エネルギーからの撤退を表明した．ある申請者が，所轄の省に，原子力発電所の稼働について，立法者が認めた残余の稼働期間が判明する，あらゆる文書に対する文書閲覧を認めるよう要求した際[69]，その所轄の省は次の点を盾に取った．すなわち，法律の準備は執政活動であり，そのうえ執政府の自己責任の核心領域に関わるため，文書閲覧を認めることは義務づけられていない，と．この論拠を，提訴を受けた裁判所は，次のような理由から受け入れなかった．すなわち，立法手続は閉じられたものではなく，また行政活動と執政活動との区別は法律上想定されていない，という理由である．

　さらに別の事案においては，提訴を受けた税関が，ラント〔州〕経済の領域における輸出関税払戻しに関する情報提供を，営業・企業秘密が関わっていることを理由に拒絶した．この税関の見解を，連邦行政裁判所[70]は却下した．その理由は，企業・営業秘密は，基礎となる情報の非公然性に加え，その非開示における企業の正当な利益を前提としている，というものである．そのような利益が，次のような場合には欠けていることとなる．すなわち，独占的な技術上・商業上の知識を市場の競争相手にとってアクセス可能にすること，かくして当該企業の競争における地位に不利益をもたらすことに，その情報の開示がつながらない場合には，〔非開示にすることに対する企業の〕正当な利益は

---

68) VG Berlin, AfP 2013, 80 ff.
69) VG Berlin, AfP 2011, 515 ff.
70) BVerwG, NvWz 2009, 1113 ff.

存しない.

　ある自動車販売会社のオーナーの訴えも，功を奏した．同人は，なぜあるゲマインデ〔自治体〕の市長が公用車のリース契約を他の自動車販売会社と締結したのかを知るべく，文書閲覧を求めた[71]．リース契約についての記録は，その基礎にある私法上の契約にもかかわらず，私的目的ではなく公的な目的に資するものであるため，当該訴えは認められた．

　最後に挙げられるのは，あるジャーナリストが，冬季オリンピックの開催に関連し，いわゆる「メダル目標のとりきめ」の過程でスポーツ連盟に支払われた支援金を解明すべく，所轄の連邦省に文書閲覧を求めた，という事案である[72]．68回の個別回答をもって，当該ジャーナリストに閲覧が認められた．しかしこれに関し，そして膨大なコピーの作成に関し，諸経費は14.952ユーロに上った．この法的係争は，まだ結論が示されていない．それにしても，この経費の負担の額は深刻なように思われる．たしかに行政機関には高い事務のコストが生じた．しかし手数料は，情報アクセスが実効的に請求されうるよう算定されるべきである（情報自由法10条2項）．これほど高額（14.952ユーロ）であっては，ジャーナリストが当該請求を行うことの妨げになる．これはまさに，情報自由法の基本思想に合致しない．

b）慣習法上の請求権

　成文法において情報アクセスに関する規律が存しない場合には，行政機関の羈束的な裁量の範囲内での承認がなされる．支配的な見解によれば，何人も，正当な利益を証明し得た場合には，申請により，裁量の瑕疵がないかたちでの行政機関の情報付与決定を求める，慣習法に定礎された請求権を有している[73]．正当とみなされるのは，法的・経済的・理念的な形態におけるあらゆ

---

71) 　VG Neustadt a.d. Weinstraße, BeckRS 2013, 55566.
72) 　以下の報道を参照．http://www.derwesten-recherche.org/2013/06/informations-freiheit-wir-verklagen-bundesinnenminister-friedrich.
73) 　BVerwGE 61, 15, 21; 69, 278, 279; BayVGH, NVwZ 1999, 989.

る合理的な，事理にかなった利益である．この利益は，行政の保護法益や私人の秘密保持の利益と衡量されうる．行政の利益には，行政機関に生じるコストや第三者に約束した秘密も含まれる[74]．慣習法を持ち出されることが許されるのは，今日においてはおそらく稀であろう．というのは，たいていの場合，申請者は情報自由法に依拠することができるからである．

3. 裁判手続における請求権

行政機関は，（行政）裁判手続において，記録，文書の提出，電磁的記録の調査，および情報提供を行うべく義務づけられており，関与者は，文書閲覧を要求しうる（行政裁判所法99条，100条）．提出を拒否しうるのは，当該情報が秘密保持を要するものであり，国家福祉に不利益をもたらす場合である．拒否の合法性は，上級裁判所が——法的保護を主張している者の参加なしに——イン・カメラ手続で審査することとなる（行政裁判所法99条2項）[75]．

II. EU に対する私人の請求権

ますます増大するヨーロッパ化は，私人が，国家行政のみならず，ますます頻繁にEUおよびその機関とかかわりを持つ，ということをもたらしている．EU法は，現在EU基本権憲章に規定されている適正な行政を求める権利（EU基本権憲章41条）の具体化として，すべての者に，共同体の文書へのアクセスを求める権利を保障し（EUの機能に関する条約15条3項，EU基本権憲章42条），そして機密と職業・営業秘密に関する正当な利益の保持のもとで自己に関する文書へのアクセスを求める権利を保障している（EU基本権憲章41条2項b））．これに加え，さらに情報の保護に関する請求権，たとえばすべての者が，自己に関し収集されたデータに関する情報提供を得る権利や，デー タ

---

74) *Engelhardt*, in: Obermayer/Fritz (Hg.), VwVfG, 3. Aufl. 1999, §25 Rn. 95.
75) これによって生じる基本法103条1項の制約の合憲性については，参照，BVerfGE 101, 106, 128 f.

の訂正を求める権利などがある（EU 基本権憲章 8 条 2 項 2 文）。

D. 情報に関する瑕疵ある行動の帰結

　ある行政機関が瑕疵ある行動をなしているとされるのは，当該行政機関が申請者の負担において情報の付与を法令に違反するかたちで禁止したり，情報を第三者の負担において法令に反して付与したり，または情報が内容上誤っている場合である。最後の情報の内容上の誤りには，情報が，行政機関において文書によって明らかにされているものと一致しない場合も含まれる。たとえば誤った文書が存在する，ないし文書の構成要素の一部しか存しない，という場合である。行政手続法によれば，行政機関は，情報の内容上の正しさを審査すべく義務づけられている[76]。一部（たとえば情報自由法 7 条 3 項 2 文），法状況は異なっている。というのは，〔情報自由法のように〕文書の状況の内容上の正しさは必ずしも審査する必要がない場合もあるからである。情報にかかる行政機関の瑕疵ある行動は，違法となる。これは多様な効果をもたらす[77]。文書閲覧が違法に拒否された場合は，裁判が提起されうる。早すぎる権利保護を回避するため，場合によっては本案判決の終了まで待たなければならないこともある（行政裁判所法 44a 条）。第三者に関するある情報の付与が要求され，そしてその第三者がそれを自身の基本権の侵害と考える，という事案が生じた場合，当該第三者は予防的な差止めの訴えを提起しうる[78]。誤って付与された情報によって期間の不遵守が生じた場合，その期間は延長されうる[79]。さ

---

76) 確立した判例であり，近年のものとして，参照，BGHZ 155, 354, 357.
77) 詳細については，参照，*Ehlers/Vorbeck*, JURA 2014, 34 ff.
78) BVerwG DVBl 1985, 857, 860; Kopp/*Ramsauer* (Fn.37), §29Rn. 44a.
79) 行政上の期間については，行政手続法 31 条 7 項 2 文，および BVerwG, NVwZ 1994, 575, 576 を参照；BayVGHBayVBl 2000, 20 f. 法律上の期間については，行政手続法 32 条に基づき，復権が考慮に入れられ，行政手続法 32 条の意味における除斥期間にあっては，とりわけ信義誠実の原則および民法 162 条の法思想にさかのぼり

らに，情報の受領者や関係する第三者は，誤った情報の撤回・訂正を求める請求権を有している（例として，当該情報がそれらの者の名誉を棄損する場合）．社会法においては，誤った管理によって不利益を被った市民は，行政が適法に行動していた場合に存したはずの現状の回復を求める請求権を有している[80]．最後に，国内裁判所ないし EU 裁判所に提起されうる損害賠償および損失補償請求権も，考慮に入れられる．

E. 国家行政へのアクセスに関するその他の国際法上の規律

最後に示されるべきことは，国家情報へのアクセスは，ドイツ法ないしヨーロッパ法に固有のものではなく，時代の流れだという点である．たとえば市民的・政治的権利に関する国際規約 19 条 2 項は，国境に関わりなく，口頭，手書き，もしくは印刷，芸術形態または自らが選択するその他の方法において，あらゆる種類の情報および思想を求め，受領し，伝える権利を保障している[81]．国連人権委員会（Human Rights Comittee）がその一般的意見 34（19 条）で強調しているように，同条によって国家機関に存在する情報へのアクセス権も保障されている[82]．これと類似する保障は，ASEAN 人権宣言 23 条にも見られる[83]．日本においても，おそらくアメリカ合衆国を模範とした情報公

うる．参照，BGH, NVwZ 1985, 938, 939.

80) BSGE 49, 76, 77 ff, 79, 168, 171 ff, 92, 267, 279. 解釈論上の基礎および要件の詳細については，*Schoch*, VerwArch 79 (1988), 1, 54.

81) 市民的および政治的権利に関する国際規約 19 条は，次のように定める：「何人も，自由な意見表明に対する権利を有する．この権利には，国境に関わりなく，口頭，手書きもしくは印刷，芸術の形態または自ら選択するその他の方法により，あらゆる種類の情報および思想を求め，受領し，および伝える自由を含む．」以下も参照．*Schilling* (Fn.15), 2. Aufl. 2010, Rn. 351 ff.

82) CCPR/C/GC/34 of 12 September 2011, § 18.

83) 参照．http://www.asean.org/news/asean-statement-communiques/item/asean-human-rights-declaration

開法があり，そして手続法上の情報に関する諸規律がある．これらがドイツやヨーロッパと類似の効果を発揮しているのか否かについては，比較法に関わる事項であろうから，ここでは取り扱うことはできない（おそらくしかし，ディスカッションにおいて議論されうる）．2013年12月において成立した日本の秘密保護法[84]に対し，その過度の広範さを理由に，国連特別報告書は懸念を表明している[85]．

F. ま と め

　結論としてはっきり確認されうることは，今日のドイツにおいて私人は，きわめて広汎な範囲で，国家行政に対する情報請求権を有している，ということである．かつては，ドイツの行政が市民を遮断し，そして公職上の情報へのアクセスは，原則として，行政手続においてのみ，あるいは正当な利益が存する場合にのみ保障されていたのに対し，今やそれを超え，一般的な情報法が，何人に対しても，情報の付与を求める無条件の請求権を与えており，自己の法的に保護された領域に関わるか否か，いかなる理由から情報提供ないし文書閲覧が求められたかは問われない．たしかに，国家の正当な秘密保持の利益は，考慮に入れられなければならない．個人関連データの保護も，ドイツにおいては他国の法秩序に比べ，とりわけ際立っている．しかしこれは，原則的に開かれた行政という指導理念に，何らの変化をもたらすものではないのである．

---

84) この点については，イギリスのガーディアン紙の報道を参照．http://www.theguardian.com/world/2013/dec/05/whistleblowers-japan-crackdown-state-secrets/print.
85) 下記の報道を参照．http://www.ohchr.org/EN/NewsEvents/Pages/DisplayNews.aspx?NewsID=14017&LangID=E.

III. ヨーロッパ連合における補助金規制

Die Europäische Beihilfekontrolle (Originalbeitrag)

山 内 惟 介 訳
Übersetzung von Prof. Dr. Dr. h.c. Koresuke Yamauchi

目　次

はじめに

I. 補助金概念
　1. 優遇措置
　2. 国家性
　3. 一定の事業者または一定の生産分野
　4. 競争の歪曲
　5. 通商の侵害

II. 補助金とEU法との適合性（EU法上適法な補助金）
　1. EU機能条約第107条以下の適用可能性
　2. 補助金交付手続
　　a) 通知の要請
　　b) EU委員会の事前審査手続
　　c) EU委員会の形式的事前審査手続
　　d) 補助金交付禁止命令
　　e) 補助金審査の一般性

III. 補助金の返還請求
　1. EUの補助金返還請求制度
　2. EU委員会決定のドイツ国内への移植

IV. 権利保護の問題
　1. EU裁判所による権利保護
　2. 加盟国裁判所による権利保護

V. EUの補助金規制に対する評価

はじめに

　安全保障や秩序維持という点からみると，国家が有する影響力を無視することはできないであろう．国家の影響力が及ぶ範囲は，時の経過とともに一層広くなり，今日ではきわめて大きなものとなっている．国家が主体的に行う活動にはさまざまな種類のものがあるが，その活動は**多岐に亘り**，もはや容易に捉えることができないほど，複雑なものとなっている．2008 年に生じた金融危機に即して説明すると，次のようにいうことができる．ヨーロッパ諸国は，金融危機に直面して，不健全な銀行を救済するという対処法を採用した．大企業が倒産しそうになると，雇用市場を確保するため，ヨーロッパ諸国は積極的にそれぞれの産業分野に介入し，大企業を救済した．こうした事態——それは，オーデル川やエルベ川といったドイツを流れる国際河川の水が岸辺を越えて氾濫し，あらゆるものが濁流に飲み込まれてしまうかのような状況にたとえることができる——を受けて，ドイツ連邦共和国は，すべてを失ってしまった事業者に対し，再出発できるよう，資金を提供した[1]．国際的な大規模災害となった福島の原子力発電所事故を教訓として，ドイツは，原子力発電事業から撤退し，再生可能エネルギーへの転換を一層促進するという行動をとった．ドイツは再生可能エネルギーを促進するために必要となる賦課金を徴収した[2]が，一定の企業はこの賦課金の納付を免除されている[3]．ドイツでは，現在，このような賦課金免除の正当性をどのように説明できるかということがひとつの論点

---

1) ドイツ連邦共和国および同国を構成する全ラントを併せると，総額 80 億ユーロに上る補助金が新たに創設された．特有財産「建設補助基金」創設法（Gesetz zur Errichtung eines Sondervermögens „Aufbauhilfe") 第 4 条，連邦官報第一部（BGBl. I）2013 年 2401 頁．2013, S. 2401 参照．
2) 再生可能エネルギー優遇法（Gesetz für den Vorrang Erneuerbarer Energien (EEG)）第 37 条第 2 項．同項と関連するのが調整メカニズム指令（Ausgleichs-mechanismusverordnung）第 3 条である．
3) 再生可能エネルギー優遇法第 40 条以下の諸規定．

となっている．このほかにも，自動車を運転するドイツ国民の負担を軽減するため，ドイツの道路を利用する外国人運転者に対し，通行料金を課す制度を導入することが許されるか否かというテーマをめぐって，激しい論争がある．なかんずく，近距離の公共交通，たとえばローカル空港の経営実態をみると，空港経営者に対して国家の補助金が交付されている．また，プロサッカー・チームや地方ラジオ局（公法上の団体）でさえも，地方自治体によるスタジアム建設や受信料の強制徴収[4]というかたちで，国家から直接または間接に経済的支援を受けている．これらの例をみると，ひとつだけ共通点がある．それが**助成金**（Subventionen）である（助成金は，ヨーロッパ法上，補助金（Beihilfen）と呼ばれている）．

社会的・生態学的な視点で市場経済をみると，補助金というものは，第1に，社会の発展を促し，第2に，市場で生じ得る諸問題を解決し，第3に，事業者を救済するといったさまざまな目的を達成しようとして**経済統制**を行うにあたり，原則的に必要かつ適法な手段であると考えられてきた．すなわち，補助金は政策的に重要な意義を有するというのが，一般的な見方である[5]．それでも，補助金には，望ましくない結果をもたらしたり，必要とされる構造変革を停滞

---

[4]　2010年12月15日の放送受信料に関する国家契約（Rundfunkbeitragsstaatsvertrag）第2条および第5条．

[5]　補助金に関するドイツ連邦共和国政府第24次報告書（24. Subventionsbericht der Bundesregierung）によれば，2012年に連邦，ラント，市町村（Gemeinden），企業資金計画（Enterprise Resource Planning（ERP）―企業全体を経営資源の有効活用の観点から統合的に管理し，経営の効率化を図るための手法）およびヨーロッパ連合による補助金（Subventionen）の総額はおよそ442億ユーロに上る（25頁）．同報告書については，http://www.bundesfinanzministerium.de/Content/DE/Monatsberichte/2013/08/Inhalte/Kapitel-3-Analysen/3-1-subventionsbericht-bundesregierung.html 参照．その英訳版については，http://www.bundesfinanzministerium.de/Content/EN/Standardartikel/Service/Publications/Brochures/2013-10-10-24th-subsidy-report-summary-pdf.pdf?__blob =publicationFile&v=8. 参照．統計につき詳しいものとして Bungenberg/Motzkus, WiVerw 2013, 73, 77 ff. がある．

させたり，公的資金の無駄遣いを生み出したりするといったさまざまな弊害が生じる可能性がある．特に重要なのは，補助金が**競争の歪曲**を繰り返し生み出してきたという事実である．競争の歪曲は，何よりもまず取引の自由を達成しようとする国際通商法の理念に反するだけでなく，同時に，自由競争という前提のもとに市場経済の開放を原則として掲げる EU 法の理念にも反する[6]．このため，国際通商法も EU 法も，補助金の配分を制限する規定を設けてきた．たとえば，関税と貿易に関する一般協定[7]の中にも，**世界貿易機関**のサーヴィス貿易に関する一般協定[8]の中にも，すでにこの種の規定が置かれている．これら 2 つの多国間協定には，詳細な規定が定められている[9]．たとえば，助成金および各種の調整措置に関する協定[10]や──緊急の改革を必要とする──農業に関する協定[11]がそうである．**ヨーロッパ連合法**（Recht der Europäischen Union）（以下，「EU 法」と略記する）には，補助金の交付が加盟諸国間での通商を阻害する場合に限られているが，原則として──それゆえ，例外が認められている──**競争を歪めるような補助金を禁止する規定**が設けられている[12]．EU 委員会は，包括的な監督というかたちで，この禁止規定を着実に運用してきた[13]．

---

6) ヨーロッパ連合機能条約（Vertrag über die Arbeitsweise der EU（AEUV））第 119 条第 1 項および第 120 条．

7) 貿易と関税に関する一般協定（General Agreement on Tariffs and Trade（GATT））第 6 条第 3 項および第 16 条．

8) サーヴィスの貿易に関する一般協定（General Agreement on Trade in Services（GATS））第 15 条．

9) これらの条約は，世界貿易機関を設立するマラケシュ協定（WTO 協定）第 2 条によれば，いわゆる WTO 法秩序を構成する不可欠の部分である．

10) 補助金および対抗措置に関する協定（Agreement on subsidies and countervailing measures）．http://wto.org/english/docs_e/legal_e/24-scm.pdf 参照．

11) 農業協定（Agreement on agriculture）．http://wto.org/english/docs_e/legal_e/14-ag.pdf 参照．

12) ヨーロッパ連合機能条約第 107 条第 1 項．

13) ヨーロッパ連合機能条約第 108 条．

補助金規制については，EU法上の規制だけでなく，加盟国の国家法が補助金をどのように取り扱っているかという点も顧慮されなければならない．むろんここではドイツ法を素材とせざるを得ないが，国家法（ドイツ法）は，これまでのところ，助成金の配分に関する一般的な基準をうまく提供することができていなかった．この問題について考えようとする場合，もうひとつ別の手掛かりがある．その手掛かりとなるのは視点の相違，すなわち，EU法の場合，競争可能な状況を維持することが何よりも重要だと考えられているのに対し，ドイツ法にあっては，合法性，経済性（採算性），資源の節約といった政策の実現が目的とされているという点である．

法の適用という点からみると，EU法の規制は加盟国法上の規制に優先する[14]．このことを前提とすると，補助金の交付に関しては，多くの点で国家法よりも厳格なEU法上の規制が優先して適用されていること，そして，EUのすべての加盟国および人口5億人以上の法的空間に対してEU法が適用されていること，これら2点を指摘することができる．以下の論述は，上に述べた点に限定される．すなわち，まず補助金という概念が（I.），次いで補助金がEU法と合致するか否かという点が（II.），それぞれ明らかにされる．その後，補助金返還請求権（III.）および権利保護の問題（IV.）が検討される．最後に，EUにおける補助金規制に対する著者の評価をもってこの説明の結び（V.）とする．

I. 補助金概念

EU法上，補助金に関する中核的規定，すなわちEU機能条約（AEUV）第107条第1項では，補助金の概念に関して，どのような**特徴**が挙げられているか——ここにいう特徴を補助金が備えているか——の確認は，EU法の諸規定が適用されるか否かの判断に先行する前提問題を意味する．補助金の特徴に関

---

14) 基本的なものとして，EuGH, Slg. 1964, 1251, 1269 f. – Costa/ENEL. がある．

しては，次の5つの要件が挙げられている．すなわち，優遇措置であること(1)，国家資金を通じて直接にまたは国家資金に基づいて間接的に交付されていること (2)，一定の事業者または一定の生産分野で交付されていること (3)，競争を現在歪めているかまたは将来において歪める恐れがあること (4)，そして加盟国間での通商を阻害するものであること (5)，これら5つの特徴を有するものはすべて EU 法上の補助金として，規制の対象となる．

1. 優遇措置

　優遇措置という概念で考えられているものは何か．この言葉には，市場において反対給付をまったく伴わない寄付金，または，完全な反対給付を伴わない寄付金であって，**経済的利益をもたらすもの**のすべてが含まれる．この概念には，効果が上がらなかった助成金，弁償費用，低利貸付金，人的保証，奨励金，物的保証，公共料金免除，現物給付または過剰支払い，これらが含まれる．個々の行為が市場全体からみて公正であるという視点と，資金拠出の性質が財政支援であるという視点，両者を区別するために EU 委員会および EU 裁判所が用いた**審査基準**（Private Market Test）は，個々の行為が民間市場で普通に行われていることか否かというものであった．この基準の解釈上，通常の条件のもとでは市場で得られないような優遇措置が事業者に与えられる場合，それらはすべて，ここにいう補助金とみなされる[15]．その際，比較の基準として用いられるのは，私人の行動としてみた場合に市場参加者の行動が合理的なものであるか否かという点である．若干の例を挙げよう．資本が提供される場合の審査基準は，投資家が私人であるか否かである．民営化の一手法として，売却が行われる場合のそれは，売主が私人であるか否かである．電力などを購入する場合のそれは，買主が私人であるか否かである．債権が実行される場合の審査基準は，債権者が私人であるか否かである[16]．国家が用立てる資金がみずか

---

15) 多くのものに代えて，EuGH, Slg. 2003, I-7774, Rn. 84 – Altmark Trans 参照．
16) たとえば，EuGH, Slg. 2002, I-4397, Rn. 70 f. – Frankreich/Kommission; EuG, T-268/08 und T-281/08, Urt. v. 28.2.2012 – Land Burgenland/Kommission; T-80/06

らの**主権を行使して獲得した**ものであるという事実を考慮すれば，手続を進めるうえで，個々の提供者が私人であるか否かに着目したこの審査基準を排除する必要はないであろう．このように考えるのは，国家主権を基礎とする資金が国家により用いられている状況を考慮することによる．国家が特定の事業者に対して法人税納付義務を免除している場合はどうか．この場合の判断基準は，他の条件がどれも似通ったものであると仮定すると，当該事業者の資本金のうち，本来納付すべき税額に相当する金額の提供者（持ち分所有者）が私人であるか否かである[17]．優遇措置を受けた事業者が**反対給付**を行っている場合の審査基準は，当該反対給付が国家により交付された給付に対応する価値を有するか否かである．国家等，公的団体が不動産売買契約を締結する場合，不動産の価額は，不動産価格鑑定委員会の判断に基づいて（建築法（Baugesetzbuch）第192条以下参照）決定されなければならないし，この方法が採用されない場合，自由な競争のもとで，透明かつ無差別の通知手続を通じて決定されなければならない[18]．

　優遇措置，つまり補助金は，どのような種類のものであっても，もともと，調整用資金であれ，国家等公共団体が**公共の福祉を確保するために負っている義務**（Gemeinwohlverpflichtungen）を履行する方法としてであれ，適切なものではない[19]．しかしながら，アルトマルク・トランス事件で示されたヨーロッパ裁判所の判決（Altmark Trans Rechtsprechung）[20]によれば，次の4つの要件を充たす補助金は，EU法上，適法とされてきた．**第一に**，優遇措置を受ける事業者は，実際にも（法的拘束力のある）公共経済上の義務を果たさなけれ

---

und T-182/09, Urt. v. 13.2.2012 – Budapesti Erömü Zrt; Slg. 2002, II-3049, Rn. 126 – HAMSA.

17) EuGH, EuZW 2012, 581, Rn. 95 – EDF 参照．
18) これについて詳しいものとして，Mitteilung der Kommission（97/C209/03）がある．
19) 基本的な先例は EuGH, Slg. 2001, I-9067 – Ferring である．
20) EuGH, Slg. 2003, I-7774 – Altmark Trans.

ばならず，しかも，当該事業者が果たすべき義務は明確に定義されていなければならない[21]．**第二に**，調整に際して考慮されるべき変数はすべてあらかじめ（前もって（ex ante））客観的かつ透明なかたちで列挙されていなければならない．**第三に**，どの程度の収入が見込まれるか，義務の履行により適正な利潤を上げられるかといった諸点を考慮しつつ，公共経済に関わる義務を履行する際に生じる費用を補填するために必要とされる限度を超えて調整を行ってはならない．**第四に**，義務の履行にあたり，平均的にみてうまく経営している事業者がどの程度の費用を負担しているのかという点での分析結果を根拠として，必要とされる調整額の限度が決定されていなければならない．むろん最後に挙げられた第四の要件が具備されているか否かを調査するために，必ずしも加盟国からの事前の通知手続 (Ausschreibung) をとる必要はない[22]．しかし，事前通知手続以外に認識の手掛かりがない以上，国家機関は，どの程度の基準を設ければよいかを決定するために，往々にして通知手続に頼るしかない．事前通知が行われていない場合についても，EU委員会およびEU裁判所は，これまでのところ一貫して通知手続が必要だという考え方を優先的に採用してきた[23]．このような動きは，必ずしも事前通知を要しないというドイツ連邦行政裁判所の最近の裁判[24]とは逆行する．独占権を有する事業体であっても，経済活動から締め出されたり，不適法な補助金（互いに補助金を提供し合う，いわゆる交叉型補助金）[25]の交付対象から除外されたりすることはない．

---

21) 細目については *Sonder*, KommJur 2013, 121, 127 参照．
22) これについて詳しいのが Mitteilung der Kommission C (2011) 9404 である．
23) たとえば，EuG, T-268/08 und T-281/08, Urt. v. 28.2.2012, Rn. 72 – Land Burgenland/Kommission; krit. *Soltész*, EuZW 2013, 134, 135 f. 参照．
24) BVerwGE 138, 322, Rn. 38 f.; これと見解を異にするのが Kommission (2012/485/EU) である．このほか，VG Trier, EuZW 2013, 440; OLG Koblenz, EuZW 2013, 677 も参照．全体について詳しく述べたものとして，*von Donat*, EuZW 2011, 274; *Heinrich/Arnold*, DVBl 2011, 557; *Soltész*, EuR 2012, 60; *Kühling*, EuZW 2011, 641 がある．
25) *Sonder*, KommJur 2013, 121, 125 f. 参照．

2. 国　家　性

　優遇措置が**法主体としての国家権力**に由来する場合，その優遇措置には国家行為的性質があると判断される．国家により支配された諸機関が行う優遇措置も，国家的性質を有するものとして，同様に取り扱われなければならない[26]．むろん，それは，個別具体的事案において優遇措置に必要とされる資金の重要部分が国家により提供されているときに限られる[27]．直接的であれ間接的であれ，実際に行われたものであれ潜在的な実施可能性にとどまるものであれ，国家予算に基づいて実施される優遇措置はすべて，国家性を有するものと判断される[28]．

　優遇措置を受けた者が実際に手に入れた特典の内容と実際に使用された国家資金の使い道とは，必ずしもすべてに亘って**対応していなくてもよい**[29]．生活困窮者に対する金銭扶助のような救済措置が好例であるが，国家の予算を編成するうえで救済的費目が設けられる場合，そのことは，国家が市場の混乱を鎮静化する意思を示していることを意味する[30]．このことは，有価証券の発行にあたっての費用優遇措置にもあてはまる．それは，そうした措置を通じて，国家が当該分野で歳入を得る機会を放棄していることを表しているからである[31]．

---

26)　RL（EG）Nr. 2006/111 参照．
27)　EuGH, Slg. 2002, I-4397, Rn. 52 – Frankreich/Kommission; *Koenig/Paul*, in: Streinz（Hrsg.）, EUV/AEUV, 2. Aufl. 2012, Art. 107 AEUV, Rn. 65.
28)　*Cremer*, in: Calliess/Ruffert（Hrsg.）, EUV/AEUV, 4. Aufl. 2011, Art. 107 AEUV, Rn. 28 参照．
29)　EuGH, C-399/10 P, Urt. v. 19.3.2013, Rn. 102 – Bouygues SA m. Anm. *Herrmann*, EuZW 2013, 393, 395.
30)　EuGH, C-399/10 P , Urt. v. 19.3.2013, Rn. 132, 139 – Bouygues SA.
31)　EuGH, C-279/08 P, Urt. v. 8.9.2011, Rn. 106 - Kommission/Niederlande. そのような措置の適法性如何については *Fuchs/Mauelshagen*, EuZW 2013, 694 ff. 参照．

これに対して，国家の名で行われるとしても，**私人**が費用を負担する措置——たとえば，インターネット事業者およびエネルギー供給事業者に課される，再生可能エネルギーを用いて発電された電力の購入義務——は，補助金の交付とはみなされていない[32]．これに対して，たとえ私人の資金が用いられているとしても，資金をどのように利用するべきかについて国家が主体的に判断している以上，そのような措置を補助金とみなすことも十分に考えられる[33]．このような考え方を根拠に，EU 裁判所は，ラジオの受信料につき，国家の補助金が交付されたものとみなしている[34]．

3. 一定の事業者または一定の生産分野

補助金とは，優遇措置を受ける者が，当該措置を受けられない者に対する関係で，相対的に有利な地位を占める場合の措置をいう．補助金は一定の事業者または一定の生産分野（経済活動分野）の役に立つものでなければならない．逆にいえば，当該経済活動全体やすべての経済活動分野に対して役立つものは補助金にあたらない．それゆえ，社会基盤（インフラストラクチュア）の整備や支援を行うための一般的な措置は補助金にあたらない[35]．ただし，そうした措置が個々の事業者や生産分野を優遇している場合は補助金となる．このような補助金はスポーツに関する社会基盤を支援するためにすでに実施されている．たとえば，プロ・サッカーの団体に与えられた補助金がそうである[36]．

租税に関する規定も，それにより倒産の危機に瀕した事業者が健全な事業者

---

32) 基本的な先例は EuGH, Slg. 2001, I-2099 - Preussen-Elektra である．
33) これについて詳しくかつ判例に関わる証明を伴う文献として，*Soltész*, EuZW 2013, 134, 137; *Germelmann*, EWS 2013, 161, 164 ff. がある．
34) EuG, Slg. 2009, II-00471 - TF1 II; *Kühling*, in: Ehlers/Fehling/Pünder (Hrsg.), Besonderes Verwaltungsrecht, Bd. 1 Öffentliches Wirtschaftsrecht, 3. Aufl. 2012, § 29 Rn. 37.
35) 多くのものに代えて，*Koenig/Paul*（前注 27），Rn. 76 参照．
36) *Sonder*, KommJur 2013, 121, 123.

よりも優遇される場合，事業者に有利な地位を提供することを通じて補助金とみなされる余地がある．事柄の本質からみても，規定の体系性からみても，事業者間に格差を生み出すようなものは**排除**されなければならない[37]．エネルギー関連施設と対比して，事業用施設の経営者が費用負担の免除というかたちで優遇されるとしても，エネルギー関連施設の経営者の場合と異なり，事業用施設の経営者が世界的規模での市場競争から排除されていたという状況を考慮すれば，事業用施設の場合，このような優越的地位は認められず，補助金にあたらないと連邦行政裁判所は判断した[38]．このような連邦行政裁判所の法律構成に EU 裁判所も間違いなく追随するであろうと予測することはできない．いずれにせよ，補助金が交付された結果，どのような効果が生じるかという点が重要なのであって，補助金がどのような目標の達成に向けられているかという点は重要ではない．

4．競争の歪曲

このほか，補助金の交付により競争が実際に歪曲されていたりまたは将来において歪曲のおそれがあったりするときは，補助金は原則として禁止される．優遇措置を受けていない競争事業者に対する関係で，優遇措置を受けた事業者の地位が改善されていたり，また，新しい競争事業者にとって市場へのアクセスが難しくなっていたりする場合には，このことがあてはまる[39]．いわゆる**市場の需要を重視する考え方**（Bedarfsmarktkonzept）の場合，そこで考慮されているのは，個々の市場が空間的にみて重要であるか否かという点である[40]．原則的にいえば，補助金にはどれも競争を歪める効果がある[41]．

---

37) これについては EuGH, Slg. 2008, I-10515, Rn. 82 f. – Britisch Aggregates; v. 21.6.2012, C-452/10 P, Rn. 101 – BNP Paribas und BNL; EuG v. 12.11.2013, T-499/10 – Mol. 参照．
38) BVerwG, EuZW 2013, 274, Rn. 20 ff.
39) *Bungenberg*, in: Terhechte (Hrsg.), Verwaltungsrecht der Europäischen Union, 2011, § 21 Rn. 36.
40) *Koenig/Paul*（前注 27），Rn. 93 ff.; *Kühling*（前注 34），§ 29 Rn. 39.
41) *Cremer*（前注 28），Art. 107 AEUV, Rn. 30.

競争に関する諸規定（EU 運営条約第 101 条）の場合と異なり，EU 運営条約第 107 条第 1 項は，競争の歪曲が明白であることを適用の要件としていない[42]．同項の適用上，競争を歪曲する恐れがあれば，それだけで足り，実際に侵害があったことの証明は求められていない．EU 法に違反して補助金の交付を受けた者が受給後に倒産した場合や優遇措置を受けた事業者がもはや当該事業を継続していないといった場合，競争の歪曲は存在しない．

5. 通商の侵害

最後の要件として，優遇措置は，加盟国間の通商を侵害するもの，それゆえ，**国境を超えて行われるもの**でなければならない．小規模事業者に対する少額の補助金であっても，このことがあてはまる場合がある．ただし，純然たる地域的経済活動の奨励は除外されている[43]．

II. 補助金と EU 法との適合性（EU 法上適法な補助金）

1. EU 機能条約第 107 条以下の適用可能性

EU 機能条約第 107 条以下の規定によれば，どのような種類のものであれ，補助金は，原則として域内市場と両立しないものとして禁止される．しかし，これには例外があり，EU の条約中に**これと異なる旨**が規定されている場合，補助金は域内市場と両立するものとして適法とされる．このことがあてはまるのは，農業，漁業および交通の分野である．これらの分野では，EU 共通政策の枠内に限定して，補助金に関する規定が適用される[44]．このほか，軍事分野における安全保障上の基本的な利益を確保する場合にも例外が認められる[45]．

---

42) EuGH, Slg. 2003, I-7747 Rn. 81 - Altmark Trans; *Bär-Bouyssière*, in: Schwarze (Hrsg.), EU-Kommentar, 3. Aufl. 2012, Art. 107 AEUV, Rn. 55.
43) *Koenig/Paul*（前注 27），Art. 107 AEUV, Rn. 100.
44) ヨーロッパ連合機能条約第 42 条，第 93 条，第 96 条；VO（EG）Nr. 1370/2007.
45) Art. 346 I lit. b), 348 AEUV.

2. 補助金交付手続

a）通知の要請

補助金に関して決定的に重要な意義を有するのは，EU 機能条約第 108 条に定められた補助金交付手続である．加盟国で**現に実施中の補助金**[46]については，従前の判断を尊重するという意味で，これまでと同様，今後も継続して，抑制的な審査が行われる．これと異なり，補助金の新設または変更が意識的に行われる場合には，その実施に先立ち，EU 委員会がそうした措置に対してしかるべく意見を述べることができるよう，各加盟国は EU 委員会に対して適時に通知しなければならない（EU 機能条約第 108 条第 3 項第 1 号）．もっとも，これには適用上の例外が認められている．そうした例外として，特に，一般的ないわゆる必要最低額補助金（De-minimis-Beihilfen）(1)[47]，サーヴィスの提供により一般的経済的利益をもたらす事業者に対する必要最低額補助金 (2)[48]，そして，グループにつき免除が認められている補助金 (3)[49]，これらがある．

一般的必要最低額補助金は，原則として――個別的にみると多くの例外があるが――課税年度で数えて 3 年間にわたり，すべての補助金受給者につき一律に認められる免税措置（最高額 20 万ユーロ）である（2006 年規則 1998 号第 2 条第 2 項）．事業者がサーヴィスの提供により一般的経済的利益をもたらす場合，他の要件が充足されていれば，そうした事業者に対する補助金―― 3 年間総額で 50 万ユーロを上限とする――については届け出義務が免除される（2012 年規則第 360 号第 2 条第 2 項）．グループに対する一般的免除指令（Allgemeine Gruppenfreistellungsverordnung）の適用対象としては，特に，地域

---

46) Art. 1 lit. b), 17 ff. VO (EG) Nr. 659/1999. Vgl. auch III. 2. e).
47) VO (EG) Nr. 1998/2006.
48) VO (EG) Nr. 360/2012.
49) VO (EG) Nr. 800/2008. 免除決定については，Freistellungsbeschluss 2012/21/EU v. 20.12.2011 参照.

補助金，中小事業者のための投資用・事業用補助金，それに，環境保護のための補助金，これら三種類の補助金がある．さらに，中小事業者のための投資用・事業用補助金および環境保護のための補助金については，事業者ごとに，またプロジェクトごとに，法定の補助金額（最少額750万ユーロ）が定められている（2008年規則第800号第6条第1項a号a）およびb））．全般的な評価によれば，EU領域内で交付された補助金全体の80パーセントまでが一般的グループ免除指令によってカヴァーされている[50]．

ドイツの場合，加盟国が果たすべき通知義務の履行主体は連邦経済技術省（Bundesministerium für Wirtschaft und Technologie）である．同省の業務には，EU常設代表部として，補助金交付業務を担当することも含まれる．誠実かつ慎重に行動しなければならないという趣旨の一般的要請を思い浮かべれば，地方自治体が交付する補助金はまずラントに通知されなければならないし，ラントが受けた通知は連邦経済技術省に転送されなければならない．EU法上定められた要件が具備されているか否かを審査する責任は，原則として，第一次的に**各補助金を交付する者**の側にある．それでも，EU委員会は，補助金を交付してもよいか否かに関して疑わしい点がある場合には，あらかじめEU委員会と相談するよう，勧めている[51]．補助金を交付する者がEU委員会との間で事前に相談を行っておくことは，同時に，書式を整えた転送を受けて行われる届け出に対するEU委員会の審査業務を効率的に進めることにも役立つ．ドイツの場合，国内法上，通知手続の実施に関する明文規定は設けられていない．

b）EU委員会の事前審査手続

上述の通知が行われる場合，EU委員会は届け出られた補助金交付手続の可

---

50) *Koenig/Paul*（前注27），Art. 109 AEUV, Rn. 10.
51) 補助金交付手続の実施に関する行動綱領（Verhaltenskodex für die Durchführung von Beihilfeverfahren）（2009/C 136/04），Nr. 10.

否につき，2か月以内に暫定審査を行う[52]．届け出の書類とともに転送された情報が不完全であれば，EU 委員会はしかるべき情報の補充を求めることができる[53]．その結果，審査期間が延長される場合がある．督促手続の期間も，加盟国が事後に改善の機会を利用することができるようにするため，合意があれば，延長することができる．届け出られた措置が EU 法上の補助金に該当せず，それゆえ，域内市場と両立する旨の決定がある場合，または当該措置が補助金に該当するか否かの判断に疑問の余地がある旨の決定がある場合には，暫定審査は終了する．EU 委員会が 2 か月以内に審査を完了していない場合，EU 委員会は当該補助金は**承諾したものとみなされる**．

c）EU 委員会の形式的事前審査手続

EU 委員会が形式要件に関する審査の手続を開始する場合，当該加盟国と利害関係者——この概念に含まれるのは，補助金受給者，競争事業者および職業団体である[54]——から EU 委員会に対して，通例，最長 1 か月以内に結論を出すよう求める要請が行われる．この場合，EU 委員会はその期間内に加盟国に対して結論を通知しなければならない[55]．

提供された情報が不十分であれば，EU 委員会は，一方で，届け出を行った加盟国以外の加盟国，事業者または事業者団体に対して，他方では，当該加盟国の了承のもとに，補助金受給者に対して，それぞれ情報を提供するように求めることができる[56]し，故意に不正な記載を行ったりまたは重過失により誤った記載をしたりしたときは，当該事業者または当該事業者団体に対して罰金を

---

52) Art. 4 VO (EG) Nr. 659/1999.
53) Art. 5 VO (EG) Nr. 659/1999 参照.
54) Art. 1 lit. h) VO (EG) Nr. 659/1999.
55) Art. 1 lit. h) VO (EG) Nr. 659/1999.
56) Art. 6a VO (EG) Nr. 659/1999 (i.d.F. der VO (EU) Nr. 734/2013).

科したり，または強制課徴金を課したりすることができる[57]．この処分の当否は，無条件に，裁判所による審査に服する．

　届け出の**内容**に関していえば，EU委員会の審査対象は，EU機能条約第107条第1項の適用上（禁止されている）補助金に該当するか否かという点である．この点に関する例外として，同条第2項によって域内市場と両立すると判断される場合，また同条第3項により域内市場と両立するものとみなされる場合がある．**EU機能条約第107条第2項**の適用上，例外的に，適法な補助金として認められるものには，(a) 消費者に対する社会的な性質の補助金，(b) 自然災害またはその他の事象から生じる損害の除去のための補助金，それに，(c)（今日ではもはや重要性を失っているが）ドイツの再統一が行われるにあたって旧ドイツ民主共和国に属していた地域に関連して一定の領域の経済を促進するための補助金，これらがある．**EU機能条約第107条第3項**によれば，(a) 加盟国の領域と関連する補助金の承諾，(b) ヨーロッパ共通利益達成のための重要な企図を奨励するためのもしくはいずれかの加盟国の経済生活における著しい障害を除去するための補助金，(c) ある種の経済分野もしくは経済領域の発展を奨励するための補助金，(d) 文化を奨励するための補助金または(e) ヨーロッパ委員会の提案に基づいてヨーロッパ理事会により決定されたその他の補助金，これらを適法とするか否かの裁量権がEU委員会に与えられている．裁量権の行使にあたって，EU委員会で用いられているのは，競争法の分野で一般的に知られている基準，すなわちいわゆる「**経済合理性追求型アプローチ**（more economic approach-Ansatz）」である[58]．この基準を用いることにより，金融危機のような重大事に直面する場合でも，迅速に対処できるようになっている．それでも，連合法上の指令や規則が適用される以上，EU委員会には種々の制約が課されている[59]．

---

57)　Art. 6b VO (EG) Nr. 659/1999.
58)　*Kühling*, in: Streinz（前注27），Art. 107 AEUV, Rn. 109.
59)　*Kühling*（前注34），§29 Rn. 44.

EU委員会は，届け出られた措置が補助金に該当するか否か，場合によって域内市場と両立するか否かという点を可能な限り 8 か月以内に確認するよう，義務付けられている[60]。

d）補助金交付禁止命令

EU委員会における審査手続は，補助金の交付を禁止する命令（EU機能条約第108条第3項）があることで，実効性を保つことができている[61]。同項によれば，届け出を要する補助金は，委員会が**最終決定**を下すまで交付されてはならない。加盟諸国に向けて発せられた補助金交付禁止命令は，当事者に対して直接的な効力を有するだけでなく，第三者を保護するという意味で第三者に対しても直接的な効力を有する。その結果，補助金受給者の競合事業者は，この禁止命令を援用して，新たに訴えを提起することができる[62]。禁止命令に従わない場合，そうした違反行為がどのような**法律効果**をもたらすかという点は国内法によって判断されるが，その場合でも，当該国内法は，ヨーロッパ連合法と合致するように，解釈されなければならない。行政行為が違法性を有する[63]場合には，その行政契約も（進行中のものを含めて）無効となる[64]。

e）補助金審査の一般性

加盟国において現に実施されている補助金[65]（たとえば，EUへの加盟前か

---

60) Art. 7 II-V VO (EG) Nr. 659/1999.
61) これと関連するのが Art. 3 VO (EG) Nr. 659/1999 である。
62) EuGH, Slg. 1991, I-5505, Rn. 12 - FNCE; Slg. 2003, I-12249, Rn. 64 - van Calster; BVerwGE 138, 322, Rn. 13, 18; BGHZ 188, 326, Rn. 17 ff.; *Rennert*, EuZW 2011, 576; *Ehlers/Scholz*, JZ 2011, 585 参照。このほか，VIII. 2. a) (2)をも参照。
63) BVerwGE 138, 322, Rn. 16.
64) 想定されるさまざまな可能性については（その余の証明を伴う文献として）*Ehlers*, GewArch 1999, 305, 318; *Koenig/Kühling/Ritter*, EG-Beihilfenrecht, 2. Aufl. 2005, Rn. 459; *Finck/Gurlit*, JURA 2011, 87, 92 f. 参照。
65) 前注46参照。

ら実施されていた補助金、EU加盟後に実施されるようになったものであって、EUの承認を得ている補助金）だけでなく、その他の（EUの承認を得ていない）補助金についても、当該補助金がEU機能条約第107条に合致しているか否か、また適用上濫用されていないかという点に関して、審査が行われなければならない。異議申立てという制度は、補助金交付禁止命令に対する違反等を発見するための重要な情報源となっている。このほか、EU委員会は、2013年規則第734号を定め、競争法の場合と同様、**個別産業分野ごとの補助金について調査**することにより——加盟国の協力を仰ぐという回路のほかに——主体的にこの問題に取り組む姿勢を示してきた[66]。

III. 補助金の返還請求

1. EUの補助金返還請求制度

　EU法上の補助金ルールが**遵守**されているか否かを監督すること（EU機能条約第108条第1項）、それゆえ、加盟国の補助金交付行為がEU法に照らして違法であったか否か、現に違法な状態にあるか否か、また補助金の使用が濫用であるか否かといった諸点についての審査はEU委員会の責務に属する（EU機能条約第108条第2項第1段落）[67]。EU委員会の責務に属する事項ごとに、EU委員会は、補助金廃止の有無、また修正の有無を監視しなければならない（EU機能条約第108条第2項第1段落）。加盟国が補助金に関する通知を不当に行っていなかった場合、EU委員会は加盟国に対し、当該補助金が域内市場と合致する旨の決定をEU委員会が下すまで、補助金の支給を停止するか、または、一旦交付された補助金の暫定的返還を求めるよう加盟国に義務付けたりする決定を下すことができる[68]。補助金が域内市場と合致しないとの判断をEU委員会が下している場合、EU委員会は、利子の支払いを含め、一旦交付

---

66) Art. 20a VO (EG) Nr. 659/1999.
67) このほか後述III. 2.も参照。
68) Art. 11 VO (EG) Nr. 659/1999 参照。

された補助金全額を（**最終的に**）返還するよう受給者に働きかける義務を加盟国に課さなければならない．ただし，補助金の返還請求がEU法上の一般原則に反するときはこの限りではない．ここにいうEU法上の原則には「**信頼の保護**」も含まれる[69]．どのような社会でも法の名宛人には原則として法的知識を有することが期待されているという一般的な前提のもとで，補助金受給者は，補助金交付機関またはEU委員会に対して質問を繰り返し行うことにより，当該手続がEU機能条約第108条第3項に従って適法に行われているか否かを容易に判断することができるので，EU委員会の決定が下されるまでの段階では，原則として，「信頼の保護」が確保されていたか否かという政策的配慮を加える必要はない．加盟国の国内裁判所における裁判の内容が相互に異なっていても，返還請求についてはEU法が**優先して適用される**[70]．

2．EU委員会決定のドイツ国内への移植

EU委員会が暫定的または最終的に補助金の返還を加盟国に求める場合において，EU法上該当する規定がないとき，当該補助金返還請求の当否等は裁判国の国内法に従って判断される．むろん，加盟国の国内法が適用される場合でも，EU法の優位性と実効性が遵守されなければならない[71]．EU法上のいわ**ゆる実効性の原則**（Effektivitätsgrundsatz（effet utile））は，EU法が定める内容を具体的に実現できるようにするという趣旨でもあれば，過度に実現しにくくならないようにするという趣旨でもある．加盟国で一旦は補助金の交付が認められても，その後，EU委員会が，当該補助金の交付がEU法に違反している旨を決定し，それゆえ加盟国において補助金の返還が必要となる場合には，補助金交付を決定した当該行政行為がまず取り消されなければならない．この取消は，ドイツ法に従って行われる（**行政手続法（VwVfG）第48条**）．この

---

69) *von Danwitz*, Europäisches Verwaltungsrecht, 2008, S. 218 ff. 参照．

70) EuGH, Slg. 2007, I-6199, Rn. 63 - Lucchini; C-507/08, Urt. v. 22.12.2010, Rn. 60 ff. - Kommission/Slowakei; *Becker*, EuZW 2012, 725, 728 ff. 参照．

71) 多くのものに代えて，*von Danwitz*（前注69），S. 279 ff., 483 ff. 参照．

取消行為は，EU 法に基づく EU の司法行為として行われるのであり，ドイツの官庁によるドイツ国内の行政行為として行われるわけではない．ドイツの官庁は，EU 委員会の決定をドイツ国内に移植する EU 法上の義務を負わされている．ただし，EU 委員会の判断をドイツ国内に移植することが絶対的に不可能であるとき，または，移植すると，当初予見できなかったかもしくは予見できない困難が生じるときは，この限りではない．最後に挙げた状況に該当するケースは，これまでの実務では，まったくみられない．

補助金交付決定の取消や補助金の返還請求によって補助金受給者が倒産するといった事態が生じるとしても，そうした事情は，「EU 委員会決定のドイツ国内への移植が不可能」だということを意味しない[72]．というのは，そのような場合であっても，補助金の交付を受けた会社を清算すれば，EU 委員会決定が意図した，返還の実現という目標を達成することができるはずだからである．補助金受給者がすでに倒産しているとか受給者が事業活動を中止しているとかという場合，普通，補助金返還請求権を破産債権表に記載すべき債権として破産管財人に届け出ることで足りる[73]．破産手続や会社更生手続（倒産法 (InsO) 第 217 条以下）が行われている場合において，補助金受給者が清算または会社更生の対象とされ，しかも，補助金返還請求権が放棄または支払い猶予の対象とされているときは，債権者が私人であったならば，理性的な方法でまったく同じように行動していたか否かという点が重要な判断基準となろう[74]．

EU 委員会の返還請求決定を**遅滞なく**国内に移植することが加盟国に義務付

---

72) *Koenig/Kühling/Ritter*（前注 64），Rn. 470 f. 参照．
73) EuGH, C-331/09, Urt. v. 14.4.2011, Rn. 60 - Kommission/Polen 参照．これにはその余の証明が付されている．
74) *Fritze/Heithecker*, EuZW 2010, 817, 818 f.; *Bungenberg/Motzkus*, WiVerw 2013, 73, 121 参照．

けられている[75]以上，補助金の交付決定が取り消されれば，直ちにその取消決定を実施することができる旨の宣言が下されなければならない（行政手続法第80条第2項第4号）．補助金交付決定が取り消された場合，行政庁は，すでに交付した金銭を回収するため，その後，返還請求決定を下さなければならない（行政手続法第49a条）．返還を命じられた金額にはむろん利子が付される（行政手続法第49a条第3項および第4項）[76]．

Ⅳ．権利保護の問題

以上の権利は，一部はEU裁判所により，また一部は加盟国の国内裁判所によって，保護されている．

1．EU裁判所による権利保護

EU委員会が下した措置を覆そうとする場合，（原則として）EU裁判所に**無効の訴え**（Nichtigkeitsklage）を提起するという方法がある（EU機能条約第263条）．無効の訴えの原告適格が認められるのは，EU理事会，加盟国，補助金受給者および競争事業者，その他の第三者もしくは職業団体であって直接かつ個別的に関連性を有する者，これらである．

EU委員会が下した措置の無効判定を求める訴えの審理にあたって，競争事業者は競争侵害行為があったという事実を明確に証明しなければならないという意味で，積極的役割を果たさなければならない[77]．競争事業者が当該手続

---

75) その一例は Art. 14 III 1 VO (EG) Nr. 659/1999 である．第11条による一時的返還請求権（einstweilige Rückforderung）については，別段の定めがない限り，違いはない．
76) ただし，ヨーロッパ委員会はこれと異なる内容を定めている．Art. 14 II VO (EG) Nr. 659/1999 参照．
77) *Kühling*（前注34），Rn. 53.

に参加することは必須の要件ではない[78]．国家による措置がすでに下されていたかまたは間近に迫っている場合，競争事業者は直接的関係者とみなされる[79]．職業団体自体に原告適格が認められるのは，職業団体が無効の訴えを提起している者の利益を代表している場合，職業団体がEU委員会の交渉相手とされている場合，職業団体に手続遂行権が与えられている場合，これらである[80]．

EU委員会の措置に法的な瑕疵がある場合において，当該措置が下されてから2か月以内に訴えが提起されているとき，無効の訴えは**適法**である．EU委員会が何も行動していなければ，不作為の訴え（Untätigkeitsklage）を提起することができる（EU機能条約第265条）．EU委員会が加盟国に対して補助金の返還を求めるよう決定していた場合において，加盟国がEU委員会の返還請求決定に従っていないとき，EU委員会は加盟国に対し条約違反の訴えを提起することができる（EU機能条約第258条）．条約違反の訴えはつねに適法である．ただし，補助金返還請求の実施が加盟国にとって不可能であるときまたは返還請求の実施によって除去できないほど重大な障害があるときは，この限りでない．後者の場合，EU裁判所は加盟国に対して課徴金（Zwangsgeld）を課すことができる（EU機能条約第260条第2項）．

2. 加盟国裁判所による権利保護

加盟諸国の国内裁判所には自国官庁の行動を監督する責任がある．加盟国の裁判所も，行政機関と同様，EU法上の諸基準（Vorgaben des Unionsrechts）を遵守しなければならない．たとえば，補助金が域内市場と合致する（EU法上適法である）か否か，EU委員会決定が有効か否かといった諸点について判

---

78) 参照されるものとして，*Bär-Bouyssière*（Fn. 42），Art. 108 AEUV, Rn. 28 参照．
79) EuG, Slg. 1995, II-1281, Rn. 60 - ASPEC.
80) この点につき詳しく述べているのが *Bär-Bouyssière*（前注42），Art. 108 AEUV, Rn. 29 である．

断権を有するのは EU 裁判所のみであり，加盟国裁判所ではない．加盟国裁判所が疑いを抱いている場合および国内裁判所が EU の行動を無効と考えていた場合，国内裁判所は EU 裁判所に対して**先行裁判**（先決裁定）を求める申立てを行わなければならない（EU 機能条約第 267 条）―― EU 裁判所が行う EU 法の解釈および EU 法上の有効性に関する判断は，加盟国裁判所を拘束する効力を有する．

加盟国の補助金提供者が EU 法に違反して活動し，その結果，補助金受給者が補助金を返還しなければならなくなった場合，補助金提供者に対する**損害賠償請求権**を補助金受給者に付与することが考えられるかもしれない．しかし，そのような損害賠償請求権を補助金受給者に認めれば，EU 法の効力は実際には損なわれることとなろう．このように考えるのは，損害賠償請求権を認めることで，補助金を受給していた場合と同じ地位に補助金受給者が置かれるという結果が生じるからである[81]．これと異なり，競争事業者が補助金提供者に対して起こす損害賠償請求の訴えは認められてよいであろう[82]．

V. EU の補助金規制に対する評価

最後に，EU の補助金制度をより全体的な視野から位置づけておこう．現在のところ，EU が深刻な経済**危機**にあることは否定できない．しかしながら，こうした深刻な危機の原因は，EU それ自体や EU の行動に由来するというよりも，むしろ，加盟国の行動それ自体に起因するというべきである．その典型例は，過度の国債発行禁止規定（EU 機能条約第 126 条）を無視した行動である．EU 法は確かに完璧なものではないが，それでも，一般的にいえば，EU 法には正当性がある．**実質的なバランス**（positive Bilanz）を取るべく，補助金規

---

[81] BVerwGE 106, 328, 338 および BVerwG, NVwZ-RR 2012, 628, 631 参照．後者については，*Giegerich*, EuR 2012, 373, 386 f. も参照．

[82] BVerwG, NVwZ-RR 2012, 628, 631.

制法が行っている配慮も並大抵のものではない．もちろん補助金それ自体は経済政策および社会政策を積極的に推進する手段として適法なものではあるが，それでも，利用の仕方によって，補助金には域内市場における競争を歪める可能性がある．独立性を有するEU委員会が補助金交付の適否を審査するという制度を採用することによって初めて，補助金に対する監督を厳格に実施することができよう．加盟国が自国固有の政策を実施する主体性を有するという制度を承認する以上，加盟国に対して，――たとえそれがEU域外で行われる場合であっても――EU委員会が望むようなやり方で補助金に対する規制を行うことまでは期待できないであろう．世界貿易機関に関する法体系，WTO法も確かにEUの補助金規制法と同じ方向を目指してはいるけれども，WTO加盟諸国がジュネーヴの紛争処理委員会（パネル）に訴えを提起する――そうした訴えは実務上稀な例でしかない――場合に適用される法源は，WTO法だけであって，EU法ではない．このようにみると，EUの補助金規制法の適用を考えるにあたり，**輸出取引上頻繁に売買される物品**（Exportschlager）であるか否かといった点を考慮することにも意味があろう．

Ⅳ. 土地および環境の使用にかかる財産権保護, 社会的拘束と公用収用

Eigentumsschutz, Sozialbindung und Enteignung bei der
Nutzung von Boden und Umwelt, in: VVDStRL 51 (1992), S. 214 ff.

土 屋　　武 訳
Übersetzung von Assoc. Prof. Takeshi Tsuchiya

目　次

I. 基本法の財産権概念

II. 財産権保障
  1. 財産権の制度保障
  2. 財産権の現状保障
     a) 土地使用権
     b) 水　利　権
     c) 大気使用権
  3. 非命令的制約からの保護

III. 財産権形成の憲法上の指針
  1. 内容規定と制限規定の区別
  2. 憲法上の衡量要請
  3. 過剰介入禁止への拘束
     a) 比例性審査の人的,事項的参照点
     b) 使用の実行と不実行の区別
     c) 積極的義務の賦課
     d) 累積と補助金給付の重要性
     e) 調整義務にかかわる内容・制限規定

IV. 公　用　収　用
  1. 公用収用の概念
     a) 剥奪のメルクマール
     b) 財産秩序の破棄
     c) 目的的な公法的行為の基準
     d) 国家任務への奉仕
  2. 公用収用の許容性
     a) 公共の福祉要件
     b) 補償要件

V. 財産権に対する不法責任
  1. 収用類似の介入に対する責任
  2. 収用的介入に対する責任

VI. 要旨と展望

テーゼ

土地，水と大気の使用が強化されることにより，ドイツでも深刻な弊害が生じるに至った．それはたとえば，土地の過剰開発，土地の枯渇，汚染廃棄物やその他の不純物による土壌汚染，質の劇的な劣化，森林破壊や水質汚染や大気汚染に現われている[1]．一般的な見解によれば，このような展開の一因として基本法14条1項の財産権保障がある．なぜなら，財産権者に環境使用権を，そして，それゆえ往々にして同時に環境破壊権を認めることになるからである[2]．財産権保護と環境保護が緊張関係に立つことは明らかである．しかし，この関係については，財産権保障の意味内容が明確にされてはじめて，その詳細な言明が得られるのである．

基本法14条の基本権規定は，数十年にわたる連邦通常裁判所の判例の庇護の下では，1項よりもむしろ3項の観点から解釈されてきた：財産権保護はしたがって，主に補償を通じて与えられてきたのである[3]．連邦憲法裁判所の功績は，財産保障を，補償を受ける権利から基本権へと逆転させたことにある[4]．裁判所の判例を形づくっているのは，3つの適切な基本想定である[5]．第一に，憲法判例は，基本法14条が質量ともにその他の基本権とは異なる形で法律による内容形成を目指していることをはっきりと強調してきた．第二に，裁判所は，自由と財産が何ら対立しておらず，むしろ基本法14条が自由権を構築することから出発する．自由は金銭による売買ができないために，このことは同

---

1) 参照，*Hoppe/Beckmann*, Umweltrecht, 1989, §1 Rdn. 25 ff.; *Kloepfer*, Umweltrecht, 1989, §1 Rdn. 8 ff.
2) このような見解——とその正当性——について詳細は，*Sendler*, UPR 1983, S. 33 ff.; *Isensee*, in: Ossenbühl (Hrsg.), Eigentumsgarantie und Umweltschutz, 1990, S. 3 (4 ff.); *Schink*, DVBl. 1990, S. 1375 f.
3) これについて，*Osterloh*, DVBl. 1991, S. 906 (907) は適切である．
4) 同様にまた，*Schoch*, Jura 1989, S. 113.
5) 参照，すでに（最初はほとんど顧慮されていなかった）BVerfGE 4, 219 (230 ff.); 24, 367 (389)；さらに特に，BVerfGE 58, 300 (318 ff.); 68, 193 (222); 83, 201 (208 f.)

時に財産権保障がまず第一次的には現状保障を含んでおり，価値保障に転化するのは例外的な事例に過ぎないことを意味する．第三に，このような基本法14条の推力から，第一次的権利保護の第二次的権利保護に対する優位と「自らを守れ，さもなくば清算せよ」に基づく選択権の拒否が帰結する．その他については多くの問題が解決されておらず，または不明確なままである．

以下ではまず，財産権概念（I.），財産権保障（II.），そして財産権形成の憲法上の指針（III.）について立場を明らかにする．次に，公用収用（IV.）と財産不法に対する責任（V.）に注目が向けられる．要旨と簡潔な展望（VI.）で論述を終える．昨日〔の学会報告において〕扱われた新たな連邦諸州の財産権問題については，取り決めに従い詳論しない．

I. 基本法の財産権概念

憲法上の意味における財産権（Eigentum）は，法秩序により市民に帰属された財産対象を享有し，使用する，国家に対して向けられた市民の権利と理解される[6]．自然的財産は存在しないために，財産権保障の保護の客体は，法律により，または法律の根拠に基づいて認められた法的地位しかありえない[7]．したがって，従来の見解[8]に反し，たとえば一定の沿道・沿岸の所有者権または相隣権を通常法律を介せずに憲法直接的に基本法14条1項1文から導出す

---

6) 連邦憲法裁判所はたしかに，財産権の概念が憲法から獲得されなければならないと述べているが（E 58, 300, 355），この概念を定義していない．概念形成については，また参照，*Wendt*, Eigentum und Gesetzgebung, 1985, S. 12, 73.

7) 保護領域の法律依存性は，クラインライン（*Kleinlein*, DVBl. 1991, S. 365, 369）に反し，基本法14条から結果除去請求権と（公用収用の目的が実現しない場合に）収用返還請求権を導出することを排除しない．参照，後者については，BVerfGE 38, 175 (179 ff.); BVerwGE 85, 96 (98 f.).

8) 参照，沿道・沿岸の所有者権について：BVerwGE 30, 235 (238 f.); 32, 222 (224 ff.); BVerwG, NJW 1988, 432 (433); 相隣権について：BVerwGE 32, 173 (178); *Hoppe*, in: Ernst/Hoppe, Das öffentliche Bau- und Bodenrecht, Raumplanningsrecht, 2. Aufl. 1981, Rdn. 454; Steinberg, Das Nachbarrecht der öffentlichen Anlagen, 1988, S. 20.

ることは許されない[9]。

　基本法の意味における財産権には，一方で私法の財産的価値のある権利すべてが帰属しうる[10]。それらの権利は，変形規範としての基本法14条1項1文を通じて，憲法における要件形成作用を展開する[11]。私法の財産的価値ある権利には，営利企業の設立し経営する権利も含まれる[12]――少なくともそれが民法823条1項の意味でのその他の権利とみなされる限りは，そうである[13]。経済的な企業の権利総体[14]に関する受け皿的権利なのである．総体として初めて企業の特別の価値が形づくられるのが通例であるために，いずれにせよ保障される個別的権利の集合を超えるところに保護がある．この保護は，企業においてまとめられる権利を保持し，使用しうることにまで拡張される[15]。

---

9) 通常法が憲法適合的に解釈されえない（参照，たとえば，BVerwGE 81, 329, 335）とすれば，基本法14条1項1文から立法請求権が生じうる．これに対し，補充を必要とする財産権保障は，それ自体としては法的地位を準備するものではない．
10) 参照，BVerfGE 70, 191 (199); *Kimminich*, BK, Drittbearb. 1976, Art. 14 Rdn. 55 f.
11) つまり，この権利は私人に対して妥当するのみならず，国家に対しても当該権利の担い手を保護する．参照，*Ramsauer*, Die faktischen Beeinträchtigungen des Eigentums, 1980, S. 146 f.; *Wendt* (Fn. 6), S. 134
12) 結論的には通説もそうである．参照，BVerwGE 67, 93 (96); BGHZ 111, 349 (355 f.); *Badura*, in: Benda/Maihofer/Vogel, HdbVerfR, 1983, S. 653 (692 f.)．別見解として，たとえば，*Sendler*, UPR 1983, S. 33 (36); *Kutschera*, Bestandsschutz im öffentlichen Recht, 1990, S. 40 ff. 連邦憲法裁判所も疑義を表明したが (E 51, 193, 221 f.)，これに拘束されていない．
13) これはたしかに私法では争いがあるが（参照，*Medicus*, Bürgerliches Recht, 15. Aufl. 1991, Rdn. 614），完全に通説である．通常の見解に反し，純粋な裁判官法ではなく，裁判官法による不確定法概念（「その他の権利」）の補充が問題である．基本法14条が私法の財産的価値のあるすべての権利を保護することから出発する場合，ここでなぜ別なのかが根拠づけられなければならないであろう．
14) 判例では，「物と権利の総体」と述べることが多いが（BGHZ 111, 349, 356），物もそれが法的帰属の対象である限りでのみ保護される．
15) 基本法12条のみによる企業の保護（*Rittstieg*, AK-GG, Bd. I, 2. Aufl. 1989, Rdn. 100; また参照，*Steinberg/Lubberger*, Aufopferung - Enteignung und Staatshaftung, 1991, S.

他方,公法の財産的価値のある権利が憲法により保護される財産権に含まれるのは,国家による付与のみに根拠を持つのでない場合に限られる[16]．これから示されることになるように,そのような権利は,相当の自己の業績と自己の犠牲に基づく場合のみならず,特に私法の財産的価値のある権利と関連する,または補償としてそのような権利の代わりとなる場合にも存在する[17]．財産 (Vermögen) そのものは保護されない[18]．

II. 財産権保障

周知のように,基本法14条1項1文には制度保障も主観法的な現状保障も含まれている[19]．

1. 財産権の制度保障

制度保障は立法者に対し,財産権保障が現実的に妥当することを確保する規範を提供するよう義務づける[20]．それは内容的には,指導原理の意味におい

---

79 f.) では十分でない．なぜなら,たとえば国家による既存の企業の廃業命令は,これからの収益のみならず,これまでの収益にもかかわるからである．基本法14条1項から機会や利得可能性を一般的に排除すること (BVerfG, NVwZ 1991, 358) は,あまりにも影響が大きい．むしろ命令的作用とその他の不利益賦課が区別される．参照,また,*Bryde*, in: v. Münch, GG, Bd. 1, 3. Aufl. 1985, Art. 14 Rdn 21, ならびに後述のII. 3. の詳論．

16) 参照,議論状況について,BVerfGE 53, 257 (289 ff.); 69, 272 (300 ff.); *Leisner*, in: Isensee/Kirchhof (Hrsg.), HdbStR, Bd. VI, 1989, § 149 Rdn. 119 ff. 批判的なものとして,*Papier*, Eigentumsgarantie des Grundgesetzes im Wandel, 1984, S. 9 ff.; 基本法14条の保護に経済助成を基本的に含めることを支持するものとして：*Stücke*, Eigentum am Wirtschaftssubventionen, 1991, S. 54 ff.

17) 後述のII. 2. a) および b) の詳論を参照．

18) BVerfGE 74, 129 (148); BVerwG, DVBl. 1991, 938 (940).

19) 制度保障 (BVerfGE 24, 367, 389.; 31, 229, 240 f.) は基本法14条1項1文の客観法的内容の特別の現れであり,主観法的な現状保障は個人に基本権を認める．

20) 制度保障は組織的,手続法的準備措置をも要請しうる．参照,*Papier*, in: Maunz/

て財産権(Vermögensrecht)の意味での自由の保障を目指し,市民に対して私的に利用可能な形で帰属される最低水準の財産権(Vermögensrecht)を保障し[21],そしてその限りで厳格に顧慮されるべき過少保護禁止として作用する[22].

2. 財産権の現状保障

主観法的な現状保障は,基本権の担い手に与えられるすべての財産的価値のある法的立場を国家の干渉から保護する.ここで重要な問題は,土地,水,大気の使用権が存在するかどうかである.

a) 土地使用権

土地の建築使用に関して激しい争いがあるのは,憲法上保護された財産権の要素に建築の自由も含まれるのかどうかである.この見解を肯定する者は,これに対応する法的地位を基本法14条1項1文[23]または民法典903条[24]から導出するが,反対説[25]は,建築権限は通常法律に基づいて,初めから限定され

Dürig, GG, 1983, Art. 14 Rdn. 43 ff.; *Schmidt-Aßmann*, in: FS der Juristischen Fakultät zur 600-Jahr-Feier der Ruprecht-Karls-Universität Heidelberg, 1986, S. 107 (123 f.).

21) 私的利用可能性には,基本的には処分権も含まれる(参照,これについては,BVerfGE 83, 201, 208 f.).立法者が基本法14条1項1文のみに合わせられなければならないわけではないことは,基本法14条1項2文,2項から生じる.参照,後述のⅢ.2.の詳論.

22) 基本権上の過少保護禁止について一般的に,*Scherzberg*, Grundrechtsschutz und „Eingriffsintensität", 1989, S. 208 ff.

23) *Hoppe*, in: Ernst/Hoppe (Fn. 8), Rdn. 165(しかし彼は欄外番号166において限定的に「潜在的」建築の自由について論じている); *Oldiges*, in: Steiner (Hrsg.), Besonderes Verwaltungsrecht, 3. Aufl. 1988, Ⅳ Rdn. 136 ff.; *Maurer*, Allgemeines Verwaltungsrecht, 7. Aufl. 1990, § 9 Rdn. 51. 参照,また,BVerwGE 48, 271 (273); BGHZ 88, 51 (59).

24) *Wendt* (Fn. 6), S. 170 ff.; 参照,また,*Papier* (Fn. 20), Rdn. 59 ff.; *Peine*, Raumplannungsrecht, 1987, S. 101; *Leisner* (Fn. 16), Rdn. 104.

25) *Breuer*, Die Bodennutzung im Konflikt zwischen Städtebau und Eigentumsgarantie,

た形で純公法的に付与することのみが認められるとする。これらの見解のいずれにも従うことができない。

基本法14条1項1文のみを援用するのは徹底していない。なぜなら，財産権保障は必然的に法律による具体的形成を必要とするからである。民法典903条は公法の規範[26]によって広範にわたり上乗せされている。純公法的な構想は，制度保障の過少保護禁止と合致しない。土地の建築使用は財産権（Vermögensrecht）による活動の基本ストックに含まれており，それは私法秩序から完全に奪い去られてはならない[27]。建築権限は公法によってのみ与えられるというのでは，この権限付与は広く基本権から自由な空間内で行われることになろう。しかし土地財産権者は，私法上の財産権から生じる利益が建築法の立法およびとりわけ建築計画の際に顧慮されることを求める請求権を有する。それゆえ，結論的には私法か公法かが重要なのではなく，建築法上意味のある両法領域の規定の総体が重要なのである[28]。基本法14条1項1文は，土地をこれらの規定に基づいて，そしてその枠内で建築する土地財産権者の権利を保護する[29]。

このことは，建築の自由が財産の制度保障に関与することを排除しない[30]。しかし制度保障は立法者にのみ向けられており，法律の内容を規定するだけではないため，個人は，事後的な制限にしか服さない包括的権利の意味における建築の自由の基本権を有するものではない。それゆえ，土地の建築による使用は先行する建築計画，そしてそれゆえ他者の義務に拘束された「自由」——すなわち行政の計画上の形成自由——に左右されることが多く，土地所有

  1976, S. 162 ff.; *ders.*, in: Schrödter, BauGB 4. Aufl. 1980, § 44 Rdn. 8 ff.; *Schulte*, DVBl. 1979, S. 133 ff.; *Rittstieg* (Fn. 15), Art. 14 Rdn. 92.

26) とりわけ建築法典29条以下。

27) 基本権により保護される活動の基本ストックについては，参照，BVerfGE 24, 367 (389); 58, 300 (339).

28) 私法および公法の基準性については，参照，BVerfGE 58, 300 (335 f.); 72, 66 (77).

29) 不当にも，連邦憲法裁判所は「法律の枠」にのみ着目している（E 35, 263, 276 f.）。

30) *Erbguth*, Bauplannungsrecht, 1989, Rdn. 16 ff.

IV. 土地および環境の使用にかかる財産権保護，社会的拘束と公用収用　83

権者は建築指導計画の策定を主張することもできない[31]．何が自由に残されなければならないかを定めるのは，再び過少保護禁止である．とりわけ建築権限の付与は——建築留保[32]と原子力法上の施設許可の特殊性[33]を除けば——行政の裁量とされてはならない[34]．

公法上の建築法規と建築計画による使用の割り当ては，民法典903条によって認められた土地所有権者の支配権を背景にして，それとの関連の中でみられなければならないために，自己の業績の等価物でないにもかかわらず常に憲法上の財産保障に服する．さらに，適法な建築許可は基本権保護に与るが[35]，保護領域の法律依存性ゆえに，これに対して違法な建築許可はこれに与らない[36]．

土地——たとえば自然財——のその他の使用については，建築による使用と同一の基準が原則的には妥当する[37]．

---

31)　建築法典2条3項参照．
32)　これについて詳細は，*Wahl*, DVBl. 1982, S. 51 (56 f.)．
33)　原子力法7条2項は免除留保付きの抑制的禁止を定めている（*Ehlers*, in: Achterberg/Püttner, Besonderes Verwaltungsrecht, Bd. 1, 1990, S. 211；通説は別見解をとる．BVerfGE 49, 89, 145参照）．
34)　それによれば，建築法典35条2項は強行規範の意味で解釈されなければならない（BVerwGE 18, 247, 249 ff.; BGH, MDR 1981, 652；別見解，*Ortloff*, NVwZ 1988, S. 320 ff.）．
35)　別見解，*Stettner*, BayVBl. 1991, 550 (556) m.w. N.
36)　別見解，*Krebs*, in: Grimm/Papier (Hrsg.), Nordrhein-westfälisches Staats- und Verwaltungsrecht, 1986, S. 379 (413 f.); *Knoke*, Rechtsfragen der Rücknahme von Verwaltungsakten, 1989, S. 199 ff. ここで主張された立場によれば，行政手続法48条後段の意味での「公用収用と同等の介入」は存在しない．
37)　一定の行使の権利は公の目的の追求のために強制加入の公法上の現実社団——たとえば水利組合や土地組合——に移譲されるが，その際社団それ自体は財産基本権の担い手とはならない（一部別見解を唱えるものとして，*Hoppe/Beckmann*, DVBl. 1990, S. 177 ff.）．さらに通例物のカテゴリー——炭鉱以外の地下資源（連邦鉱業法3条2項2文；これについて基本的には BVerwGE 81, 329 ff.; *Hoppe*, Das Spannungsverhältnis von Bergwerkseigentum und Oberflächeneigentum im Lichte des Verfassungsrechts, 1991, S. 9 ff.），公道（たとえば長距離道路法2条）または特に核分裂

b）水 利 権

これに対し，水の（経済的）使用は，土地の使用とは原理的に異なる形で規律されている。なぜなら連邦水管理法は，水域利用と地上の水域の解消を，完全にではないものの，広く私法秩序から引き離し，行政の裁量による許可に依らしめてきたからである[38]。水が生命にとって有する重大な意味，その汚染されやすさ，超個人的な干渉効果のために，連邦水管理法の非常に強力な規律は，地下水についてのみならず地表水についても制度保障の過少保護禁止と合致する[39]。しかし水資源の使用を土地所有権から原理的に除去することは，基本法14条1項1文の保障が水資源当局にとって顧慮を要しないことを意味するものではない。一方で，当局は裁量の枠内において，当局による決定が有する基本法14条1項1文により保護された領域への影響——たとえば地表を建築により使用する可能性や営利企業の設立と経営——をともに顧慮しなければならない[40]。このことは，使用利害関係人が裁量瑕疵なき決定を求める請求権を想定することを支持するものであり，そのような請求権は一定の事例で許可請求権へと深められすらしうる。他方，土地財産権者に適法に付与された許可ないし認可は，土地所有権から取り去られた使用権限の補償であり，したがって財産権としての性格を有しうるとされる[41]。

性物質（ヨーロッパ原子力共同体条約86条）。しかし州法上の埋蔵物収益権はこれには当たらない（別見解，*Lorenz*, NVwZ 1989, S. 812, 816）——は，完全にまたは部分的に私法上の土地所有権から外され，公法上ないしヨーロッパ法上の使用の枠組みに服する。

38) 連邦水管理法1a条3項，2条以下。
39) 地下水について，BVerfGE 58, 300 ff. さらに参照，*Breuer*, Öffentliches und privates Wasserrecht, 2. Aufl. 1987, Rdn. 80. 批判として，*Wendt* (Fn. 6), S. 222; *Papier* (Fn. 20), Rdn. 371a ff.
40) 参照，また，*Krebs*, in: Krebs/Oldiges/Papier, Aktuelle Probleme des Gewässerschutzes, 1990, S. 1 (24). さらに，BGHZ 90, 4 (10); この点についての批判は，*Soell*, NuR 1984, S. 185 ff.
41) 補償思考について一般的に，*Kutschera* (Fn. 12), S. 63 ff. 水利法における信頼保護について，参照，*Salzwedel*, FS für Sendler, 1991, S. 321 ff.（基本法14条を参照していない）。

c）大気使用権

　第三の環境媒体たる大気に目を向けると，きわめて酷使されることの多い水に該当することが，大気というそれ以上に酷使されることがしばしばなものには当てはまらないのかどうかという問題が現れる[42]．学説では，水と大気の類推的な法的取扱いが行政の管理裁量を規準としてますます要求される[43]．清浄な大気が極めて重要であることから，大気を「公共財」[44]ないし「公物」[45]に分類することが正当化される．したがって，大気の使用は財産権に基づくのではなく，補助金と同様に作用する使用機会の公法的配分に基づいているとされる[46]．

　この見解は現行制定法——とりわけ民法典905条，連邦イミッシオーン保護法6条[47]——を無視しているのみならず，制度保障の過少保護禁止とも矛盾する．土地の使用は，通常は水を利用せずとも可能ではあるが，大気を利用せずには決してできない．二次元的な「大気のない」土地財産はすべての者にとって機能せず[48]，事実上私有地の廃止となるであろう．したがって財産権者は，土地のみならず一定の高さまでの当該土地の上空を，法律に基づきその枠内で

---

42)　この問題設定について明示するものとして，*Sendler*, UPR 1983, S. 33 (38).

43)　*Murswiek*, Die staatliche Verantwortung für die Risken der Technik, 1986, S. 357 ff.; *Stettner*, BayVBl. 1991, S. 550 (553). また参照，*Jarass*, BImSchG 1983, Vor §4 Rdn. 5.

44)　*Murswiek*, in: Scholz (Hrsg.), Wandlungen in Technik und Wirtschaft als Herausforderung des Rechts, 1985, S. 67 (68, 110); *Soell*, NuR 1985, S. 205 (209); この表現の法律学的内容についての批判として，*Schulte*, VerwArch 77 (1986), S. 372 (401 f. m. Fn. 139).

45)　*Lorenz*, NVwZ 1989, S. 812 (816, 819). 有体物のみが公物たりうるのかどうか（たとえば *Papier*, Recht der öffentlichen Sachen, 2. Aufl. 1984, S. 2）は，ここでは結論を出さないでおくことができる．少なくとも，大気圏は現行法によれば部分的にしか公法上の使用秩序に服さない（参照，たとえば航空交通法1条1項，連邦長距離道路法1条4項2号）．

46)　たとえば *Sendler*, UPR 1983, S. 33 (41).

47)　この規定は許可留保付きの予防的禁止として形成されている．参照，BVerwGE 55, 250 (253 f.); *Sellner*, Immissionsschutzrecht und Industrieanlagen, 2. Aufl. 1988, Rdn. 21.

48)　*Friauf*, WiVerw, 1986, S. 87 (102 ff.). また参照，*Schröder*, UPR 1986, S. 127 (130).

使用できる権利が認められなければならず、その使用許可は行政の管理裁量にゆだねられてはならない[49]。このことは実効的な環境保護——とりわけ施設経営者の予防原則への義務づけ——を排除するものではないが[50]、しかるべき法律による規範化を要求する[51]。

3. 非命令的制約からの保護

環境使用の際の財産権保護の射程は、主に基本法14条1項1文が非命令的制約からも保護されるかどうかによって影響を受ける。その点で、通例は、環境保護の限定が問題ではなく、反対に、国家または第三者の財産に阻害的影響を与える私人の環境負担的計画からの防御による環境の保護が重要である。この場合、憲法上は細分化される。基本権規定は、国家による規律行為の名宛人のみを保護するものではなく、また現実のすべての不利益賦課からの保護を認めるものでもない[52]。名宛人の保護に限定するのでは、国家権力を基本権拘束から相当自由な立場に置くことになろうし、あらゆる不利益賦課から保護してしまっては、基本権の主観的防御請求権を一般的法執行請求権の意味へと際限なく拡張することになろう。何らかの類型論を形成することが不可欠なように思われる[53]。間接的な不利益賦課の場合、とりわけ帰属可能性と制約の強

---

49) さもなければ、たとえば一世帯用独立住宅の建築法上の許可も、その場合でも大気が主張されるがゆえに、行政裁量のもとにおかれなければならないことになろう。

50) 別見解として、ヴィーラント (*Wieland*, WuR 1991, S. 128 (131)) は、予防原則が常に管理裁量と結びつけられていることから出発している。ヘンゼラー (*Henseler*, in: Scholz, Fn. 44, S. 95 (98)) は、水利法における執行の不十分さを参照して、当局のフレキシビリティの増大は環境保護の後退をも意味しうるとするが、これは適切な指摘である。

51) 建築法上の許可と同様、イミッシオーン保護法上の許可も基本法14条1項1文の保護に服する（争いあり。参照、*Dolde*, NVwZ 1986, S. 873 (874, Fn. 15)。

52) 参照、この問題については、代表的なものとして、*Bleckmann/Eckhoff*, DVBl. 1988, S. 373 ff.

53) 形式的には法的行為と事実行為、直接的な不利益賦課と間接的不利益賦課、ならびに国家行動の目的的な効果と意図せざる効果で区別されよう。

度が重要である⁵⁴⁾.

　たとえば，私人の計画を国家が許可することは，隣人にとって介入の性格をもちうる．なぜなら，許可が確認的，形成的，また場合によっては権利付与的な規律内容を有する場合に⁵⁵⁾，その内容が隣人に対して拘束力を及ぼすからである⁵⁶⁾．このことが特に明らかとなるのは，法律が許可を明示的に隣人の受忍義務と結びつける場合である（たとえば計画確認法，イミッシオーン保護法，原子力法，水利法，遺伝子技術法にあてはまる）⁵⁷⁾．それはともかく，介入の観念は行政裁判所法80a条の権利保護規定の基礎にもある．消極的基本権保護が問題となる限りでは，隣人のための国家の基本権保護義務の想定は必要ではない．その想定によってはまだ，いつ隣人の権利への介入が認められるかという問題には答えられない．基本権上の財産権保護は，通常法の隣人保護規範を制約ないし侵害することを前提とする．しかし，隣人保護的性格は憲法適合的解釈から生じうる．制度保障の過少保護禁止は，深刻かつ受忍不能な負担から隣人を保護するよう立法者を義務づけるのみならず⁵⁸⁾，それを超える保

---

54) 参照，*Ramsauer*, Die faktischen Beeinträchtigungen des Eigentums, 1980, S. 174 ff.; *Erichsen*, Jura 1987, S. 367 (369). 強度への着目に反対するのは，*Schulte*, DVBl. 1988, S. 512 (517). 別の基準については，参照，BVerwG, NJW 1989, 2272 (2273).
55) 確認は計画が法律と一致することにかかわり，形成は許可なき活動の禁止の破棄にかかわる．少なくとも許可が免除に基づいている場合には，権利付与が存在する．
56) 通説もまたそうである．参照，BVerwGE 32, 173 (178 f.); 50, 282 (286 ff.); *Lübbe-Wolff*, Die Grundrechte als Eingriffsabwehrrechte, 1988, S. 178 ff. 別見解（たとえば，*Rauschning*, VVDStRL 39, 1980, S. 167, 184 f.; *Schwerdtfeger*, NVwZ 1982, S. 5, 7; *Hoppe/Beckmann*, Fn. 1, §4 Rdn. 42）によれば，許可を得た私人のみが隣人を制約することになるのであり，国家が制約することになるのではない．これはたしかに私人の違法な侵害からの国家の保護を求める隣人の請求権を排除するものではない．しかしそのような（給付に向けられた）保護は，国家による介入からの保護よりも遅れて行われることになろう（別見解，*Dirnberger*, Recht auf Naturgenuß und Eingriffsregelung, 1991, S. 97）.
57) 参照，行政手続法75条2項，連邦イミッシオーン保護法，原子力法7条6項，連邦水管理法11条1項1文，遺伝子技術法23条.
58) 単にそのような保護を連邦行政裁判所（E 32, 173, 178 f.; 50, 282, 287 f.; 66, 307,

護を命ずる．それゆえ，裁判所が配慮要請により根拠づける建築法典34，35条の部分的主観化[59]は原理的には不可欠であり，規定は違憲とはみなされないことになる[60]．

営利企業の設立と経営に間接的影響が及ぶ場合，制約結果の帰属可能性につき特に厳格な要件が課せられる[61]．すでに私法では，介入が企業に関連して行われることが前提とされている[62]．基本法14条1項1文は保護客体に関してのみ私法と結びつき，公法による影響に対する基本権の介入の閾値は本来的に憲法によって規定されるために，その限りで私法とは異なり，また同時に私法よりも高い基準が妥当しうる．注目されるべきは，企業所有者は原則として，自らの土地の外部の有利な環境条件の維持を主張できないということである[63]．したがって，財産権的に見れば，カニ漁師は，北海へ希酸を流す許可を与えることから保護されない[64]．

財産客体への間接的影響の中で，第三者の介在によってもたらされるのとは異なる形態が，賦課金の支払い義務である．納税義務者は，どのような手段に

---

309) は基本法14条1項から導出する——もっとも規定の憲法直接適用によってなされる．

59) 参照，BVerwGE 52, 122 (130 f.); BVerwG, NVwZ 1987, 409 f. その後，判例はさらに数多くの規定に転用された．参照，BVerwGE 78, 40 (43 f.).

60) 本稿と同様に *Lübbe-Wolff* (Fn. 56), S. 202. 配慮要請の憲法上の淵源を，連邦行政裁判所（NVwZ 1985, 37, 38）は誤解している．隣人の権利の詳細な内容形成（参照，たとえば *Wahl*, JuS 1984, S. 578, 582）は，憲法上その基準が与えられていない．判例の批判については，参照，*Peine*, DÖV 1984, S. 963 ff.

61) 第二次的にはじめて，制約の強度が重要となる．脚注63も参照．

62) 資本への介入が要求されることが多い（参照，すでにBVerfGE 12, 225 229）．

63) 沿道・沿岸の所有者たる企業の（基本的には保護されない）状況利益については，参照，BVerfG, NVwZ 1991, 358; VGH Bad.-Württ., NVwZ 1991, 387 (388 f.).

64) BVerwGE 66, 307 (309) は明らかではない．本稿と同様に *Kunig*, JZ 1981, S. 295 (297 f.); 別見解として，*Ossenbühl*, in: ders. (Fn. 2), S. 35 (40 ff.). これに対して，一定のワインの飲酒に対する国家の警告（参照，BVerwG, DVBl. 1991, 699 ff.），接続・使用強制の導入，エンバーゴ〔通商禁止・出入港禁止〕の宣告には介入の性格が（原則として）否定されない．

よって義務の履行を果たそうとするかにつき，選択ができる．したがって直接的には基本法14条1項によっては保護されない財産（Vermögen）に干渉するにすぎないが，間接的には財産的価値ある権利の全体ないし個別の立場に干渉する．環境税の場合のように増税が命令的形式で行われる場合，それは常に基本法14条1項によって審査される．なぜなら財産権者[65]は財産的価値ある法的立場を主張せざるをえないからである[66]．その他の賦課金が問題となる場合[67]，財産権の保有および行使と結びつけられるかどうかが重要である．結論的には，財産権によって設けられた拘束は，そうでなければその他の憲法規定[68]からも導出されうるものを本質的に超えるものではない．

III. 財産権形成の憲法上の指針

1. 内容規定と制限規定の区別

基本法14条1項2文によれば，立法者は財産権の内容と制限を規定する権限が与えられている．議会留保が及ばない限り，命令や条例も顧慮されるが，行政規則は顧慮されない．なぜなら後者は直接的な外部効果を目指すものでは

---

65) 借款と第三者の利他的援助を除けば．
66) 別見解として，連邦憲法裁判所はその確立した判例（参照，E 81, 108, 122）において，当事者の財産関係を根本的に制約する過剰な金銭給付義務の場合にのみ基本法14条に従って判断する（しかしまた参照，BVerfGE 58, 137, 144 - 税形式での現物給付義務）．本稿のように肯定説をとるのが通説である．議論状況について，参照，*Birk*, Das Leistungsfähigkeitsprinzip als Maßstab der Steuernormen, 1983, S. 205 ff.; *Friauf*, Steuerrecht und Verfassungsrecht, 1989, S. 19 ff.; *Vogel*, in: Isensee/Kirchhof (Fn. 16), Bd. IV, 1990, §87 Rdn. 85; *Kirchhof*, ebd., §88 Rdn. 886 ff. 特に環境税の基本法14条適合性について，*Meßerschmidt*, Umweltabgaben als Rechtsproblem, 1986, S. 136 ff.
67) すなわち受益負担（国家の給付のための市民の反対給付）が問題となる場合である．「自然保護法上の相殺税」については，参照，*Kloepfer* (Fn. 1), §10, Rdn. 37 ff.
68) 特に基本法2条1項．比例原則（対価原理）の料金支払いへの適用可能性について，参照，BVerfGE 28, 66 (88).

ないからである[69]．少なくとも，基本的な評価と決定が行政規則に移される場合には疑問である——これは「技術指導」の場合には部分的に当てはまる[70]——．

一方の内容規定と他方の制限規定は内容的に区別されるのではなく，ただ時間的にのみ相互に区別されうる[71]．内容規定は将来の財産権者の地位を規律または定義し，制限規定は従来の法に基づいて存在する地位に介入する[72]．これに対して権限と義務の規範化で区別することはできない[73]．まず第一に，立法者は，ほぼ無限定の自由の意味で法的地位を定義し，これに続いて一定の支配権を再度そこから排除するよう要請されるものではない[74]．民法典903条すら，すでにその他の法律や第三者の権利のための要件上の留保を内包している．さらに，内容規定は，制限規定に対して法律学的な剰余価値を持つものではない．最後に，内容と制限の内容による区別は実際に貫徹することができない．それはとりわけ公法の財産価値のある権利の場合にはっきりと示される[75]．

---

69) おそらく通説は別見解であり，規範具体化行政規則を承認する（BVerwGE 72, 300, 320 f.）．議論状況については，参照，*J. Ipsen*, VVDStRL 48 (1990), S. 177 (191)．

70) EC問題については，参照，EuGH, NVwZ 1991, 866 ff.

71) 別見解として，たとえば *Ramsauer* (Fn. 54), S. 73 ff.; *Leisner* (Fn. 16), Rdn. 133 ff.; *Stein*, Staatsrecht, 12 Aufl. 1990, §27 III 1. また注73も参照.

72) ほぼ同様のものとしてまた，*Pieroth/Schlink*, Grundrechte, Staatsrecht II, 7. Aufl. 1991, §23 Rdn. 995, 1013; また参照，*Schmitt-Kammler*, FS für E. Wolf, 1985, S. 595 (598 f.)．内容規定と制限規定の間で何の区別もなさないことが通常である（参照, *Papier*, Fn. 20, Rdn. 251）．

73) しかし *Lutz*, Eigentumsschutz bei „störender" Nutzung gewerblicher Anlagen, 1983, S. 163 ff.; *Wendt* (Fn. 6), S. 147 ff.; 原理的に同意するものとして，*Schwabe*, Staat 1988, 93 (97 f.)．

74) BVerfGE 58, 300 (336); また参照，*Häberle*, Die Wesensgehaltsgarantie des Art. 19 Abs. 2 Grundgesetz, 3. Aufl. 1983, S. 179 f.; *dens.*, AöR 109 (1984), S. 36 (63 ff.).

75) たとえば，個人に無限定の社会保険請求権を認め，権利の成立条件と保険給付額に関するすべての規定を制限規定とみなすことはできない．内容による区別を否定することは，「妨害者」に権限がないために妨害者に対する措置に介入としての適格性を認めず，その結果として過剰介入禁止といった一定の原則が妥当性を失うこ

2. 憲法上の衡量要請

基本法14条1項2文において与えられていた財産権の内容および制限を規定する委託を履行する際，立法者は一方で基本法14条1項1文の制度保障と他方で基本法14条2項の要請を顧慮しなければならない[76]。基本法14条2項に基づく公共の福祉への拘束が必要なのは，財産客体が社会的関係の下にある場合である[77]。これは環境の使用の際に顕著に当てはまる。それゆえ立法者は実効的な環境保護の権限が与えられているのみならず，義務づけられてもいるのである[78]。基本法14条1項1文は自由権として表現されるが，まさにそれゆえに，あらかじめ一緒に付されているこの権利の社会的要素がよりはっきりと協調されなければならない[79]。もっとも，財産の利用は「同時に」公共の利益に役立つべきものであり，もっぱら公共の利益にのみ資するものであるべきではない。したがって，個人の私的利用可能性の利益と公共の利益の間の包括的な実質的衡量が要請されるのである。

判例および学説において展開された一般的社会的拘束条項は，衡量の結果を先取りすることができない。たしかにいわゆる収用理論[80]は，第一に収用行為の画定ではなく，許される財産権形成の憲法上を限界を画定するためにそれを援用する場合には，今なお小評価できない発見的価値を有している[81]。しかしこの理論は個々の観点に着目するものにすぎない。たとえば，介入の深

とを甘受することを要請するものではない（そのような懸念を示すのが，*Wendt*, Fn. 6, S. 160）。それゆえ，適法な撤去処分は，すでに「無許可建築者」が私法上の所有権を使用不可能にすることを義務づけられるがゆえに，財産権保障に介入する。

76) 参照，たとえば，BVerfGE 37, 132 (140); 52, 1 (29).
77) *Böhmer*, NJW 1988, S. 2561 (2573).
78) したがって，「環境保護の基本法上の根拠づけ」に関する議論（参照，Öffentl. Anhörung d. Rechtsausschusses d. Dt. Bundestages, in: Zur Sache 2/88）の際には，環境保護の追加的保障のみが問題となりうる。
79) この意味においてすでに，*H. P. Ipsen*, VVDStRL 10 (1952), S. 74 ff.
80) 参照，*Ossenbühl*, Staatshaftungsrecht, 4. Aufl. 1991, S. 144 ff.
81) 同様に，*Schmidt-Aßmann* (Fn. 20), S. 118; *ders.*, DVBl. 1987, S. 216 (218).

刻度は直ちにそしていかなる場合にでも決定的な影響を与えることができるものではない．なぜなら，財産権者のパースペクティブのみならず，同時に公共の福祉目的を追求する立法者のパースペクティブが重要だからである[82]．

とりわけ自然・文化遺産保護法において好んで用いられる「土地所有権の状況被拘束性」[83]の基準に対しても抑制が要請される．判例は「状況被拘束性」を財産権の内在的制約とみなすことがほとんどである．しかしながら，基本法14条2項の社会的拘束条項[84]からも，ましてや「事物の本性」からも財産権者の憲法直接的義務は導出することができない．したがって，「理性的財産権者」[85]や「取引の観察」[86]ではなく，法律の規定にのみ着目される．立法者は場合によってはたしかに異なる現実ファクターの重要性をさまざまに評価することができ，またそうしなければならない．しかしそのためには状況被拘束性といったキーワードでは十分でない．

3. 過剰介入禁止への拘束

通例，（狭義の）国家の義務づけの比例性[87]，それゆえ負担の強度とその正当化のために挙げられる理由の重要性の間の衡量が決定的に重要である[88]．

---

82) 参照．また，*v. Brünneck*, Die Eigentumsgarantie des Grundgesetzes, 1984, S. 397.
83) 参照．たとえば，BVerfG, NVwZ 1991, 358; BGHZ 105, 15 (18); BVerwGE 84, 361 (371); 基本的なものとして，*Weyreuther*, Die Situationsgebundenheit des Grundeigentums, 1983; 批判的なものとして，*Papier* (Fn 20), Rdn. 326; *Leisner*, Situationsgebundenheit des Eigentums - eine überholte Rechtssituation?, 1990; *Schink*, DVBl. 1990, S. 1375 (1381 ff.).
84) 反対説．*Badura* (Fn. 12), S. 661; *Bryde* (Fn 15), Rdn. 67.
85) たとえば，BGHZ 87, 66 (71).
86) BVerwGE 49, 365 (372).
87) 現前しないものは過剰に制限することができないがゆえに，過剰介入禁止は財産内容を最初に規定する場合にはまだ展開されず，法律により形成された財産上の地位が制定法の改正によって縮減された場合に初めて展開されるのである．しかし環境の使用は長らく法律により規律されているがゆえに，立法者はこの領域では基本的に新領域に入ることはできず，改正によってのみ活動することができる．
88) 平等条項への拘束について，参照，BVerfGE 79, 174 (198); 本質内容保障への拘

a) 比例性審査の人的, 事項的参照点

内容・制限規定は財産権者の権利および義務を原則として一般的抽象的に確定するため, 規律の比例性は原理的に類型的考察方法に基づいて判断される. 関係には非常にさまざまなものがあるために, 細分化されなければならないが, そのさい立法者は, 一般条項, 免除可能性, 最適化要請, 裁量授権または過酷調整条項によっても作業することができる[89]. 法律が個別事例の事情を参照する範囲で, 一般的抽象的な比例性審査の代わりに個別具体的な比例性審査が行われる[90]. このような場合にも, 基本的には客観的基準が基礎に置かれる[91].

それによって得られる弾力性は, 包括的考察によって直ちに再び切り崩されてはならない. たとえば警察法・秩序法上の状態責任は, 危険廃棄物汚染地が地下堆積物のような未知の影響によって発生した場合に常に認められないものではない. むしろリスクと廉価性の考察は, 何が責任ある者に具体的に要求されうるかという問題にあたって初めて顧慮される[92]. したがって, 当局は想定される危険廃棄物汚染地の危険研究について常に自ら活動をなさなければならず, 財産権者にはせいぜい研究措置の受忍を要求しうるにすぎないとする見

束については, *Chlosta*, Der Wesensgehalt der Eigentumsgewährleistung, 1975, S. 39 ff.

89) 参照, *Schmidt-Aßmann* (Fn. 20), S. 117; さらに, *Schulze-Fielitz*, DV 1987, S. 307 (334).

90) 「大きな」比例性と「小さな」比例性の (これまで十分に説明されていない) 区別については, 参照, 一般的に, *Jakobs*, Der Grundsatz der Verhältnismäßigkeit, 1985, S. 139 f., 164; 特にイミッシオーン保護法については, *Jarass*, DVBl. 1986, S. 314 (316 ff.); *Ossenbühl*, NVwZ 1986, S. 161 (167 f.).

91) 法律はたとえば別様に定めることができ, そしてたとえば個人的な過酷さを回避するために免除を認めることができる. そのような場合でも, 個人の財政状態が悪いことを参照することでは十分ではない. これに加えてたとえば, 財産権者がこの状況に自ら責任を負う必要がないことがなければならない.

92) Der Rat von Sachverständigen für Umweltfragen, Altlasten, Sondergutachten, 1990, S. 205 (もっとも同委員会は責任を受忍義務に限定しようとする). 別見解, *Papier*, Altlasten und polizeiliche Störerhaftung, 1985, S. 49 ff. 参照, また, BVerwG, NVwZ 1991, 475.

解[93)]にも従うことはできない.

　事項的観点では,原則として具体的な財産客体に着目される.それゆえ,文化財保護措置の受忍可能性は文化財の残存使用価値に基づいて規定されるものであり,財産権者の一般的な財産関係に基づいて規定されるものではない[94)].財産客体が基本法14条1項1文によって保護される全体の一部である場合,それは比例性の衡量にあたり顧慮される.たとえば農場の各地表面が自然保護の下におかれる場合,あるいは技術,組織,機能上農場に組み込まれているイミッシオーン保護法上の施設につき変更が要求される場合,農場全体への影響は財産権上の許容性を通じて一緒に決定される[95)].

b) 使用の実行と不実行の区別

　制限が環境をすでに実際に使用したものにかかわるのか,それとも環境使用の可能性にかかわるのかは,内容上重大な違いをなす.合法的な財産権行使によってもたらされた現状は,財産権者の消費と処分により,特別の信頼保護を受ける.この信頼保護は,財産権の保障から直接に生じるものであって,法治国家原理から初めて生じるものではない[96)].詳細にいえば,この保護の射程は,財産客体の種類,その時間的な要保護性,事実として存在する継続的信頼に左右される[97)].通例,「既得」権の再形成は,少なくとも経過規定によって「緩和」

---

93) HessVGH, UPR 1991, 197 は *Breuer*, NVwZ 1987, S. 751 (754) を援用して,このような見解をほとんど争いがないとするが,これは不当である;本稿と同様の立場として,BayVGH, DVBl. 1986, 1283 (1285); VGH Bad.-Württ., NVwZ-RR 1991, 24 ff. ― 同時にまた責任と費用負担義務は区別されうるかの問題についても.

94) 参照,VGH Bad.-Württ., DÖV 1989, 79 (80 f.); *Moench*, NVwZ 1988, S. 304 (309); 別見解,*Eberl/Martin/Petzel*, Bay. DschG, 3. Aufl. 1985, Art. 4 Rdn. 12 f.

95) トンネル窯判決 (BVerwGE 50, 49, 52 ff.) において,連邦行政裁判所はこの観点を十分には評価していなかった.批判としてまた,*Dolde*, NVwZ 1986, S. 873 (884). さらに参照,第4次連邦イミッシオーン保護令1条3項1文; BVerwGE 69, 351 (355 f.).

96) 信頼保護の基礎について,参照,*Kunig*, Das Rechtsstaatsprinzip, 1986, S. 160; *Maurer*, in: Isensee/Kirchhof (Fn. 16), Bd. III, 1988, §60 Rdn. 23 f., 45.

97) 議論状況について,参照,BVerwG, DÖV 1974, 814 (815); *Schulze-Fielitz*, DV 1987,

されなければならない．

　建築法上の現状保護はこれを特に具体化したものである．その場合ですら絶対的な保護が存在しないことを，たとえばいわゆる養豚事件が示している[98]．環境法では立法者の自由の余地ははるかに大きい[99]．これは，土地の境界内に環境負荷がとどまらないのが通常であって，財産権者自身が環境にかかる措置から利益を得る[100]のであり，そしてすべての者の生活基礎の保護が重要であることによって正当化される．それゆえ，連邦イミッシオーン保護法に基づく要許可施設の操業は動態的な継続的義務に服する，つまり，環境条件の変遷や技術基準の進歩，新たな学問的認識によって変化するような制限に服するのである[101]．これに対応して，事後的な命令が許される範囲は広範にわたる[102]．とりわけ，経済的主張可能性，そしてそれゆえ経営上の効果だけが重要なのではない[103]．比例性審査の枠組において，経済的影響——たとえば投資の償還問題[104]——は考慮要素とされるにすぎない．

　重要な公共の福祉を理由にまだ実現されていない財産権の使用が排除される

　　　S. 307 ff.; *Pietzcker*, NVwZ 1991, S. 418 (422); *Stettner*, BayVBl. 1991, S. 550 ff.
98)　参照．たとえば，BVerwG, UPR 1987, 380 ff. 建築許可によってのみ確保される排出企業の周辺環境が障害を起こしやすい周辺環境を引継ぐことによって変更される場合，その調整が要求されうることが多い．おそらく通説によれば，そのような場合には「補償」が行われる．これに批判的なものとして，*Schenke*, NuR 1989, S. 8 (14); *Kutschera*, (Fn 12), S. 228 ff.
99)　また参照．BVerwGE 65, 313 (317 f.). 自然保護法について：*Czybulka*, NuR 1988, S. 214 (218).
100)　これについて根本を示すものとして，*Leisner*, Umweltschutz durch Eigentümer, 1987, S. 26ff.
101)　参照．*Jarass*, DVBl. 1985, S. 193 ff.; *Kloepfer* (Fn. 1), §7, Rdn. 193.
102)　そのような（連邦イミッシオーン保護法17条に基づく）命令を出すことによってはじめて，動態的な持続的義務の遵守が実行されうる．
103)　連邦イミッシオーン保護法第2次改正法の施行まで有効な17条はこれと異なる．
104)　これについて参照．*Murswiek* (Fn. 43), S. 265 ff.; *Schröder*, UPR 1986, S. 127 (131). 批判として，*Stettner*, BayVBl. 1991, S. 550 (557).

場合[105]．これを財産権者は原則として甘受しなければならない．これは財産客体の経済的に有意な唯一の使用が妨げられるというのでない限り，そうである．しかしその点でも，建築法と環境法では顕著な差異が存在する．7年の期限内で土地の建築使用が許されているがまだ現実に作業がなされていない場合，当該建築的使用は「補償」によってのみ放棄されあるいは変更されうるが[106]，環境法では類似の規定は存在しない．

　財産権者が既存の建築法ないしイミッシオーン保護法上の施設を変更または拡張しようとする限りで，そのような後続措置のために積極的現状保護の考え方が有益なものとされうる[107]．しかしこれは，判例[108]とは異なり，制定法の憲法適合的な内容形成および解釈が問題となりうるにすぎず，裁判官法による制定法の排除が問題となるものではない．したがって，「財産権の力をもって確定される請求権的地位」[109]という法形象も，それが財産権者に対し制定法に反して許可請求権をもたらすことに資するものである場合，そしてその限りで，拒否される．

---

105) そのような使用は同じく基本法14条1項の保護に服する（*Pietzcker*, NVwZ 1991, S. 418, 422）．法的収用の問題が生じるのは使用権限がすでに行使された場合に限られるとする連邦憲法裁判所の意見（E 58, 300, 338）は批判されることが多いが，この意見からはそれ以上のことは何も導き出すことはできない．なぜならこの言明は，基本法14条1項とはかかわりがないからである（別見解，*Steinberg/Lubberger*, Fn. 15, S. 63）．
106) 建築法典42条．規定は憲法上の要求を満たす（別見解，*Papier*, NWVBL 1990, S. 397, 399）が，原則として憲法上要請されるものでもある（これについては参照，*Battis*, in: Battis/Krautzberger/Löhr, BauGB, 3. Aufl. 1990, §42, Rdn. 3）．
107) さらに単純な積極的現状保護と波及的な積極的現状保護で区別されることが多い．参照，*Friauf*, WiVerw. 1986, S. 87（90 ff.）m. w. N.
108) BVerwGE 47, 126 (128); 49, 365 (369 ff.); 50, 49 (55 ff.); 72, 362 ff; BGHZ 94, 77 (81 f.). 通説は判例に従ってきた．参照，*Papier* (Fn. 20), Rdn. 340 ff.
109) BVerwGE 26, 11 (116 ff.); 7, 126 (130 ff.); 49, 365 (371 f.); 67, 84 (91 f.); u. 93 (96 f.); *Oldiges* (Fn. 23), Rdn. 205; *Finkelnburg/Ortloff*, Öffentliches Baurecht I, 2. Aufl. 1990, S. 14 f. 批判として，*Schulze-Fielitz*, DV 1987, S. 307 (329 ff.); *Schenke*, NuR 1989, S. 8 (17). 参照，新たにまた BVerwG, BayVBl. 1991, S. 180 (182).

c）積極的義務の賦課

防衛的計画から発展的計画への移行，そして公建築・環境・経済法の大幅拡充がなされて以来，法律は財産権者に対し積極的な行為義務を課すことがますます多くなっている．たとえば自然保護法の開発，保全，開拓の措置が指摘できる[110]．基本法14条2項の社会委託が受忍と不作為を企図するだけにとどまらないために，そのような行為義務を定めることに対しては原則として疑義はない[111]．しかし，社会的拘束の限界は，通例は消極的義務の賦課の場合よりも早い段階で到達する．（たとえば自然に近い生活空間の保全による）既存の現状が維持されるべき場合には，立法者の裁量の余地は比較的広い．裁量の余地は（現代化措置のように）時代の要求に適応することが問題となる場合には縮小し，（たとえば初めて植栽するという形式での）新たな改善が求められる場合にはさらに小さくなる．

d）累積と補助金給付の重要性

さらに，比例的でない累積的介入，つまり財産権の複数の制約で，個別にみれば問題にはならないような負担しかもたらさないが，全体としてみれば財産権者の広範に過ぎる不利益をもたらすようなものは許されない．立法者および法律を執行する行政は，関連するすべての利益を積極的に相互に衡量しなければならないわけではないものの，新たな介入がなされる前には常に，社会的拘束性という樽に新たな社会的拘束の滴をさらに取り入れることができるか，それともすでに樽から溢れているかどうかを消極的に審査しなければならない[112]．

---

110) 参照，たとえば，連邦自然保護法11条，ノルトライン＝ヴェストファーレン州法26条．建築法の建築命令，現代化命令，修繕命令，植栽命令，取壊命令については建築法典175条以下．
111) 参照，また，*Papier* (Fn. 20), Rdn. 408 ff.; *Czybulka*, NuR 1988, S. 215 (218 f.).
112) *Kloepfer*, Beilage I/1986 in AgrarR 12/1986, 3 (14 ff.); *Leisner* (Fn. 16), Rdn. 154 f.; *Schink*, Naturschutz- und Landschaftspflegerecht Nordrhein-Westfalen, 1989, Rdn. 662.

他方で，国家が土地経済のような経済分野の助成をかなりの範囲で行っていることは，無視されてはならない．継続的に高い補助金を要求する者は，自分自身を頼りとする者以上に高い社会的拘束に服する[113]．

e）調整義務にかかわる内容・制限規定

最後に，立法者は比例性の維持のために，公共の福祉の理由から必要と思われる内容・制限規定を財政調整によって緩和せざるをえなくなることもありうる[114]．公用収用の場合とは異なり，そのようなケースでは補償を条件とする財産秩序の違反ではなく，負担を受忍可能な程度に縮減するような代償を通した財産秩序違反の阻止が重要である．学説においてこのような構成に対して提起される疑義[115]は決定的なものではない．とりわけ基本法14条は財産的利益の保護を基本法14条3項のみに委ねるものではない．

それゆえ，積極的な行為義務の賦課は，財産権者に比例性に反する負担を課すことがありうる[116]．このことは，たとえば深刻な暴風被害や森林火災後の森林所有者の再植林義務について当てはまりうるであろう．公用収用がその場合に顧慮されないのは，土地の強制的な剥奪がやりすぎとなるであろうからである．しかし，森林所有者の義務が主張可能な行為に向けられているために，この義務は第三者によって実行されうるのであり，それに従って金銭によって調整することもできる．その点で基本法14条1項1文は基本法12条1項と作用

---

113) 啓発的なものとして，BVerfGE 21, 150 (158 f.).
114) 指導的判決として，BVerfGE 58, 137 (147, 149 f.)がある．さらに参照，BVerfGE 79, 174 (192); BVerwGE 84, 361 (368 f.); BGHZ 102, 350 (360); 110, 12 (16); *Schulze-Osterloh*, Das Prinzip der Eigentumsopferentschädigung im Zivilrecht und im öffentlichen Recht, 1980, S. 232 ff.; *dies.*, NJW 1981, S. 2537 (2543 ff.).
115) *H. P. Ipsen*, VVDStRL 10 (1952), S. 74 (93); *Papier* (Fn. 20), Rdn. 283 ff.; *Wendt* (Fn. 6), S. 314 ff.; *J. Ipsen*, Neuere Entwicklungen der Eigentumsdogmatik, in: Osnabrücker Rechtswissenschaftliche Abhandlung, Bd. 1, 1985, S. 129 (143 ff.). 批判的なものとしてまた，*Pietzcker*, JuS 1991, S. 369 (370 ff.); さらにV.での詳論を参照．
116) 連邦森林法11条および（たとえば）ノルトライン＝ヴェストファーレン州森林法44条参照．

において異なるところはない[117]．なぜなら，後者の規定も，国家のための一定の奉仕を財政調整を代償としてのみ認めるからである[118]．

　もっとも，現状保護の優位があるために，財政的援助は常に，比例的でない規律を違憲の嫌疑から救うための最終手段としてのみとり得る[119]．財政的援助は財産権制限を単に正当化することができるだけであり，（たとえば免除規定のような）他の規律では同様の形で公共の福祉の要件がみたされず，そして関連する利益の種類に応じて財産権者を財産的利益の満足へと指示することが許される場合にのみ，財産的援助が要請されるのである[120]．一方では基本権の特別の重要性，そして他方では公財政にとっての効果を顧慮すれば，調整金の支払いは，要件，そして効果としての代償の種類および程度を規律する形式的法律の根拠が必要である[121]．かくして調整義務に関する内容・制限規定は，収用についてと同様の規準が妥当する．たとえば受忍不能な負担が適切に補償

---

117)　参照，BVerfGE 54, 251 (271); 57, 107 (117). 基本法12条1項および14条1項による過酷調整について詳細は，*Dörr*, NJW 1988, S. 1049 (1051).
118)　さらに比例性原理は，たとえばいわゆる私法上の犠牲的侵害のケースで財政調整を認めるよう命ずる（判例について，*Schwabe*, JZ 1983, S. 273, 276 参照）．たとえば民法906条2項の規律が比例的であるのは，隣人が金銭的調整を要求しうるからである．基本法14条3項の援用はそのようなケースでは初めから排除される．なぜなら私法上の公用収用なるものが存在しないからである（BVerfGE 14, 263 (277)）.
119)　例外的性格については，また参照，*Maurer* (Fn. 23), §26 Rdn. 68.
120)　シュルツェ＝オスターロー（*Schulze-Osterloh*, NJW 1981, S. 2537 (2543)）とライスナー（*Leisner*, DÖV 1991, S. 781 (786)）に反して，まず介入が許されるかどうかが検討され，これが肯定された場合に財政調整が行われなければならないかが衡量される，という形式の二段階審査が行われるのではない．財産権者の不利益が許されることが明らかになった場合には次の審査は不要である．介入それ自体は広範に過ぎるが法律に基づき財政調整が残されている場合にのみ，それによって過剰介入禁止をみたすことになるのかがさらに検討されなければならない．
121)　*Papier*, NWVBL 1990, S. 397 (400 f.); *Pietzcker*, JuS 1991, S. 369 (372). 別見解としてたとえば BVerwGE 84, 361 (367 f.—「少なくとも」経過期間について); *Schwerdtfeger*, Die dogmatische Struktur der Eigentumsgarantie, 1983, S. 29（公用収用による介入に関して）; *Nüßgens/Boujong* (Fn. 62), Rdn. 340; *Steinberg/Lubberger* (Fn. 15), S. 152.

されることを定める規定では十分でない.そのような規範は,要請される衡量を法適用機関に委ね,そして社会的拘束と基本権侵害のいずれかが甘受されることに帰着することが多い.一般条項や通常事例によって処理することが立法者には禁じられていないために,立法者に対し何ら不可能なことが要請されるものではない[122].現行法の救済的な調整規定の多くは,せいぜい経過期間について認められうるにすぎない.

憲法上要請される調整規定は,純粋な公平規定とは区別される.公平規定は基本法14条に含まれない[123].もっとも,その財政援助は公財政を通じて行われなければならず,多くの連邦州において水管理法19条4項に基づく調整について当てはまるように[124],その財政負担が他の財産権者のグループに課されてはならない.公平のための支払いは通例補助金としての性格を持つために,将来さらにGATTおよびヨーロッパ共同体法の規律との一致を一層強く顧慮されることになる.

---

122) 別見解として,たとえば *Ossenbühl*, JZ 1991, S. 89 (90 f.); *ders.* (Fn. 80), S. 153 f. 立法者は調整規定を創設する際に少なくとも典型的な事例構成を視野に収めていなければならないために,その事例構成が規範化されることもあり得る(建築法177条4項,幹線道路法8a条5項).公用収用法の救済的補償条項については注163を見よ.

123) 純粋公平条項と並んで,現行法には,核心は要請されるが憲法上の要請を超える代償を付与する内容・制限規定がある.連邦行政裁判所は行政手続法74条2項3文がそのような規定であると認めているが(BVerwGE 77, 295 (298); 84, 361 (368)),適切でない(批判としてまた, *Wahl*, NVwZ 1990, S. 426 (440)).憲法上要請されるが救済的性格を持つ調整規定である.それゆえ,BGHZ 97, 114 (117—公平規定)と *Kleinlein*, DVBl. 1991, 365 (371—公用収用規定)も否定される.

124) 水管理法19条4項に基づく調整は憲法上要請されない(*F. Kirchhof*, NVwZ 1987, S. 1031, 1033; 別見解:*Weyreuther*, UPR 1987, S. 41 (50)).これは3項との関係から生じる(それは,すぐ後に論じられる公用収用概念の基礎づけの際に,公用収用規定ではなく調整義務にかかわる内容・制限規定と解釈論上表現される).ここで挙げられた州規定(バイエルン水管理法74条6項,ノルトライン=ヴェストファーレン州水管理法15条3項)の違憲性については, *Murswiek*, NuR 1990, S. 289 (294 ff.—もっとも基本法14条を挙げていない)参照.

Ⅳ. 公 用 収 用

1. 公用収用の概念

　一定の要件の下で，国家は公用収用という手段で財産に手を出す権限が認められる．いつ公用収用が存在するのかは，今日まできわめて不明確なままとなっている．広い収用概念の支持者[125]は財産権的立場への社会的拘束を超えるすべての介入を少なくとも潜在的に公用収用可能とみなす一方，特に連邦憲法裁判所[126]は狭い概念を用いて，財産的価値のある法的立場の剥奪に着目する．3項の例外的性格と並んで[127]，とりわけ基本法14条の各項が国家行為の制御のための基準を設定しているという状況は，狭い概念形成を支持する．したがって，財産権へのさまざまな影響は，第一次的には行為との関連で相互に区別されなければならず，結果に定位して区別されるものではない．決定的に重要なのは措置の方向づけであって，事後的にはじめて規定できる措置の効果ではない．内容規定が財産権者の将来の権利義務を定める一方，公用収用行為は一定の法的立場の廃止に着目する．したがって公用収用は内容規定の強化ではなく，別のものである[128]．

　連邦憲法裁判所の想定では，基本法14条1項2文の意味における将来に妥当する新たな客観法的規律は同時に法による公用収用をもたらしうるとする

---

125) 基本的に BGHZ 6, 270 ff.; 23, 32 ff. さらに参照，*v. Brünneck* (Fn. 82), S. 401 ff.; *Breuer*, in: v. Münch (Hrsg.), Besonderes Verwaltungsrecht, 8. Aufl. 1988, S. 618; *Leisner*, (Fn. 16), Rdn. 168 f.; *Papier*, NWVBL 1990, S. 397 (398); *Stein* (Fn. 71), 27 Ⅳ 1.
126) たとえば BVerfGE 24, 367 (394); 70, 191 (199 f.) 参照．
127) 広い公用収用概念，あるいは財産権者の価値利益が基本法14条3項を通じてのみ保護されるとの想定を基礎に置いた場合，公用収用は「特別の」制度 (*Wendt*, Fn. 6, S. 326) から国家による財産権形成の通常の道具へと転化する．
128) また *Schmitt-Kammler* (Fn. 72), S. 595 (599) も参照．制限規定が財産権的立場の剥奪に関わるかぎりで，制限規定と公用収用規定の関係については別である．一後述のb) の詳論を参照；その点で異なるのは *Rittstieg* (Fn. 15), Rdn. 182; *Lege*, NJW 1990, S. 864 (865). このことは同時に，BVerfGE 58, 300 (331) に反して内容規定

が，これは多義的である[129]．同一の規律が二重の性格を示しうるという趣旨で裁判所が理解されるべきとすれば，これには従うことができないであろう．考えられるのは，1つの法規において純粋に外的にみて異なる規律がまとめられており，その一部は基本法14条1項に，また一部は基本法14条3項に分類される，ということのみである．たとえば立法者は内容規定を通じて従来の法によれば可能であった権利の成立を将来については排除し，くわえて法的公用収用，より適切には立法による公用収用[130]の方途ですでに成立している法的立場を奪うことができることになろう[131]．

このような方向転換に従うならば，公用収用とは，詳細には，国家任務の履行のために剥奪された地位を奉仕させる目的で，目的的な公法的行為により財産秩序を破るという方途を用いて主観的な財産権的地位[132]を完全に，または部分的に剥奪することと定義することができよう．これには，説明が必要で

と制限規定は区別されなければならないことを意味する．一定のケースでの立法者の選択権については：*Schmidt-Aßmann*, JuS 1986, 833 (836)；*Kleinlein*, DVBl. 1991, S. 365 (370)．

129) 参照．BVerfGE 45, 297 (332 f.)；52, 1 (28)；58, 300 (331 f., 337 f.)；72, 9 (22 f.)．批判的なものとして，*Bryde* (Fn. 15), Rdn. 54 f.；*Schmitt-Kammler*, FS der Rechtswissenschaftlichen Fakultät zur 600-Jahr-Feier der Universität Köln, 1988, S. 821 (827 ff.)；*Schoch*, Jura 1989, S. 113 (121)．

130) *Maurer* (Fn. 23), §26 Rdn. 36.

131) BVerfGE 83, 201 (211 f.)――同判決については注144参照――によれば，基本法14条3項は，立法者がある法領域を一般的に新たに形成する過程で既存の権利を廃止する場合には，直接適用可能とはならないとする．しかし，これはその場合に公用収用が常に排除されることを意味しない．国家が節約のために社会保険を廃止した場合，すでに請求権を獲得した者に対しては公用収用が存在する．これに対し，マウラー (*Maurer*, FS für Dürig, 1990, S. 293 (307 f.)) によれば，公用収用では全くなく，常に問題となるのは経過問題であるとする．

132) 連邦憲法裁判所は「適法に」獲得された「具体的な」財産権の剥奪の必要性を述べている (E 58, 300, 330 f.)．しかし抽象的な権利の剥奪なるものは存在しえない（財産権が存在するか存在しないかである）．さらに違法に獲得された立場は，基本法14条によっては保護されない（前掲注36の説明を参照）．

ある.

a）剥奪のメルクマール

19世紀の古典的公用収用概念は土地の転用にのみ着目していたが，これとは異なり，剥奪は基本法14条1項1文のすべての法的地位に拡張され，権利の単なる廃止で十分とされる[133]．部分的剥奪が認められるのは，干渉がより包括的な財産権的地位のなかの法的に自立したあるいは自立化可能な構成部分に向けられている場合であり[134]，たとえば土地の物的負担の場合に当てはまる．これに対して，その他の使用や処分の制限[135]——たとえば土地の建築計画上の区画設定や自然遺産の設定の形態——は，従来の見解[136]に反し，分割

---

133) 参照，古典的収用概念については：*Kirchheimer*, Die Grenzen der Enteignung, 1930, S. 7 ff..「古典的収用概念への回帰」（*Dürig*, JZ 1954, S. 4 ff.; *Osterloh*, DVBl. 1991, S. 906, 911）のスローガンには，そのような公用収用概念はきわめて単純に取り扱うことができることは認められる．しかし，基本法14条3項は14条1項と結びついており，したがって物的財産権にのみ結びつくものではない．財の調達過程にのみ着目することには，BVerfGE 83, 201 (211 m. w. N.)も反対している．

134) 結論的に同旨または類似のものとして，*Maurer*（Fn. 131), S. 305; *Pieroth/Schlink*（Fn. 72), Rdn. 1016.

135) 剥奪と制限の区別について批判的なものとして，たとえば*Pietzcker*, JuS 1991, S. 369（371); *Osterloh*, DVBl. 1991, S. 906（912). 連邦憲法裁判所も剥奪と制限を併存させることがある（たとえばE 56, 249, 260). すべての制限に同時に剥奪を認めるならば（*Steinberg/Lubberger*, Fn. 15, S. 98参照），最後の基準にはもはや何の意味も認められない．剥奪は典型的には単なる制限よりも広範に及ぶ．これが個別のケースで異なりうる——たとえば制限が事情によっては奉仕可能性の形式でも自立化されうるがゆえに——ことは障害にはならない．なぜなら国家は方法を自ら規定しうるのであり，基本法14条1項に基づく調整義務は相対化に寄与するのであり，すべての剥奪が収用を意味するものではないからである．議会評議会では，剥奪のみならず財産権の制約をも収用とみなす提案が明示的に拒否された（Prot. der 44. Sitzung des Hauptausschuss, S. 579 f.).

136) 注125参照．少なくともいわゆる犠牲的収用は基本法14条3項に服することから出発することが多い（参照，*Schmidt-Aßmann*, JuS 1986, 833, 835 f.; BVerfGE 45, 297, 332は明らかではない）．しかし「深刻かつ受忍不能な」使用・処分の制限を犠

された権限に法的自立性がないため，収用の有意な対象とはなりえない[137]．このことは，そのような制限により土地の有意義な経済的使用を不可能にする場合にすらあてはまる．財政的代償が与えられ，財産権者がこれを命じられなければならない場合に限り，調整義務のある内容・制限規定の事例が問題となり，その他の場合には財産権への許されない介入が問題となる．

b) 財産秩序の破棄

すべての剥奪行為に公用収用性が認められるわけではない．特に剥奪行為には，財産秩序を破棄せず，基本法14条2項の社会的拘束性の限界内にとどまっているようなものも存在する．公用収用は，これがなければ基本法14条1項の保障のために挫折せざるをえないような公共の福祉の任務の履行を可能にすべきものであるがゆえに[138]，そのような行為は公用収用とみなすことができない[139]．そのような状況は，主に法律行為によって認められた公法上の財産的価値ある権利の廃止の場合に問題となる．財産権保障に含まれるような行政行為につき，負担を遵守しないことによりその撤回を適法に行なうことは，負担の効果が社会的拘束の限界内にとどまり，財産権者がその法的効果を予測し

性的収用に分類する場合，もはや広い公用収用概念あるいは「転換理論」との差異はほとんど存在しない．これによって，連邦憲法裁判所のアプローチは修正されるのではなく放棄される．建築法典42条に基づく計画的区画設定を行政的公用収用の事例と位置づけるとすれば (*Koch/Hosch*, Baurecht, Raumordnungsrecht, Landesplanungsrecht, 1988, S. 194 ff.; *Bielenberg*, in: Ernst/Zinkhahn/Bielenberg, BauGB, 1989, Vorb. §§39-44 Rdn. 92)，それは違憲である．なぜなら，建築法典42条はその許容性ではなく，法的効果を規律するにすぎないからである．

137) 同様に，国家権力の担い手のための法律上認められた先取権の行使（たとえば建築法典24条やバイエルン自然保護法34条に基づく行使）は収用ではない．なぜなら売主と第一買主の契約関係は触れられないままであり，したがって権利が剥奪されていないからである（また参照，BGH, NJW 1989, S. 37, 38; BayVGH, BayVBl. 1990, 277; 別見解，*Numberger*, BayVBl. 1991, S. 278 f.)．

138) *Böhmer*, BVerfGE 56, 266 (271); *ders*., NJW 1988, S. 2561 (2573).

139) 結論同旨として，*Schmitt-Kammler* (Fn. 72), S. 599; *ders*. (Fn. 129), S. 825 f. 明らかに別見解のものとして，*Böhmer*, BVerfGE 56, 266 (291).

ておかなければならないとされるがゆえに，そもそも公用収用ではない[140]．それゆえ，多様な剥奪概念の区分けを顧慮して，さらに公用収用の実質的な限界規定が必要である．

c）目的的な公法的行為の基準

目的的な公法的行為の要求は，「偶発的公用収用」[141]または事実行為もしくは私法行為による公用収用を排除する．公用収用は私的利用可能な財産権の積み直しの道具ではないため，私法立法を通じた公用収用なるものは存在しないとの想定を支持するものも多い[142]．

d）国家任務への奉仕

国家任務履行のために剥奪された法的立場を奉仕させるとの要件によって[143]，公用収用は他の目的設定による財産権剥奪措置と区別される．上述の

---

140) 撤回規定の財産権上の性格づけはこれまで成功していない．たとえばマウラー (*Maurer* (Fn. 96), Rdn. 80) は行政手続法 49 条に「財産権規定と公用収用規定のコンビネーション」をみる．本稿で主張される見解によれば，撤回規定はいかなる場合も公用収用ではない．なぜなら，財産秩序の破棄でないか，国家任務への（積極的）奉仕でないかであるからである．これに対して公用収用から出発するとすれば，撤回は許されないことになろう．なぜなら，撤回規定は要件の上で行政を基本法 14 条 3 項 1 文の公共の福祉要件と結びつけており，法的効果として一部はなお補償を予定しておらず，その他の部分は信頼を侵害したことへの埋め合わせ（これについては *Stelkens/Sachs*, in: Stelkens/Bonk/Leonhardt, VwVfG, 3. Aufl. 1990, §49 Rdn. 52 ff.）を予定しているにすぎないからである．
141) 別見解，*Ossenbühl*, JZ 1991, S. 89 (90).
142) したがって法規の（公）法的性質が重要なのであって，法設定行為の性質ではない．連邦憲法裁判所は――明らかな限り――これまで一度も私法規範による立法による公用収用を肯定していないが，収用を別の理由から成立させなかった（これについて詳細は，*Schwabe*, JZ 1983, S. 273, 275; *ders.*, JZ 1991, S. 777, 778)．しかしまた参照，*Papier* (Fn. 20), Rdn. 451 einerseits, Rdn. 499 andererseits.
143) 連邦憲法裁判所はさまざまな形で，公用収用が「一定の公的任務の履行」に向けられていることを述べている (E 72, 66, 76 m. w. N.)．また参照，*Schulte*, Eigentum und öffentliches Interesse, 1970, S. 85 ff.; *dens.*, Ausgleich ökologischer Schäden und

奉仕性が欠けるのは，国家が主張された財産権的地位を直接または間接に積極的に利用しようとしない場合[144]――たとえば土地の強制競売や伝染病に感染した動物の屠殺の場合[145]――や，あるいは干渉が少なくとも同時に当該所有権者の利益に資する場合[146]である．後者はたとえば「通常の」場所の移転と耕地整理に当てはまるものであり[147]，都市建築の耕地整理や事業耕地整理の場合[148]は当てはまらない．

2. 公用収用の許容性

a) 公共の福祉要件

(1) 公用収用の目的

公用収用は公共の福祉のためにのみ許される[149]．財産秩序の破棄が正当化されなければならないために，基本法14条2項の枠組みよりも厳格な要件が

Duldungspflicht geschädigter Grundeigentümer, 1990, S. 133.「国家任務への奉仕」という概念メルクマールは，基本法14条3項1文の意味における「公共の福祉」という許容性基準とは同一でない．たとえば公道整備を目的とする公用収用は常に国家任務の履行であるが，常に正当化されるものでは決してない．目的基準への批判として，*Schwabe*, Die sogenannte Drittwirkung der Grundrechte, 1971, S. 139.

144) 公用収用は，「公用収用の客体が事業とともに履行されるべき任務のために処分されること」に着目するために（*Böhmer*, BVerfGE 56, 266, 272），財産権的立場を単に無効化するだけでは十分ではない（また参照，BVerfGE 20, 351, 359; 別見解，*Steinberg/Lubberger* (Fn. 15), S. 104）．このような理由から（さらにまた法律の規定の私法的性格のため），連邦山地法による先買権の排除を公用収用とみなさないとすれば，連邦憲法裁判所に結論的には従うことができる（E 83, 201, 211 f.）．

145) 参照．一方でBVerfGE 49, 220 (225) u. 252 (256); 他方でBVerfGE 20, 351 (359)．さらにたとえばBVerfG, JZ 1990, 290（連邦自然保護法21f条に基づく動植物の差押えと没収）．

146) 参照．BVerfGE 42, 263（299―「他の利益のための」法的剥奪）．

147) 場所の移転については連邦行政裁判所の説示（E 85, 96, 98），耕地整理についてはBVerwGE 1, 225 (227 f.)を参照．

148) 建築法190条，耕地整理法87条．これについては参照．BVerfGE 74, 264 (279 f.)．

149) これについては，*v. Brünneck*, NVwZ 1986, S. 425 ff.

設定される[150]. 決定的なのは公用収用の目的であって，受益者がだれかではない．それゆえ，私人のための公用収用も，私人によって実行される計画が公共の福祉のために必然的に必要である場合には顧慮される[151].

(2) 法律上の要件

形式的観点において，公用収用は議会制定法律により，あるいはそのような法律に基づいてのみ行われうる[152]．規律密度がどの程度必要かは不明確である．法律による詳細な規範化は憲法上要求することができない[153]．なぜならそれは——基本法14条3項の規律領域においても問題のある——個別事例立法に帰着するからである[154].

それゆえ，ある個別計画法が不可欠な公共の福祉の利益の履行のために計画付従的な公用収用を認めている場合には，目的の確定と公用収用の要件にとって十分である[155]．建築計画付従的な収用に関して，連邦憲法裁判所はより厳

---

150) 特にこの理由から，公用収用が存在するのかそれとも（調整義務のある）制限が存在するにとどまるのかが内容上も重要である（また *Osterloh*, DVBl. 1991, S. 906, 909 f. 参照）．

151) BVerfGE 74, 264 (285). これについて詳細は，*Schmidbauer*, Enteignung zugunsten Privater, 1989.

152) BVerfGE 74, 264 (286 f.)によれば，公用収用の目的，公用収用の要件，手続ならびに公用収用目的の長期的確保は法律により規律されなければならない．したがって衡量要請を法律上の規律へ導入することは救済条項の問題解決には十分ではない（しかし *Olivet*, DÖV 1985, S. 697 ff.）．

153) 参照，BVerwG, NVwZ 1991, S. 987 (988 ff.). いくつかの新たな公用収用法（たとえばバーデン＝ヴュルテンベルク公用収用法2条，バイエルン公用収用法1条）において行われている公用収用目的の例示的列挙は問題がある．

154) 立法による公用収用に対する連邦憲法裁判所の権利保護留保（E 24, 367, 401 ff.）は，一方で常に行政裁判所の確認訴訟または憲法異議が可能であり続け，他方で命令や条例の形式での行政による公用収用に対しては行政裁判所法47条に基づく統制が排除される点で同一の疑義が存在することにならざるをえないであろうために，たしかに誇張の部分もあり得よう．しかし，そのような公用収用は，当事者が立法手続において確たる法的地位を持たないために，例外でありつづけなければならない．

155) BVerfGE 45, 297 (319 f.); 56, 249 (264 f.); BVerfG, DVBl. 1987, 895 f. また参照，

格な基準を設定しようとしているようにみえる．ボクスベルク判決[156]での詳論を基礎として用いれば，建築計画付従的な公用収用はすべて，建築法典85条1項1文，87条1項および3項の明確性が十分でないために違憲である，というのが一貫したものであろう[157]．しかし上述の規定は，公用収用法上の有効な建築計画の執行をなお十分に決定することができる．なぜなら，それらの規定が結びつく建築計画上の決定は，基本法14条1項2文の意味での法律の性格を有するからである[158]．現行法が特別の収用規定を設けている場合には，建築法典に依拠することは許されない[159]．

(3) 公用収用法上の事前効果

とりわけ計画との関連において，正式の公用収用手続に先立つ行政の決定が公用収用法上の事前効果を展開するかどうかの問題が生じる．このことはただ法律の状況に基づいてのみ判断される．個別計画法は，確認された計画が公用収用手続の基礎におかれ，そして公用収用当局を拘束することを予定している

BVerfGE 66, 248 (259).

156) BVerfGE 74, 264 (284 ff.); 批判的なものとして，*Papier*, JZ 1987, S. 619 ff.; *Schmidt-Aßmann*, NJW 1987, S. 1587 ff.; *Dolde*, FS für Sendler, 1991, S. 225 (233 ff.); Brugger, ZfBR 1987, S. 60 ff.

157) 結論的に *Labbé*, AnwBl. 1989, S. 530 (531). ドルデ (*Dolde* (Fn. 156), S. 228) は連邦憲法裁判所の論述が私人のための公用収用の事例に限定されるものではないことを強調したが，これは適切である．ミュンヘン上級地方裁判所 (OLG München, NJW 1990, 519) によれば，建築法典85条1項1号は「純粋に都市建築上の利益」の実現のための公用収用しか認めない (また参照，BVerfGE 56, 249 (265))．このような見解は，基準の明確性に欠けることからしても従うことはできない．

158) したがって，建築法典1条の漠然とした計画規準と結びつくだけではない．公用収用目的のより詳細な精緻化は立法者を困難に陥らせることもあり得よう．連邦憲法裁判所がボクスベルク判決において個別事例の側につくのは偶然ではない．これと同様の結論として，BGHZ 105, 94 (97); *Papier*, JZ 1987, S. 619 (621); *Dolde* (Fn. 156), S. 239.

159) これに対して州が公用収用法の規律に関する立法権を有するかどうかに着目すれば (そのようなものとして，BVerfGE 56, 249, 265)，たとえば基礎学校の建造のための公用収用は，州が特別の公用収用規定を設けることもできるために，建築法典に依拠することがほぼできない．

ことが多い[160]．この先取的拘束によれば，計画は適切な衡量の要請に服するだけではなく，基本法14条3項1文を基準とする特別の正当化を必要とする．これに対して，建築計画については，そのような事前効果は――例外的事例でも――予定されていない[161]．

b）補償要件

あらゆる公用収用は必然的に補償義務を作動させる[162]．補償の種類と程度は立法者によって規律される．救済的補償条項は憲法にかなうものではなく[163]，特に立法者には建築法典また一般的な公用収用法規を参照することによって補償の効果を確定することが容易に可能である．公用収用のケースで財産権の現状保障が価値保障へと転換されるべきであるがゆえに，取引価値の補償に有利な形式的な原則例外関係から出発される．このことは，取引価値の補償からの下方への逸脱は許されるが，特別な正当化を必要とすることを意味する．

V. 財産権に対する不法責任

最後に，土地および環境の使用の際の財産権者の法的地位は，国家がいわゆる収用類似の介入と収用的介入のケースにおいて責任法上有責かどうかに主に左右される．圧倒的な多数説はこれを肯定するが，その際に以前とは異なり，

---

160) 参照，たとえば連邦長距離道路法19条2項，旅客運送法30条，連邦水路法44条1項．
161) 連邦行政裁判所（NVwZ 1991, 873）によれば，事前効果は「原則として」存在しないとする．建築計画が十中八九は公用収用の方途によってのみ実現されうるとすれば，公用収用の要件はたしかに純粋に計画的考慮から将来予測的に審査される．しかし，土地を収用されるおそれがある市民の法的拘束は，そこからは生じない．
162) 基本法14条3項2文；参照，BVerfGE 4, 219 (230); 46, 268 (285).
163) 参照，BVerwGE 84, 361 (365 ff.); *Weyreuther*, Über die Verfassungswidrigkeit salvatorischer Entschädigungsregelungen im Enteignungsrecht, 1980, S. 29 ff.; *Leisner*, DVBl. 1981, S. 76 ff.; 別見解，BGHZ 99, 24 (27 ff.); 105, 15 (16 f.).

もはや基本法14条3項ではなく，裁判官法により具体化された形におけるプロイセン一般ラント法序編74条，75条の犠牲思考[164]かあるいは慣習法[165]に依拠している．もっとも，特別法上の規律——たとえば州法として引き続き効力を持つドイツ民主共和国の国家責任法[166]——が国家責任を予定している場合には，そのような構成は初めから必要ではない．その他の場合には，適法な主張に合わせて作られた犠牲の制度にも財産権ドグマーティクの新たな秩序の前に支配的であった慣習法にも結びつけられず，基本法14条1項と結びつけられるのである[167]．

1. 収用類似の介入に対する責任

まず収用類似の介入——つまり財産権により保護される地位への違法な公法的介入——に着目すると，自由基本権がその防御権的形式において第一次的には不作為請求権を保障し，第二次的には結果除去請求権を保障することを必然的に思い浮かべることになる．違法な介入がすでに実現され結果除去がもはや不可能な場合，自由権はその客観的内容によれば埋め合わせを必要とする[168]．基本法34条からは，この埋め合わせの詳細な内容形成は立法者に委ねられるべきことが引き出される．しかし現在の職務責任だけでは最低限の憲法上の要求を果たすことができるかには深刻な疑問が生じるがゆえに[169]，立

---

164) BGHZ 90, 17 (29 ff.); 91, 20, 27 (27 f.). その他の判例については，*Schwager/Krohm*, WM 1991, S. 33 (40 f.); さらに *Lege*, NJW 1990, S. 864 (869); *Schenke*, NJW 1991, S. 1777 (1778 ff.); *Scherzberg*, DVBl. 1991, S. 84 (88 f.).
165) *J. Ipsen*, DVBl. 1983, S. 1029 (1037); *Papier* (Fn. 20), Rdn. 632; *Ossenbühl* (Fn. 80), S. 185 f.
166) これについては参照，*Ossenbühl*, NJW 1991, S. 1201 ff.
167) また参照，*Götz*, DVBl. 1984, S. 395 (396); *Maurer* (Fn. 131), S. 314 ff.; 部分的にはまた *Kreft*, FS für Geiger, 1989, S. 399 (411 ff.). 別見解，*Scherzberg*, DVBl. 1991, S. 84 (87 m. w. N).
168) また参照，*Weyreuther*, Gutachten für den 47. DJT, 1968, S. B 164 ff.; *M. Redeker*, DÖV 1987, S. 194 ff.; *Maurer* (Fn. 131).
169) 参照，職務責任の欠点については，*Schäfer/Bonk*, Staatshaftungsgesetz, 1982, Einl.

法者が沈黙している場合，裁判官法によって第一次的権利保護の主張によっては防止できない違法な自由制限の効果——財産権への影響も含め——に対する財政的な埋め合わせを与える権限と義務が裁判所には認められなければならないだろう[170]．

基本権の規律意図から生じる防御権的措置の優位は決定的である[171]．法律によりまたは法律に基づいて財産権が制約されあるいは剥奪され，これについて法律が調整や補償を予定していない場合，介入を違法と考える当事者は介入自体に対して反駁しなければならない[172]．当事者は第一次的権利保護を放棄して補償や損害賠償を要求することはできない．法律上の調整・補償条項が存在し当事者が措置の違法性を訴える場合も，法状況は同様である．なぜなら，上述の状況は違法な措置にのみ関連し，したがって違法性の主張が第一次的権利保護に留保され続けるからである[173]．最後に，有効な調整・保障規律が行政行為により違法に執行されるケースは考慮の外に置かれる．行政行為が廃止されない——これにより行政手続法48条に従えば通常補償がもたらされる——かぎりで，当該行政行為は拘束的に法状況を規定する[174]．したがって当

Rdn. 45 ff.; *Ossenbühl* (Fn. 80), S. 358 f.

170) その他の基本権侵害への責任の拡張については，また参照，*Schmitt-Kammler* (Fn. 72), S. 610; *Schoch*, Jura 1989, S. 529 (534 f.); Maurer (Fn. 23), 26 Rdn. 76; *Steinberg/Lubberger* (Fn. 15), S. 352; *Schenke*, NJW 1991, S. 1777 ff.

171) これに対して，連邦通常裁判所は「収用類似の介入」の補充性を民法254条からのみ導き出している（BGHZ 90, 17, 32）．これについて詳細は下記注179の詳論．

172) 参照，BVerfGE 58, 300 (324)．

173) したがって，たとえばBGHZ 99, 24 (29); 105, 15 (16 f.)は拒否されるべきである．ヘルメス（*Hermes*, NVwZ 1990, S. 733 (734)）は適切にも，行政行為による「補償条項」の執行に際して財政調整が行われるかどうかが決められないままにされてはならないことを指摘している．行政行為がしかるべき規律を含まない場合，それは当事者が調整なき介入を甘受しなければならないことを意味する．これを受け入れようとしないならば，当事者は再度第一次的権利保護を用いなければならない．

174) オッセンビュール（*Ossenbühl*, JZ 1989, S. 190 (191)）に反して，行政は「補償訴訟」において単純に介入の違法性を援用することができない．

事者は，行政行為において予定されている財政給付を要求することができ，ある程度までは疑いだけで行政行為を攻撃する必要はない[175]．

それゆえ，収用類似の介入——正しくは財産権に対する不法責任——の適用領域として，本質的には遅延損害および違法措置の即時執行のケースのみが残される[176]．さらに請求権が例外的に行使される場合として，被害者に対し，責任はないが第一次的権利保護の措置が行われなかった場合がある．しかしこの場合，民事判例に反して，民法254条ではなく民法839条3項のより厳格な要件に定位しなければならず[177]，この要件は現在[178]行われている以上に厳格に解されなければならない[179]．

基本権の観点からは，いかなる国家権力が違法に財産権に介入したかは重要ではない[180]．収用類似の介入の責任制度が違憲の議会制定法律によって惹起

---

175) そのようなケースでは，給付義務は措置の違法性「ゆえに」ではなく「にもかかわらず」存在する（参照，*Bender*, BauR 1983, S. 1, 8 f.）．別見解，*Schoch*, Jura 1989, S. 529 (535); 基本的なものとしてまた，*Hendler*, DVBl. 1983, S. 873 (882)．

176) これについては参照，*Nüßgens/Boujong* (Fn. 62), Rdn. 433．

177) 評価矛盾を避けるためにも（参照，*Schoch*, Jura 1990, S. 140, 150)．

178) たとえば参照，BGHZ 113, 17 ff.

179) 判例（これについては参照，*Nüßgens/Boujong* (Fn. 62), Rdn. 435 ff.）および通説（*Rüfner*, in: Erichsen/Martens, Allgemeines Verwaltungsrecht, 9. Aufl. 1992, S. 613）は，「収用類似の介入」の補充性を非常に「弾力的」に解釈する．とりわけ第一次的権利保護の期待可能性に着目する．たとえば介入の適法性が判断しがたい，費用にかかるリスクが大きい，あるいは長い訴訟期間を顧慮しなければならない場合にはすでに，第一次的権利保護の期待可能性が欠けることになる．したがって，現状保障と第一次的権利保護の優位が相対化されるが，これは許されない（正当にも批判するものとして，*Schlichter*, FS für Sendler, 1991, S. 241, 245 ff.）．参照，今ではしかしまた，BGHZ 110, 12 (13 ff.)．既存の規律が共同責任に着目するかぎりで（たとえばノルトライン＝ヴェストファーレン秩序局法40条4項），当該規律はここで強調される憲法上の意味において解釈されなければならない．

180) 行為への法的義務が存在する場合には不作為も介入とみなされる（*Ossenbühl*, Fn. 80, S. 212 ff.; 制限的なものとして BGHZ 102, 350, 364 f.）．これに対して違法な許可（たとえば「土壌汚染の疑いのある」土地への建築許可）には介入性が欠けている．しかしまた参照（ノルトライン＝ヴェストファーレン秩序局法39条1項bに関し

された不利益を調整するための支持できる基礎を提供するかどうかは[181]，もっぱら裁判官法の機能法的限界の問題にすぎない．

法的効果として，通説[182]に反して，不法の性格ゆえに，原則として補償ではなく損害賠償が与えられるべきである．出訴の途は行政裁判所法40条2項1文によって規定されている[183]．

2. 収用的介入に対する責任

判例は収用的介入を，財産権の制約のうち適法な行政作用の付随的効果として発生し，公用収用法上受忍可能なものの限界を超えるものと解する[184]．しかし，基本権が結果に対する責任に着目するため，それらのケースでも犠牲的侵害やさらには公用収用が問題になるのではなく，国家の不法責任が問題となる[185]．国家の不法責任は，適法な行為の予見不可能な違法な（事故）結果とのみ関連づけることができる[186]．

て），BGHZ 109, 380 (393).
181) 議論状況については，参照，BGHZ 102, 350 (358 ff.); *Schenke*, NJW 1988, S. 857 ff.
182) BGHZ 90, 17 (29 ff.); *Rüfner* (Fn. 179), S. 646 ff. 本稿と同様の立場として *Ossenbühl*, FS für Geiger, 1989, S. 475 (497); *Steinberg/Lubberger* (Fn. 15), S. 371.
183) 同様のことは「収用的介入」による請求権について妥当する．その点で別見解は *Scherdtfeger* (Fn. 121), S. 39 f.; *Maurer*, DVBl. 1991, S. 781 (785). 立法政策的には基本法14条3項4文の拡張，そして第一次的権利保護と第二次的権利保護の分裂をもたらすその他のすべての出訴の途に関する条項の拡張が勧められる．
184) BGHZ 91, 20 (26) 102, 350 (361); *Schwager/Krohn*, WM 1991, S. 33 (40 ff. m.w. N.).
185) 犠牲的侵害と国家責任の原理的区別については，また参照，*Steinber/Lubberger* (Fn. 15), S. 18 ff.（もっとも「収用的介入」を犠牲的侵害に分類している，S. 18 ff.）．違法性が――本稿とは異なり――行動との関連でのみ定義されるとしても（全体に関して参照，*Olivet*, Erfolgsunrechtslehre und Handlungsunrechtslehre aus der Sicht des öffentlichen Rechts, 1989），このことは結論的に何も変わらないであろう．たしかに基本権違反の介入について不法責任は存在しないとしても，ある種の危険責任は存在するであろう．
186) 「収用的介入」は，本稿で主張された見解を基礎にした場合，「収用類似の介入」――より正確には財産権に対する不法責任――の1つの様相を示すに過ぎない．結

これに対して民事裁判所は，たとえば長期的な道路建設や受忍不能な交通排出の形でなされる，予見可能でありかつ行政裁判所で攻撃可能な不利益の賦課を収用的介入としてきた[187]。少なくとも財産権者に課された犠牲が補償によって調整されうる場合には，「それ自体」適法な行為の継続実施にかかる国家の利益に当該財産権者の防御請求権に対する優位が認められる，との観念に判例が導かれていることは明らかである。しかしながら，財政調整を付与することを通じて過剰な財産権制限を緩和することは，基本法 14 条 1 項 2 文の法律の留保に服する[188]。内容的にはほぼ例外なく，相隣関係法上の調整請求権が問題となる[189]。立法者はその間にこの主題を幾度となく受け入れてきた[190]。直接関係する規定が存在しない場合，既存の規定の類推適用，あるいはそこに具現化される一般的法思考の援用が顧慮されうる[191]。それ以外は，立法者は現に存在する相隣関係に関する公法の欠缺を埋めるべく任ぜられる。

Ⅵ. 要旨と展望

最後に財産権保護と環境保護の関係という当初の問題に戻れば，憲法は両者を要求していることが確認されうる。このことは，さほど驚くには当たらない。

論において本稿と同様の見解として，*Schmitt-Kammler* (Fn. 72), S. 602 f., 614. これに対してマウラー (*Maurer*, DVBl. 1991, S. 781 (784)) によれば，収用的介入は完全に考慮から外され，調整義務のある内容規定に吸収されるとする。

187) 参照，一方で BGHZ 57, 359 (365 f.); BGH, NJW 1980, S. 2703 f.; 他方で BHZ 64, 220 (222); BGH, NJW 1986, 2423 (2424).
188) 適切にも，*Maurer*, DVBl. 1991, S. 781 (784 f.).
189) 参照，*Steinberg/Lubberger* (Fn. 15), S. 242 ff. 狭義の相隣関係法と並んでさらに沿道・沿岸の所有者権が挙げられる。
190) たとえば参照，行政手続法 74 条 2 項 3 号，75 条 2 項 4 号；連邦長距離道路法 8a 条 4 項および 5 項。
191) 基本法 14 条 1 項の枠内における法律の類推適用の憲法上の許容性については，参照，BVerfG, DVBl. 1990, S. 690 f.; 相隣関係法の規定の一般化については：BVerwGE 79, 254 (262 f.); 80, 184 (190).

なぜなら，環境を利用することなくしては生活は不可能であり，財産権なくしては自由はありえず，環境保護なくしては長期的にみれば前者も後者も不可能だからである．基本法14条は衝突する利益を整序するための重要な基準を含んでいるが，それ以外では，実践的整合を作り出すことについてきわめて広範にわたり立法者に委ねている．財産権保障はしたがって，あるいは起こり得る環境政策の懈怠に対する「スケープゴート」として適合的なものではない．

　調和的な社会モデルを実現しうるために，立法者は明確な財産権ドグマーティクによる手引きを必要とする．判例——とりわけ憲法判例——はこれについて重要な礎石を提供してきたが，確たる体系を構築することはできなかった．したがって，連邦憲法裁判所の砂利採取決定から10年たって今なお，学問は特に挑戦を受けているのである．

*

テーゼ

1. 財産権保護と環境保護は緊張関係にある．なぜなら，財産権と環境使用権が結びついていることが多く，環境の使用が環境を害しうるからである．
2. 基本法14条の解釈は今日，おもに連邦憲法裁判所の判例によって形作られている．連邦憲法裁判所はとりわけ法律依存性，基本権としての財産権の自由権としての性格ならびに第二次的権利保護に対する第一次的権利保護の優位を際立たせてきた．それによって財産保障を補償請求権から基本権へと逆転させたが，その他については多くの問題が解決されないのままとなってきた．

I. 憲法の財産権概念

3. 憲法上の意味における財産権とは，法秩序により市民に帰属された財産対象を享有し，使用する，国家に対して向けられた市民の権利と理解される．
4. 財産権保障の保護の客体は，法律により，または法律の根拠に基づいて認められた法的地位しかありえない．
5. 基本法の意味における財産権には，一方で，営利企業の設立し経営する権利を含む私法の財産的価値のある権利すべて，他方で，国家による付与のみに根拠を持つのではないような公法の財産的価値のある権利すべてが含まれる．

II. 財産権の保障

6. 財産の制度保障は，財産権の意味における自由の保障を目指し，市民に過少保護の禁止の形で最低水準の自由を確保する．
7. 財産の主観法的な現状保障は，基本権の担い手に認められるすべての財産的価値のある法的地位を国家による干渉から保護する．
8. 基本法は建築の自由の基本権を知らない．建築の自由は財産の制度保障によってのみとらえられる．憲法上保護されるのは，私法および公法に基づいてその枠内において自らの土地に建築する土地所有権者の権利である．建築計画による使用の割当てと適法な建築許可も保護にあずかる．

9. 土地所有権者は地下水や地表水の使用を求める請求権をもたないが，行政の管理裁量を瑕疵なく行使することを求める請求権を持つ．

10. 土地の上空の使用は水利と同視されてはならず，原則的に土地の使用と同様に扱われる．

11. 基本法14条1項1文は相隣保護を命じており，私的施設や計画を国家が許可することによって隣人が「深刻かつ受忍できない」不利益を受ける場合に初めて保護が投じられるようなものではない．

12. 営利企業の設立と経営に対して国家による間接的影響が及ぶ場合，制約結果の帰属可能性につき特に厳格な要求が課せられる．

13. 命令による課税は，常に基本法14条1項1文に従って評価される．

Ⅲ. 財産権形成の憲法上の指針

14. 内容規定と制限規定は，実体的にではなく，時間的にのみ相互に区別することができる．内容規定は財産を未来のために定義し，制限規定は従来の法に基づいて存在する地位に介入する．

15. 立法者は，基本法14条1項1文により保護される個人の私的利用可能性に関する利益と基本法14条2項によって保護される公共の利益の間での包括的な衡量を行わなければならない．一般的な定式——収用理論や土地財産権の状況被拘束性論のような——は，このような衡量の結果を先取りすることができない．基本法14条2項は立法者を実効的な環境保護へと義務づける．規律の比例性の判断はとりわけ，一般的抽象的な基準と具体的個別的基準のいずれが基礎に置かれるかに左右される．

16. 合法的な財産行使によってもたらされた現状は，財産権者の消費と処分により，まだ実現されていない使用よりも高い保護を受ける．現状保護は建築法では環境法よりも強力に具体化がなされる．

17. 積極的義務を賦課する場合，受忍義務や不作為義務が定められる場合よりも社会的拘束の限界に達するタイミングが早いのが通常である．

18. 財産権の制限は，それがそれ自体としてみれば疑問はないが，トータル

では財産権者を比例性のない形で狭めるようなものであれば，許されない．

19．負担軽減のために，立法者は調整義務による内容・制限規定の定めるよう余儀なくされうる．しかし，調整規定が財産権制限を正当化することができるのは，他の規律では同じようには公共の福祉の要件が満たされず，そして関連する利益の種類に応じて財産権者を財産的利益の満足へと指示することが許される場合にのみである．調整規定は，種類と程度に応じて，形式的法律による規律が必要である．

Ⅳ．公用収用

20．公用収用とは，国家任務を履行するべく剥奪された地位を奉仕させる目的のために，目的的な公法的行為により財産秩序を破棄するという方途で行う，主観的な財産権的地位の完全なまたは部分的な剥奪と解される．

21．公用収用が法的に自立したまたは自立可能な財産権的地位にのみ関連するため，使用および処分の制限は原則として公用収用ではない．

22．公用収用の目的および要件は，詳細な法律による規律は必要ない．それが個別事例立法に帰着するかもしれないからである．

23．他に多くある個別計画とは異なり，建築計画は公用収用法の事前効果を展開するものではない．

24．公用収用はすべて，補償義務を惹起する．救済的な補償条項は許されない．補償額に関して，交換価値の補償のために形式的な原則例外関係から出発する．

Ⅴ．財産権に対する不法責任

25．すべての自由権はその基礎に基づいて，第一次的権利保護の主張によって阻止できない違法な自由制約の効果に対して財政的な賠償へと国家を義務づける．

26．いわゆる収用類似の介入と収用的介入の責任制度は，許される裁判官法と結びついた基本法14条1項1文に法的根拠が見いだされる．両事例で不法責任が問題である．収容類似の介入は財産に干渉する違法な行為（行為不法）

と関連し，収用的介入は，適法な行為がもたらす予測できない効果（結果不法）の事例に関連する．

27. 責任の補充性は基本法14条1項1文から生じるものであり，民法254条の類推適用から生じるものではない．

28. 財産権に対する不法責任の法的効果としては損害賠償が認められ，補償だけにとどまらない．

V. 憲法と行政法

Verfassungsrecht und Verwaltungsrecht, in: Erichsen/Ehlers (Hrsg.),
Allgemeines Verwaltungsrecht, 14. Aufl., 2010, S. 237 ff.

工　藤　達　朗　訳
Übersetzung von Prof. Tatsuro Kudo

目　次

I. 総　　論
II. 憲法の基本決定が行政法に対して有する意義
　1. 民　主　制
　2. 連 邦 国 家
　3. 法治国家性
　4. その他の憲法上の委任

I. 総　　論

[1] オットー・マイヤーが1924年にその教科書『ドイツ行政法』の第3版を公刊したとき，その年と第2版の出版年〔第1巻1914年，第2巻1917年〕との間には，第一次世界大戦での敗戦，君主制の倒壊，革命と新憲法があった．それにもかかわらず，オットー・マイヤーは新しい版の序文において有名な文句を述べた．「1914年と1917年以来，とくに新しく付け加えられるべきものはなかった．『憲法は滅んでも，行政法は存続する』．このことは，別の場所ではずっと前から観察されていた」．これに対して，人の生涯の半分の期間が経過した後で，その当時連邦行政裁判所長官であったフリッツ・ヴェルナーは，「具体化された憲法としての行政法」[1]というタイトルの論文を発表した．ここには明らかに見解の対立がある[2]．正しいのはどちらなのか．

[2] 国内の法秩序は，――矛盾を回避するために――効力ランクの異なる一連の法規で構成されている．法秩序の段階構造や，規範ピラミッドともいわれる（→ §2 Rn 94）．ある法規がピラミッドのいかなる段階に位置づけられるべきかは，規範制定者の権威に従って，あるいは抵触ルールの内容に従って決められる．人民の憲法制定権力（憲法に拘束された権力である「憲法によって作られた力（pouvoir constitué）」に対する「憲法を作る力（pouvoir constituant）」)[3]が最高の権威を有するのだから，立憲国家においては憲法が最高ラン

---

1) DVBl 1959, 527 ff.
2) 確かに，オットー・マイヤーも行政法の憲法への従属性を疑問視しようとしたのではないことが指摘されているが（vgl *Bachof* VVDStRL 30 [1973] 193, 204 f.; *Heyen* Otto Mayer, Studien zu den geistigen Grundlagen seiner Verwaltungsrechtswissenschaft, 1981, 125)，この指摘は正当である．しかし，憲法従属性の程度は，オットー・マイヤーが1924年に想定したのと今日では，完全に異なっている．
3) Vgl *Murswiek* Die verfassungsgebende Gewalt nach dem Grundgesetz für die Bundesrepublik Deutschland, 1978, 163 ff.

クを占める⁴⁾．ドイツにおいては，それに加えて，（連邦）憲法――ドイツ連邦共和国基本法――は，組織規約または基本的な枠秩序を作っただけではなく，国家における共同生活のための基礎的諸規定を定めている．とりわけ基本法は，法律（制定法），法律よりも下位の法（命令と条例）および法律の執行のための指導原理をも含んでいるのである．このことは，行政法も（そしてまさに行政法は）憲法に照らして審査されなければならないことを意味する．それ故，基本法20条3項は，立法は憲法的秩序に拘束されると明文で定めているのである．行政は法律を執行するにあたって，基本法20条3項によれば，法律および法を尊重するよう義務づけられているのだから，行政も憲法へ恒常的に繋がれていることは明らかである．このことは，基本権についてはさらに基本法1条3項において強められている．これに対応して，立法と行政法解釈学は，連邦憲法裁判所の裁判によって強く刻印されている⁵⁾．ラント憲法は，確かに基本法と同等の効力を有するわけではないが，構造的に相応した作用を発揮している⁶⁾．法の憲法化⁷⁾は，確かに私法と刑法においても生じているが，行政法においてとくに強くその効果を発生させている．憲法への拘束は，行政法との関連では，立法と行政は憲法に違反してはならないことを意味するだけではない．むしろ，これらの権力は，憲法内容の実現を目指して能動的に活動しなければならず，そうすることで立法と行政は最良の実効性を獲得できるのであ

---

4) 憲法の意義と機能について，vgl *Stern* StR I, § 3 III; *Hesse* in: Benda/ Maihofer/ Vogel, HdbVerfR, 3 ff; *dens* VerfR, Rn 16 ff.

5) これについて（批判的な），vgl *Fischer* Die Auswirkungen der Rechtsprechung des Bundesverfassungsgerichts auf die Dogmatik des Allgemeinen Verwaltungsrechts, 1997.

6) 連邦構成国の憲法の現代的意義について，vgl *Graf Vitzthum* VVDStRL 46（1988）7ff. ラントの組織が連邦法で定められた手続で行った措置に対するラントの憲法異議の適法性について，vgl BVerfGE 96, 345 ff. 批判的なのは，*Dietlein* Jura 2000, 19 ff.

7) Vgl *Schuppert/ Bumke* Die Konstitutionalisierung der Rechtsordnung, 2000; *Jarass* in: Scholz/ Lorenz/ Pestalozza/ Kloepfer/ Jarass/ Degenhart/ Lepsius, Kolloquium P. Lerche, 2008, 75 ff.

る[8]．このことは，行政法は具体化された憲法である，ないしはそうであるべきである，というフリッツ・ヴェルナーの想定を裏書するものである．もっとも，憲法の権威（Maßgeblichkeit）は，ますます頻繁にヨーロッパ連合法の準則によって取って代わられているのであるが（→ §5）．

[3] 行政法の憲法への従属性は，行政法が，多少の差はあっても，憲法上の法規から演繹することができることを意味するわけではない．確かに，行政法の多数の規律や法制度は，（例えば聴聞と文書閲覧への手続的権利のように）核心においては憲法上保障されており，したがって，代償措置なしに廃止することは禁じられている[9]．しかし，一つ一つの内容形成に関しては，相当な裁量の余地が立法者に残されているのが通常である[10]．このことはとくに，相反する憲法原理を相互に調和させなければならない場合にあてはまる．例えば，行政行為がいかなる時点から効力を有す（bestandkräftig）べきか（その際，法律適合性という憲法原理は，法的安定性という憲法原理の背後に隠れなければならないとの帰結を伴う）を，基本法から読みとることはできない．それ故，行政裁判所法70条1項・74条1項の1カ月の期間は，憲法上確定されているわけではないのである[11]．

[4] 憲法と行政法が相反する場合，憲法の効力の優位のために，行政法は適用されない（ungültig），ないしは無効である（→ §2 Rn 115）．ある法的効果が，憲法からも行政法からも取り出されるときは，下位の行政法規範の適用の優位が存在する（→ §2 Rn 109 ff）．なぜなら，決定されるべき事案に最も近

---

8) 憲法の実現について，vgl *Hesse* VerfR, Rn 41 ff.〔初宿正典＝赤坂幸一訳『ドイツ憲法の基本的特質』（成文堂，2006年）23頁以下〕

9) これについて詳しくは，*Hill* Das fehlerhafte Verfahren und seine Folgen im Verwaltungsrecht, 1986, 200ff; *Riedle* in: Obermayer, VwVfG, Einl Rn 96 ff; *Kopp/ Ramsauer* VwVfG, Einführung Rn 18 ff.

10) Vgl auch *Ehlers* Verwaltung in Privatrechtsform, 1984, 227; *Bonk/ Schmitz* in: Stelkens/ Bonk/ Sachs, VwVfG, §1 Rn 41.

11) 相当の期間の原則的な許容（適法）性について，vgl BVerfGE 60, 253, 269 f.

いところにある法源が適用されるべきだからである[12]．そこで，確かに，基本法1条・2条・12条および14条から，法に従っている者（Rechtsunterworfenen）の請求権，すなわち，その秘密――とくに個人的生活領域に属する秘密，ならびに企業秘密・営業秘密――を，正当な理由なく行政庁によって開示されないことを求める請求権が引き出される[13]．しかし，行政手続法30条はそれに対応した明文規定を含んでいるのだから（→§14 Rn 39），直接憲法にさかのぼる必要もなければ，そうすることは許されない．その場合は，行政手続法30条の出番なのである．

[5] ある行政法規範に複数の解釈可能性の余地がある場合，その規範は憲法適合的に解釈されなければならない[14]．ある規範が個人の権利保護に役立つように規定されている（それ故，主観的権利を保障している）か否か，疑義がある場合には，基本権の照射効が尊重されるべきである（→§12 Rn 13）．同様に，不確定的法概念を解釈するにあたっては，個人にかかわる規範を考慮し，裁量権を行使するにあたっては，基本権によって保護された利益と，したがってまた基本権規定と法治国家原理から生じる過剰制限禁止（Übermaßverbot）[15]を考慮しなければならないのである（Rn 24）．

---

12) Vgl auch *Maurer* Allg VwR, §4 Rn 50.
13) いわゆる情報自己決定権について，vgl BVerfGE 65, 1, 41 ff〔平松毅・Ⅰ7〕→ JK GG Art 2I/ 7, 法人の秘密保護について，vgl BVerfG-K NJW, 1997, 1784; NJW 2001, 503, 504; NdsOVG DVBl 2009, 855 → JK 11/ 09, 基本法1条1項と結び付いた2条1項/ 52. *Ehlers/ Heydemann* DVBl 1990, 1, 2f; *Schoch* JURA 2008, 352, 356. 情報技術システムの信頼性と完全性の保障を求める基本権について，vgl BVerfGE 120, 274.
14) Vgl *Hesse* VerfR, Rn 79 ff〔初宿＝赤坂訳・前掲注8）79頁以下〕; *Pieroth/ Schlink* Grundrechte, 25. Aufl 2009, Rn 103.〔永田秀樹＝松本和彦＝倉田原志訳『現代ドイツ基本権』（法律文化社，2001年）〕
15) 過剰制限禁止の憲法上の基礎づけとその意義について，*Krebs* Jura 2001, 228 ff. の概観を参照．基本権からも法治国家原理からも導き出されることについて，BVerfGE 19, 342 f; 61, 126, 134; 76, 1, 50 f. も参照．

II. 憲法の基本決定が行政法に対して有する意義

[6] 憲法と行政法がどのようにかみ合っているかをここで詳細に説明することはしない．なぜなら，以下の章で2つの法領域の共演が詳しく論じられるからである．民主制，連邦国家性および法治国家性ならびに憲法上の委任に対する憲法上の基本決定を一瞥することで十分である．

1. 民 主 制

[7] 基本法20条1項・28条1項によれば，連邦とラントは民主主義国家である．すべての国家権力は国民から発し（基本法20条2項1文），そして国家権力〔の概念〕の下に国家のすべての行為が理解されるべきであるから[16]，行政も——課された任務の種類，組織形式，活動の法形式および行政行為の規律の性格とはかかわりなく——民主的正当化を必要とする[17]．したがって，行政のすべての行為は国民の意思に還元されなければならず，そして，国民に対して，または国民の代表者たる議会に対して責任を負わなければならないのが原則である（→ §1 Rn 26）．議会に対する責任は，政府と大臣に関しては確立している．責任を負うことができるのは，十分な指揮権を行使しうる人物だけであるから，基本法65条2文は，すべての連邦大臣はその事務領域を自立的に指揮すると定めている．同様の規定はラント憲法にもある[18]．それ故，

---

16) それ故，BVerfGE 47, 253, 274 は拒否されるべきである．その判決は，「国家権力の行使」の概念に含まれない重要でない任務が存在するというのである．あわせて参照→ §1 Rn 28.

17) しかしまた参照，BVerfGE 47, 253, 273; 83, 60, 75 f〔彼谷環・II 51〕; 93, 37, 68.〔森保憲・II 50〕それらの判決によれば，「少なくとも (jedenfalls)」決定の性格を有するすべての職務行為は，国家権力の行使である．決定の性格を有しない国家行為の様式を民主的正当化の必要性から解放することについて，Oebbecke Weisungs- und unterrichtungsfreie Räume in der Verwaltung, 1986, 81 も参照．

18) 例えば，バーデン゠ヴュルテンベルク憲法49条1項4文，ニーダーザクセン憲

ヒエラルキー的な構造と運営の原理は，「民主主義国家が機能するために必要なもの」[19]なのである．けれども，現行法は，少なからぬ程度で，大臣から自由な——指示から自由で，したがって権限を有する大臣の影響領域から遠ざけられた——領域を定めている（→§8 Rn 47 f）．最も有名な例がドイツ連邦銀行である．EU運営条約130条，連邦銀行法12条1文〔前段〕によれば，同銀行は指示から独立である．独立性は，さらに〔公共事業の〕入札監視委員会（Vergabekammer）にも認められている[20]．同様のことがしばしば連邦カルテル庁または連邦ネット庁の決定部（Beschlussabteilungen）についても承認される[21]．大臣から自由な国家機関が決定権をもって（単なる準備的または助言的ではなく）活動する場合において，連合法上[22]または（その他の）憲法上の防護を留保すれば，このような機関が正当化されるのは，ある程度の正当化水準を満たしていれば十分であり[23]，そしてこの水準が具体的事例におい

法37条1項2文，ノルトライン＝ヴェストファーレン憲法55条2項，ザクセン憲法63条2項参照．

19) *Dreier* Hierarchische Verwaltung im demokratischen Staat, 1991, 137.「ヒエラルキー的行政構造の機械モデル」に批判的なのは，*Blanke* KJ 1998, 452, 465 ff; *Bryde* Staatswissen und Staatspraxis, 1994, 305; *Rinken* KritV 1996, 282. これについて，*Ehlers* FS Stein 2002, 125, 134 f.

20) 競争制限禁止法（GWB）105条4項2文．〔委員会のメンバーは独立して決定を下し，法律にのみ従う．〕

21) 連邦カルテル庁の決定部（競争制限禁止法51条2項）について，vgl *Klaue* in: Immenga/ Mestmäcker (Hrsg), Wettbewerbsrecht, 4. Aufl 2007, §51 Rn 5, vgl aber auch Rn 11 ff; ferner *Becker* in: Löwenheim/ Meessen/ Riesenkampff, Kartellrecht, 2. Aufl 2009, §51 Rn 2 ff; 電気通信法（Telekommunikationsrecht）における規制庁（Regulierungsbehörde）について，*Oertel* Die Unabhängigkeit der Regulierungsbehörde nach §§66 ff TKG, 2000; *Ruffert* in: Trute/ Groß/ Röhl/ Möllers (Hrsg), Allgemeines Verwaltungsrecht- zur Tragfähigkeit eines Konzepts, 2008, 431. 一般的に，*Britz* in: Ruffert/ Fehling (Hrsg), Regulierungsrecht, 2010, §21 Rn 39. 次の注22）も参照．

22) 多次元システムにおける規制構造の可変性について，*Groß* VVDStRL 66 (2007), 152, 177. ヨーロッパ連合法によって命じられた国内の規制庁の独立性について，vgl EuGH MMR 2010, 119 Rn 54. さらに→§5 Rn 63.

23) BVerfGE 83, 60, 72〔彼谷環・II51〕; 93, 37, 66 f.〔森保憲・II50〕

V. 憲法と行政法　129

ていかなる指示への拘束も必要としていない場合だけである（→ §8 Rn 47 f）．これは連邦憲法裁判所の見解でもある．学説においては，法律によって委任され，かつ範囲を限定された任務が，その特殊な性質により，このような指示からの自由を必要とする（例えば審査機関のように）場合には，それだけですでに，大臣から自由な決定の自由の余地が正当化されたものとみなされることも稀ではない[24]．混合形式も受容されている．それ故，学問に対して権限を有する連邦とラントの大臣に対して，学術代表者が多数派を占める助成決定委員会（Bewilligungsausschuss）は，連邦とラントの優れた取組（Exzellenzinitiative）の枠内において，ドイツの大学の学術研究を助成するために，約19億ユーロを限度として，公的資金の授与を決定した[25]．行政の原則としてヒエラルキー的な遂行の要請は，（それ自体はヒエラルキー的に構造化された）行政機関の法的な自立化を排除するものではない．けれども，自立化された機関は，直接的な国家行政による監督を要する[26]．自治行政の場合には，法的監督だけが問題となるが，その他の場合には，原則として専門的監督が規定されなければならない（→ §8 Rn 42）．

[8] 民主的正当化の担い手，したがってまた正当化の提供者は，人民（Volk）である．必然的にそうだというわけではないが，国民（Staatsvolk）——すなわち，ドイツ国籍保有者の総体および基本法116条1項で同一視された人々——にかかわる問題でなければならない．場合によってはむしろ，憲法制定者または立法者によって書き込まれた，いわゆる人民の一部分（Teilvolk）が考慮に値する（異説がある→ §1 Rn 30）．しかし，憲法上 Teilvolk の性格をもちうるし，またもってもよいのは，自治行政の担い手の構成員だけである．自治

24）Vgl dazu *Böckenförde* in: Isensee/ Kirchhof II, §24 Rn 24; *Lerche* in: Maunz/ Dürig, GG, Art 86 Rn 70; 異説として，*Ibler* in: Maunz/ Dürig, GG, Art 86 Rn 57 ff.
25）基本法91b条（研究助成）による，ドイツの大学の学術研究を助成するための連邦とラントの優れた取組（Exzellemzinitiative）に関する連邦とラントの協定4条参照（BAnz 2005, 13347）．問題提起について：*Kammerer* RdJB 2004, 152 ff.
26）*Kahl* Die Staatsaufsicht, 2000, 498 ff; 私法的に組織された施設について→ §1 Rn 23.

行政とは，国家の事務を，国家よりも下位の行政主体が，自己の名において，完全または部分的に独立して，専門的監督から自由に遂行することである[27]．国家市民がその密接な生活圏の形成に参加することにより，もうひとつ別の民主制が確保されるべきである．連邦とラントの場合とは異なって，住民（Teilvolk）（自治行政の構成員）には外国人もそのメンバーたりうる[28]．自治体の住民については，EU運営条約22条，基本法28条1項3文がこのことを連合市民に対して保障している．

　[9] 様々な種類の自治行政に関して，自治体の自治行政と機能的な自治行政が区別されるべきである．自治体の自治行政は，基本法28条2項によって保障されている[29]．それによれば，ゲマインデは，地域共同社会のすべての事項を，法律の範囲内において，自己の責任で規律する権利を保障される[30]．ゲマインデ団体（とりわけ郡（クライス））も，その法律上の任務領域の範囲内で，法律に従い，自治行政の権利を有する．機能的な自治行政は，もっぱらその社団の高権領域における住所に従って決められるのではなく，特別の性質，機能または利害といった，団体に特有の基準に従って決められるのである[31]．この種の自治行政に属するものとしては，大学，社会保険団体（トレーガー），自由業の団体（カマー）（弁

---

27) Vgl *Stern* StR I, §12 I 3; *Hendler* Selbstverwaltung als Ordnungsprinzip, 1984, 284 ff; → §8 Rn 19 ff. 以前は国家によって遂行された任務の委任に基づいて，指示を実現する自治体の義務的任務は，特殊な自治行政任務である（異説がある．この点について詳しくは，*Schmidt-Aßmann/Röhl* in: Schmidt-Aßmann/Schoch, Bes VwR, 1. Kap Rn 37 ff）．その限りでは，自治体は，単なる法的監督を超えた合目的性の審査の下に置かれ，したがって専門的監督に近似した特別な監督に服する（例えば，ノルトライン＝ヴェストファーレン秩序官庁法（OBG）3条1項・9条参照）．

28) それに応じて，外国人は（原則として）選挙権と被選挙権を有する．自治体の選挙法について——連合市民を別にすれば——妥当する制約（vgl BVerfGE 83, 37, 50 ff〔古野豊秋・Ⅱ58〕; 60, 80 ff〔彼谷環・Ⅱ51〕）は，機能的自治行政には関連しない（BVerfGE 83, 37, 55〔古野豊秋・Ⅱ58〕）．

29) 自治体の自治行政権について，vgl *Stern* StR I, §12 I 1 mwN.〔赤坂正浩＝片山智彦＝川又伸彦＝小山剛＝高田篤編訳『ドイツ憲法Ⅰ』（信山社，2009年）35頁以下〕

30) 憲法上の保障内容について詳しくは，*Ehlers* DVBl 2000, 1301 ff.

31) BVerfGE 83, 37, 55.〔古野豊秋・Ⅱ58〕

護士，弁理士，税理士，公認会計士，医師，歯科医師，獣医師，薬剤師および建築技師の団体），経済身分的な会議所（商工会議所，手工業会議所，農業会議所），手工業組合，水利組合・土地組合（Wasser- und Bodenverbände），耕地整理の際の参加者団体，ならびに，狩猟組合と漁業組合がある[32]。いかなる範囲のものを機能的自治行政と定めることができるかは，原則として立法者の裁量に任されている．確かに，民主制原理は，国家権力に服する人々が，国家権力がそこから発する人々と，本質的には同一でなければならないことを要請している[33]．それゆえ立法者も，自己該当性（Selbstbetroffenheit）の原理が尊重される場合にのみ，自治行政を設立することが許される[34]．したがって，すべての国民が該当する（betreffen）任務（例えば，外交，防衛，徴税）を自治行政の担い手に委託することは許されない．さらに，団体構成員の基本権が尊重されなければならない．通説によれば，強制加入団体の設立は，基本権への介入であって，正当化を必要とするだけではなく[35]，むしろ強制加入団体の構成員は，法律によって割り当てられた任務領域を遵守するよう求める請求権ももつべきなのである[36]．最後に，立法者は，その立法権限を完全に放棄することも，自治行政の領域の規律を社団的機関に完全に委ねることも許されない．とりわけ，基本権領域への介入は，議会法律における授権に基づくこと

---

32) この点につき詳しくは，*Hendler* (Fn 27) 208 ff; *Wolff/ Bachof/ Stober* VwR III, §97; *Kluth* Funktionale Selbstverwaltung, 1997, 33 ff.

33) *Herzog* in: Maunz/ Dürig, GG, Art 20 II Rn 56 f.

34) Vgl *Hendler* (Fn 27) 284; *Ehlers* JZ 1987, 218, 221. 自己該当性（Selbstbetroffenheit）が存在するのは，構成員が他の構成員よりもさらに強く行政によって制約（berühren）されたときである．

35) BVerfGE 10, 89, 102 〔國分典子・I 41〕; BVerfG-K NVwZ 2002, 335, 336; *Kluth* NVwZ 2002, 298 ff.

36) Vgl BVerfGE 10, 89, 102〔國分典子・I 41〕; 15, 235, 239 ff; BVerwGE 34, 69, 74; 59, 231, 233; 64, 115, 119; 298, 301 f; BVerwG NVwZ-RR 2001, 93, 94; *Ehlers/ Lechleitner* Die Aufgaben der Rechtsanwaltskammern, 2006, 52 ff. 批判的なのは，*Laubinger* VerwArch 74 (1983) 262, 277; *Kluth* (Fn 32) 301 ff, 330 ff.

を必要とする（→ §2Rn 41 f, 58）[37]．

2. 連 邦 国 家

[10] 連邦国家の特徴は，同一の領土に2つの国家の権力が同時に作用するという点にある．それ故，立法権限と行政権限が分割される．

[11] a) **連邦とラントへの立法権限の分配**．基本法70条1項によれば，基本法が連邦に立法権限を付与している場合を除き，ラントが立法の権利を有する．連邦の権限について，専属的権限（基本法73条）か，競合的権限（基本法74条）か，それとも原則についての立法権限（基本法109条4項）かが問題となる．競合的立法の領域では，ラントが立法の権限を有するのは，連邦が法律によってその立法管轄権を行使しようとしない間，およびその限度においてである（基本法72条1項）．その他の点では，核心権限，必要性権限および異なる規律をする（Abweichung）権限が区別されるべきである．72条2項に列挙されていない領域では，連邦は，それ以上の制約なしに，その競合的立法権限を行使してもよい（核心権限）．さらに連邦が立法権を有するのは，連邦領域における等価的（統一的ではない）な生活関係を作り出し，または，国家全体の利益のための法的もしくは経済的統一性を維持するために連邦法律による規律を必要とする場合であり，かつその限度においてである（基本法72条2項）．立法者は，評価または裁量の余地を有しない．けれども，発展の評価に関し，立法者には予測の余地が認められる場合がある．それは，立法者が綿密に調査した事実関係に基づき，その予測を方法的に適切な予測手続によって支え，かつ一貫して追求し，そして考慮すべきでないものを考慮したことがこの予測に一切影響していなかった，という場合である[38]．必要性が失われた場合には，基本法72条4項の定めるところにより，自由が回復する．ラントの異なる規律をする権限が存在する場合（基本法72条3項），ラントは別の規

---

37) 最初にしてかつ基本的なのは，BVerfGE 33, 125, 158.〔堀内健志・Ⅰ45〕
38) BVerfGE 106, 62, 152 f.

律を発布することができる．ただし，連邦の立法者が新たな活動をすることを妨げられることはない．その場合，(あまり有意義とはいえない）完全な〔立法〕権限が二重に存在するため，「ピンポン競技」が終わらない結果になる．特別に連邦に留保されたもの（基本法84条1項5文）を別にすれば，ラントは，基本法84条1項2文の意味における連邦法律とは異なる規律を講じることも許されている．現在の現行法の状況によればもはや発布されてはならない連邦法律は，基本法125a～c条の基準に従って引き続き効力を有する．基本法72条2項の必要性条項の導入により連邦がその立法を喪失した場合でも，連邦は，従来の規律の本質的要素が，いかなる範囲で，いかなる期間維持されるのか，改正する権限を有するのである[39]．これまでの判例では，基本法125a条1項によってさしあたり存続している連邦法をも連邦が改正してよいのか，明らかにされていない．このことは，実質的権限が失われた場合，肯定されるべきだろう（従来の規律の本質的要素が存続している限りで）．それに対して，基本法84条1項7文・85条1項2文は，自治体の財政的保護を確保するために，自治体の組織にかかわる介入を禁止しているが，本論文の見解によれば，この禁止は常に尊重されるべきである[40]．最後に，連邦がその立法権限を行使する場合，ラントは，若干の事例において異なる規律を講じることが許されるべきである（異なる規律の立法）[41]．列挙された連邦の立法管轄権と並んで，不文の連邦権限も，事柄の性質または事柄の関連性ならびに付属権限により，適法なものとみなされる[42]．実際には，憲法から解釈によって取り出されるべき，書かれている権限がもっぱら問題なのである[43]．連邦憲法裁判所は，法治国

---

39) BVerfGE 111, 10, 31; 226, 269.
40) 同旨．*Kallerhoff* Die übergangsrechtliche Fortgeltung von Bundesrecht nach dem Grundgesetz, 2010. Vgl auch *Henneke* NdsVBl 2007, 65 ff; NdsVBl 2008, 3 ff; *dens* Bundesstaat und kommunale Selbstverwaltung nach den Föderalismusreformen, 2009, 32 ff; *Burgi* DVBl 2007, 77 ff; *Schoch* DVBl 2007, 256 ff.
41) 基本法72条3項参照．
42) Vgl *Stern* StR I, § 19 III 3.
43) Vgl *Ehlers* Jura 2000, 323 ff; *Pieroth* in: Jarass/ Pieroth GG, Art 70 Rn 9 ff; *U. J.*

家原理から，無矛盾性〔矛盾からの自由〕(Widerspruchsfreiheit) の原則を導き出した．この原則は，連邦国家的秩序の枠内において，立法者に対する権限行使の制約として働くべきものである．それ故，ラントの租税法制定者は，その事項の規律について権限を有する連邦の立法者の全体的コンセプトと矛盾する規律を講じることは許されない[44]．さらに，自治体の包装税の徴収に関する自治体条例は，法治国家原理と結びついた立法権限の連邦国家的秩序と一致しない．なぜなら，その条例は，廃棄物法の枠内で連邦が追求する協力原理に矛盾するからである[45]．しかしながら，法秩序が受け入れることのできない規範対立は，原則として，2つの規律が等しい構成要件に相互に矛盾する法的効果を結びつけている場合に初めて存在するのである[46]．

[12] 基本法は，「行政法」という統一的法領域を知らない．したがって，権限は連邦とラントに分割され，一般行政法〔行政法総論〕も特別行政法〔行政法各論〕も連邦法とラント法から成っている．第一次および第二次連邦主義改革による基本法の改正にもかかわらず，重点はしばしば連邦法に置かれている．例えば，経済法（とくに基本法74条1項11号に関して）と環境法（とくに基本法74条1項20号・24号・28号から32号に関して）の大部分は，連邦法律で規律される．「統一的連邦国家」[47]の吸引力から引き出すことができたラント法の法領域に数えられるのは，とりわけ，（ラントの）行政手続法，地方自治法，警察・秩序法，学校・大学法ならびに放送法である．しかし，諸ラントは，幾度となくその立法を自発的にお互いの間で一致させてきた．それ故，諸ラントの警察法の間には，相違といえるほどのものはほとんど存在しない．連邦との提携が行われることも稀ではない．とりわけ，諸ラントは，その行政

Schröder Kriterien und Grenzen der Gesetzgebungskompetenz kraft Sachzusammenhangs nach dem Grundgesetz, 2007, 28 f.

44) BVerfGE 98, 83, 97 ff.
45) BVerfGE 98, 106, 177 ff. 〔清野幾久子・Ⅲ46〕
46) 連邦憲法裁判所の判例に批判的なのは，例えば，*Lege* Jura 1999, 125, 127 f; *Jarass* AöR 126 (2001) 588 ff; *U. J. Schröder* ZG 2007, 239 ff.
47) Vgl dazu *Hesse* Der unitarische Bundesstaat, 1962, 12 ff.

手続法を，内容的にほとんど同一のラント法を発布することによって，連邦の行政手続法に適合させたのである（→§13 Rn 5)[48]．

[13] b) **連邦とラントへの行政権限の分配**．立法の場合には，しばしば法的統一性または経済的統一性の要請が連邦の権限に有利に働いたのに対して，法律の執行は，通常，公正かつ生活に密着して，連邦制的に構造化ないしは分散化された行政により，「現場で(vor Ort)」行われるのである[49]．したがって，行政権限の重点はラントにある．

[14] 連邦とラント間での行政権限の分配は，原則として基本法30条・83条以下・108条および120a条から生じる[50]．それによれば，国家権能の行使と国家任務の遂行は，基本法が別段の定めをせず，または許していない限りにおいて，ラントのなすべき事項である．とりわけ，諸ラントは，ラント法律の執行と，連邦に割り当てられたものを除くすべての行政任務の処理を義務づけられている．連邦法律も，ラントがその固有事務として執行するのが原則である（基本法83条・84条）．連邦法律が，官庁の設置または行政手続を定めている場合には，諸ラントは，——基本法84条1項5文の（かつ連邦参議院の同意を得た）場合を別にして——異なる規律を講じることができる（基本法84条1項2文）．基本法84条2項によれば，連邦政府は，連邦参議院の同意を得て行政規則を発布し，ならびに，基本法84条3項の基準に従い，連邦法

---

48) ベルリン，ラインラント＝プファルツおよびザクセンにおいては，ラントの行政手続法（→§13 Rn 5）は，「その時々に妥当している〔現行の〕構文における」連邦の行政手続法の参照を指示している（ニーダーザクセン行政手続法1条も参照）．それ故，問題なのは動的な参照指示である（→§19 Rn 21）．このような参照指示の適法性について，vgl BVerfGE 47, 285, 311 ff; *Clemens* AöR 111 (1986) 63, 100 ff ——少なくとも基本権にとって重要な領域での参照指示は違憲とみなされる（さらに進んで，*Ehlers* DVBl 1977, 693 ——ラントに専属する権限領域においてラント法が連邦法への動的参照指示を行うのは無効である）．いわゆる協力的連邦主義の評価について一般的には，*Hesse* VerfR, Rn 234.

49) Vgl auch *Maunz/ Zippelius* Deutsches Staatsrecht, 32. Aufl 2008, §46 Rn 14 ff.

50) 統治活動は，基本法83条以下の意味における行政ではない．BVerfGE 105, 279, 307.〔西原博史・Ⅲ20〕あわせて参照→§1 Rn 9, 12.

律の執行についてラントを監督する権能を有する．同意法律が定めた場合には，特別の場合に個別的指示を与える権能が連邦政府に付与される（基本法84条5項）．一定の事項領域について，基本法は，義務的または任意の，連邦の委任を受けたラントによる連邦法律の執行を定めている（連邦委任行政，基本法85条)[51]．その限りにおいて，ラントの官庁は連邦の指示権と専門的監督に従う[52]．連邦が外部と直接コンタクトをとることは，場合によっては必要となるインフォーマルな取り決めを含め，禁止されるべきではない[53]．最後に，一定の事項領域（基本法87条以下・108条1項）における連邦法律の執行とその他の行政任務を，連邦は手元に留保している．基本法に特別の定めのある場合を除き，連邦とラントは，いわゆる牽連性原理（基本法104a条1項）により，その任務の遂行から生じる経費を別々に負担する．連邦が原因となった財政負担から自治体を守るために，基本法84条1項7文・85条1項2文は，連邦法律によってゲマインデおよびゲマインデ団体に任務を委任してはならないと定めている．連邦がある任務をラントに委任する場合，確かにラントは引き受けや実施を自治体に委ねることができる．けれども，その場合にはラント憲法上の牽連性規定がかかわってくる．それによれば，発生した平均的な必要経費について財政的な補償が自治体に与えられなければならない[54]．

　[15] 行政管轄権の連邦とラントへの分配は，基本法が詳細に規律している．連邦とラントの行政管轄権は，原則的に分離され，関係人の同意を得た場合でさえ，基本法が定めた事例においてのみ共同で行使されうるのである．したがって，限られた例外を別にすれば，混合行政（Mischverwaltung）——例えば，共同計画権，共同行政権および共同決定権という形態での，同じ種類の連邦行

---

51) 義務的委任行政について，基本法90条2項・104a条3項2文・108条3項参照．任意的委任行政について，基本法87b条2項・87条10項・87d条2項・89条2項3・4文参照．
52) 指示権の法的性格について，vgl BVerfGE 81, 310, 335 ff.
53) BVerfGE 104, 249 → JK GG Art 85 III/ 3.
54) 例えば，ノルトライン＝ヴェストファーレン憲法78条3項参照．全体について詳しくは，*Hennecke* NdsVBl 2007, 57 ff; NdsVBl 2008, 1 ff.

政とラント行政の混合行政——は禁じられている[55]．例外は，基本法91a〜d条・108条2項3文・120a条1項などで定められている．例えば，一連の研究施設は連邦とラントが共同で負担する．それに加えて，連邦とラントの官庁は，相互に法律上および職務上の援助を行うこと，そして緊急事態においては，権限を越えて協働すべきことを義務づけられている（基本法35条）．

　[16] ラントは，その行政管轄権の領域において，諸ラントに共通の任務を遂行するために，協定により共同の施設を設置する可能性を有する．その際，この協定は，とくに，放送とテレビ（例：第2ドイツテレビ［ZDF］），学問と教育（例：シュパイヤー行政大学院，学生在籍権の授与に関する中央機関）ならびに文化（例：諸ラントの文部大臣常設会議の事務局〔セクレタリアート〕）に集中している．全体につき詳しくは→§7 Rn 22 f.

3. 法治国家性

　[17] 行政と行政法にとって重大な意義を有するのが，基本法の法治国家への信条告白である[56]．法治国家への拘束は，基本法28条1項1文において，ラントの憲法秩序にとっても構造原理の1つであることが明確に表現されている．法治国家原理の最も重要な構成要素，例えば，憲法・法律および法への拘束（基本法20条3項），基本権の効力（基本法1条3項），そして裁判的救済の保障[57]（基本法19条4項）は，基本法のその他の条文においてより具体的

---

55) Vgl BVerfGE 63, 1, 38 ff; 108, 169, 182; 119, 331, 365 → JK 10/ 08 GG Art 28 II/ 30, 331, 364 f. 連邦とラントの二重管轄権の禁止についても参照，BVerfGE 67, 299, 321; BVerfGE 104, 249, 264 ff → JK GG Art 85 III/ 3, *Oebbecke* in: Isensee/ Kirchhof IV, §136 Rn 10. また，経済的領域において，それぞれの固有の任務の遂行における（例えば，社会参加の形式での）組織的協力も許される．

56) 法治国家原理について参照，*Kunig* Das Rechtsstaatsprinzip, 1986; *Sobota* Das Prinzip Rechtsstaat, 1997; *Schmidt-Aßmann* in: Isensee/ Kirchhof II, §26 Rn 21 ff; *Benda* in: ders/ Maihofer/ Vogel, HdbVerfR, §17, 719 ff.

57) 基本法19条4項の裁判的救済の保障と区別されるべきなのが，一般的な（とくに民事法上の争訟において差し迫ったものとなる）司法保障請求権（Justizgewährungsanspruch）である．それは主に法治国家原理から直接導き出される（BVerfGE

に規定されている.このような場合には,一般的な法治国家原理に遡及する必要はない.しかしながら,この原理は,憲法の個々の保障の総称以上のものである.法治国家原理は,〔個々の保障を〕束ねる機能を超えた独自の意味内容を有するのである[58].

[18] 連邦憲法裁判所は,法治国家原理を基本法の基本原理の1つに数えている[59].それは,「指導理念」[60],憲法原則であり,客観的な所与の事実に応じて具体化を要する[61].形式的法治国家と実質的法治国家が区別されるのが普通である.形式的法治国家は,国家のすべての権力行使が法律に従って審査されうる国家を指す.実質的法治国家にとって本質的なことは,正義を含む一定の内容(例えば,すべての国家権力の比例性)に国家を関連づけることである[62].基本法の法治国家概念は,形式的理解と実質的理解のどちらも取り入れている[63].そうであれば,ドイツ再統一後に民事法学者ベルベル・ボーライ(Bärbel Bohley)が行った発言,「われわれは正義を望んだ,そして法治国家を手に入れた」は,法学的には疑問符が付いたものとみられる.

[19] 法治国家原理の行政法への影響は,きわめて多様かつ多数なので,ここで詳細に記述することはできない[64].行政の法律への拘束ならびに基本権

85, 337, 345; 107, 395, 401, 407 f).〔両者の〕境界確定は,問題となりうる.それ故,〔公共事業〕入札法(Vergaberecht)における第一次権利保護の排除(批判的なのは→ §3 Rn 95 f)は,基本法19条4項ではなく,司法保障請求権に照らして審査されるべきである(BVerfGE 116, 135, 149 ff〔太田航平・Ⅳ10〕→ JK GG Art 20 III/ 43).

58) 異説は,*Kunig*(Fn 56)85 ff, 481 ff; *Schnapp* in: v Münch/ Kunig, GGK II, Art 20 Rn 24; wie hier *Schmidt-Aßmann* in: Isensee/ Kirchhof II, §26 Rn 8 f.
59) BVerfGE 1, 14 ff, 33〔布田勉・Ⅰ76〕; 20, 323, 331.
60) BVerfGE 2, 380, 403.
61) BVerfGE 7, 89, 92 f.
62) BVerfGE 20, 323, 331; 52, 131, 144 f; 70, 297, 308. Krit *Schnapp* in: v Münch/ Kunig, GGK II, Art 20 Rn 22; *Sobota*(Fn 56)457. 正義は,超実定法と同一視されるべきではない.むしろ,実定憲法(基本法1条1項など)からも正義の要請が導き出される.
63) 何よりもまず参照,*Schmidt-Aßmann* in: Isennsee/ Kirchhof II, §26 Rn 18 f.
64) Vgl dazu *Kunig*(Fn 56)373 ff, 421 ff, 438 ff; *Sobota*(Fn 56)27ff, 140 ff u passim. 無矛盾性〔矛盾からの自由〕の原則については,Rn 11を参照.

への拘束（基本法1条3項），法治国家的手続要請ならびに行政の法治国家的行為基準についてのみ，簡単に触れることにする．

[20] a) **行政の法律への拘束**．行政は，法律の留保（→ §2 Rn 40 ff）も，法律の優位（→ §2 Rn 39）も，どちらも尊重しなければならない．一方では，その活動は法律の授権根拠の存在にかかっているのであり（法律の留保），他方では，法律に違反する措置が講じられてはならないのである（法律の優位）．執行の不足は，執行されるべき法律の憲法適合性とは原則としてかかわりがない．それに対して，市民の権利領域への介入を授権する法律が大々的に不平等に適用された場合（構造的な執行の不足）には，このことは基本法3条1項に違反するが故に法律の違憲性という結果を招来することもありうる．それ故，連邦憲法裁判所は，矛盾しているため徴税が実施されないことを意図した租税規範は憲法上正当化されないことを認めたし[65]，連邦行政裁判所は，利用可能な兵役義務者と，連邦軍の必要人員ならびに恣意的な徴兵実務との間に重大な欠陥がある場合には，兵役義務に関する規定は平等違反になることから出発している[66]．同様に，国家によるスポーツくじの独占は，それ自体としては正当化されるのであるが，立法者が，法律の適用が一貫して欲望の危険の撲滅という目標に向けられていることを，構造的な準則によって確かめることを怠った場合には，基本法12条1項の職業の自由と一致しないことが証明されることがありうる[67]．

b) **行政と基本権**．すでに述べたように，基本権は，全行政を，私法的に組織された行政や，あるいは私法的に活動する行政（→ §3 Rn 91）も含めた全行政を拘束する．このことは，特殊な法関係ないしは特別な地位関係にもあてはまる．これらは，以前は特別権力関係とも呼ばれてきたものである（→ §2 Rn 45）[68]．その下に，個人の国家への密接なかかわりを基礎づける関係が理解さ

---

65) BVerfGE 84, 239 ff; 110, 94 ff.
66) BVerwGE 122, 331 ff.
67) BVerfGE 115, 276, 309 ff〔井上典之・Ⅳ6〕→ JK GG Art 12/ 13.
68) Vgl *O. Mayer* VwR I, 101 f. これについて詳しくは，*Erichsen* FS H. J. Wolff, 1973,

れる．なぜなら，個人は国家の施設の内にとどまり，あるいはそこで活動するからである．それ故，例えば，官吏，兵士，公立学校の生徒，学生，受刑者または公共施設（劇場や博物館・美術館など）の利用者である．このような法関係において，個人は，行政内部の「営造物経営における歯車」[69]なのではなく，権利主体なのである．それ故，基本権の保護がここにかかわる[70]．基本権の保持者は，特別の法関係に入り込むことによって，自己の基本権やその行使を放棄するわけではない．それ故，「承諾する者に不法は生じない（volenti non fit iniuria）」の格言は，ここでは通用しない．なぜなら，（受刑者の場合のように）強制が行われている場合もあるし，市民が国家の給付に頼らざるをえないときに，国家の権力を，個人にその基本権の放棄を強制するために用いることは許されないからである．確かに，基本法17a条1項や33条4項・5項のような規定は，基本権が特別の法関係においては，行政法上の一般準則に従い，それ以外の場合に許されるよりもさらに強く制限される場合があることを明らかにしているのであるが[71]．

[21] 基本権は，内容的に様々な効力を発揮する．主観的権利としては，基本権は，まず第一に，国家に対する市民の防禦権であり，それ故，行政に対して，個人の自由への正当化されない介入を行わないこと，そして違法な介入の結果を除去することを義務づけている[72]．正当化されない介入とは，とりわけ，介入が法律上の授権根拠に基づいていない場合，許されない目的を追求した場

---

219 ff; *Ronellenfitsch* DÖV 1981, 933 ff; *ders* VerwArch 73 (1982) 245 ff; *ders* DÖV 1984, 781 ff; *Loschelder* Vom besonderen Gewaltverhältnis zur öffentlich-rechtlichen Sonderbindung, 1982; *Hesse* VerfR, Rn 321 ff.

69) しかし，特別権力関係の理論ではこうなのである．Vgl *Fleiner* Institutionen des Deutschen Verwaltungsrechts, 8. Aufl 1928, §4, 66.

70) 連邦憲法裁判所は，このことを受刑者決定（BVerfGE 33, 1, 10 ff〔室井力・Ⅰ43〕）ではじめて確認した．

71) 基本権の放棄について詳しくは，*Sachs* in: ders (Hrsg), GG, 5. Aufl 2009, Vor Art 1 Rn 52 ff.

72) 基本権からの結果除去請求権の導出について，vgl *Schoch* VerwArch 79 (1988) 1, 34 ff.

合，または過剰制限禁止（Rn 24）に違反した場合である．次に，一定の前提の下では，私人の違法な介入からの保護を求める個人の請求権が基本権から引き出される[73]．この保護義務は，行政と裁判によって，法的に可能な範囲内で，法律上の根拠がなくても実現されるべきである[74]．保護措置を求める（裁判で実現可能な）権利を個人が有するのは，過少保護禁止（Rn 24）が侵害された場合にはじめてである（異説がある）．実務上とくに重要なのは，警察ないし秩序官庁またはその他の危険防禦のために活動する官庁の介入に関して，瑕疵のない裁量決定を求める個人の請求権である．この権利は，確かに，基本権から直接ではなく，通常の法から，個人の権利に危険がある場合に引き出されるのである[75]．さらに，基本権規定は，大学の場合のように，国家的制度を組織的に内容形成するにあたって，主観的権利を強化する基準を含むことがある[76]．最後に，基本権は手続法上の意義を有する．ここで考えられているのは，そもそも行政手続においてはじめて実現されうる基本権（兵役拒否権や庇護権など）にとどまらない．むしろ，実体的基本権の地位を予防的に保護するための手続上の権利が，基本権から引き出されるのである[77]．例えば，基本法12条1項は，公的ポストは原則として公募すること[78]，そして行政手続の前段

---

73) 国家の基本権保護義務について参照．例えば，BVerfGE 39, 1, 42 ff〔嶋崎健太郎・Ⅰ8〕; 46, 160, 164〔青柳幸一・Ⅰ2〕; 77, 170, 214 f; 79, 174, 201 f; 88, 203, 251 ff〔小山剛・Ⅱ7〕; 120, 274, 319 ff〔石村修・Ⅳ32〕; *Dietlein* Die Lehre von den grundrechtlichen Schutzpflichten, 1992, 26 ff; *Jarass* in: FS 50 Jahre Bundesverfassungsgericht, Bd Ⅱ, 2002, 35, 39 f〔ハンス・D・ヤラス（土屋武訳）「基本権：防御権と客観的原則規範」同『現代ドイツ・ヨーロッパ基本権論』（中央大学出版部，2011年）101頁以下〕; *Szczekalla* Die sogenannten grundrechtlichen Schutzpflichten im deutschen und europäischen Recht, 2002.

74) BVerfGE 84, 212, 227; 96, 56, 64.

75) Grdl BVerwGE 11, 95, 98. Vgl auch *Dietlein*（Fn 73），204 ff; *Schoch* in: Schumidt-Aßmann/ ders, Bes VwR, 2. Kap Rn 115.

76) Vgl BVerfGE 35, 79, 120 ff〔阿部照哉・Ⅰ32〕; Sachs in: ders（Fn 71）Vor Art 1 Rn 34.

77) Vgl BVerfGE 63, 131, 143.

78) Vgl BVerfGE 73, 280, 296.

階で関係人が応募のために必要な情報を自由に使えるようにすることを義務づけている[79]。基本法19条4項と結びついた33条2項からは，(法律上の権利保護を可能にするために) 公務員のポストの付与を競争相手に通知する国家の義務が生じる[80]。基本法2条2項1文は，生命と健康を保護するための予防措置を要請するだけでなく，例えば，原子力法上の認可手続[81]や妊娠中絶[82]の事例において，それにふさわしい手続を形成することをも要請している。さらに，所有権の制限が現実化する際には，場合によっては必要になる補償が，少なくとも土地に対しては，同時に決定されるべきである[83]。それに対して，基本権は，通説によれば，本源的な配分請求権や給付請求権を裏づけるものではない[84]。

[22] 客観的秩序の要素としては，基本権は憲法上の基本決定であって，すべての国家権力は，そこから指針と刺激を受け取るのである[85]。立法者は，基本権の前提を作り出すよう，幾重にも義務づけられている。例えば，基本法14条1項2文によれば，所有権の限界だけでなく，内容も法律によって定められなければならず，このことは必然的にそれに先立つ立法者の活動を必要と

---

79) BVerwGE 118, 270, 271 ff → JK GG Art 12 I/ 71. 基本法12条1項によって命じられた，破産管理人の仮選任 (Vorauswahl) の際の手続の適切な内容形成について，vgl BVerfG-K NJW 2004, 2725 → JK GG Art 19 IV/ 26.
80) Vgl BVerfG-K NJW 1990, 501; DVBl 2002, 1633; DVBl 2002, 1524 → JK GG Art 33 II/ 19; BVerwGE 118, 370 → JK GG Art 19 IV/ 25.
81) BVerfGE 53, 30, 59 ff. 〔笹田栄司・Ⅰ9〕
82) Vgl BVerfGE 88, 203, 296 ff. 〔小山剛・Ⅱ7〕
83) BVerfGE 100, 226, 246. 〔玉蟲由樹・Ⅲ56〕
84) Vgl *Stern* StR III/ 1, § 67; *Pieroth/ Schlink* (Fn 14) Rn 78 ff, 104 FF. 基本法7条4項について，vgl aber BVerfGE 75, 40, 62 f; BVerfGE 90, 107 ff 〔井上典之・Ⅱ35〕(国家の保護義務と促進義務)。社会国家原理と結びついた基本法1条1項について，vgl BVerfG NJW 2010, 505 (人間の尊厳にかなった最低限度の生活の保障を求める基本権)。〔= BVerfGE 125, 175. 工藤達朗・Ⅳ53 ― Hartz IV〕.
85) 指針となるのは，BVerfGE 7, 198, 205. 〔木村俊夫・Ⅰ24〕さらに参照，zB BVerfGE 73, 261, 269.

するのである．研究および教授の保障（基本法5条3項1文）または結社の自由の保障（基本法9条1項）は，国家が大学のような学問的施設を自由に利用させず，あるいは私的な結合を形成するための法的自立性を仲介する組織形式（例えば，権利能力を有する結社または団体の形態）を自由に利用させない場合には，大幅に空回りしてしまう．立法者と並んで行政も，可能な限り，現実的自由を保障すること，すなわち，基本権によって保護された法益を実現するための諸前提を作り出すことを要請されている[86]．国家の法主体ないし機関の活動を求める基本権上の請求権は，ここでも（Rn 21）過少保護禁止（Rn 24）が侵害されたときにはじめて存在する．

[23] c) **法治国家原理と行政手続**．法治国家原理から，公行政の組織と手続についての要請も生じる．それらは，基本権からすでに獲得されるべき指令を超えたものである[87]．組織的なものに関していえば，とくに，市民にとって理解しやすい明確な管轄権と責任が作り出されなければならない[88]．手続的には，手続の結果によってその権利を直接制約される可能性のある人に対して，聴聞または呼び出しが必要である．法治国家によって要請されているのは（→ §13 Rn 10 ff)．さらに，例えば，事実状況と法状況を包括的に解明する義務，行政手続における予断をもった職務行使の排除，原理的に代理人または補佐人を利用する関係人の権利，ならびに行政行為の原則的な理由づけと公表である．行政立法の領域に妥当するのが，公布の要請である（→ §19 Rn 23）．このこと

---

86) この点につき基礎的なのは，*Hesse* VerfR, Rn 290 ff.〔初宿＝赤坂訳・前掲注8）191頁以下〕

87) 以下について参照．*Kopp* Verfassungsrecht und Verwaltungsrecht, 1971, 54 ff; *Kunig* (Fn 56) 36 ff; *Schmidt-Aßmann* in: Isensee/ Kirchhof Ⅱ, §26 Rn 75 ff. さらに，注8)・9)にあげた文献を参照．

88) 国家行政の組織と管轄権の規律は，法律による規範化を必要とする．規範化の程度は原則的なものだけではないが，全般的なものでなくてもよい．Vgl BVerfGE 40, 237, 250; *Schmidt-Aßmann* FS H. P. Ipsen, 1977, 333, 345 ff; *Maurer* §21 Rn 66（――法律の根拠を要する―― Errichtung と，――法律の根拠を要しない―― Einrichtung が区別されている）．

は，命令（→ §2 Rn 49），規則（→ §2 Rn 56）および外部的効果を伴う行政規則（→ §2 Rn 68）にかかわる．さらに，法治国家原理からは，（ヨーロッパ連合法や，民主制原理または基本権のような他の憲法上の保障とともに作用して）行政の公開性の原則が引き出される（→ §1 Rn 68 ff）[89]．

[24] d) 法治国家の行為準則．さらに，法治国家原理ないし基本権は，行政のさらなる行為準則を含んでいる．例えば，法的安定性の原則，具体的妥当性の原則ならびに過少保護禁止および過剰制限禁止である．そして例えば，行政手続法48条・49条の規定は，一方では法律適合性の原理（基本法20条3項）と，他方では法的安定性（ないし信頼保護）との衡量に基づいている[90]．法的安定性と信頼保護は，恒常的な行政実務による行政の自己拘束の場合に重要な位置を占める[91]．具体的妥当性の観点は，免除を付与し，あるいは災害補償を与えるように行政に強いることがありうるのである[92]．過少保護禁止は，国家権力の担い手に対して，法によって（ここでは憲法によって）命じられた最低水準を下回らないことを要請する[93]．例えば，立法者と（法律に基づく）行政は，基本法2条2項1文によって，生まれていない生命を実効的に保護するよう要請されている[94]．とくに重要なのが，過剰制限禁止である．過剰制限禁止は，（立法者と同じく）行政に対し，正当な目的を追求するにあたって，適合的で，必要で，かつ比例的な（相当な）手段のみを用いるように義務づけ

---

89) これについて詳しくは，*Scherzberg* Die Öffentlichkeit der Verwaltung, 2000, 289 ff.
90) 信頼保護の原則について，vgl *Bullinger* JZ 1999, 905 ff. この点につき詳しくは→ §24 Rn 19 ff.
91) Vgl *Scheuing* VVDStRL 40 (1982) 153 ff; *Hoffmann-Riem* ebd, 187 ff; *Raschauer* ebd, 240 ff.
92) 補償を義務づけられた内容規定という法類型（Rechtsfigur）について，参照，BVerfGE 58, 137, 147, 149 f; 100, 226 ff.〔玉蟲由樹・Ⅲ56〕
93) この法類型について参照，*Scherzberg* Grundrechtsschtz und „Eingriffsintensität", 1989, 208 ff; 基本法14条の枠内では，*Ehlers* VVDStRL 51 (1992) 211, 216 ff.〔本書第Ⅳ論文〕
94) BVerfGE 88, 203, 254.〔小山剛・Ⅱ7〕

ている[95]．講じられた措置は，追求された目的を実現するものでなければならず（適合性），名宛人に対して（複数の可能かつ適合的な措置のうち）絶対必要なもの以上の不利益を与えることは許されず（必要性），そして，追求された効果と比例しない不利益に至ることは許されない（狭義の比例性または相当性）[96]．過剰制限禁止が給付行政をも拘束するかどうかは，十分明らかになっているわけではない[97]．この問題は肯定的に答えられるべきだろう．なぜなら，給付の受給者も，適合的でなく，必要でなく，あるいは不相当な行為拘束からの保護を必要とするからである[98]．ヨーロッパ連合法における過剰制限禁止の適用については，§5 Rn 4 を参照．

4. その他の憲法上の委任

[25] 従来とは異なり，憲法は，国家性の制限と抑制としての効力だけでなく，国家行為の指導としての効力を発揮している[99]．憲法上の委任は，基本権規定から解釈によって引き出されるだけではない．むしろ，基本法は明文の委任を含んでいる．その例として，社会国家原理（基本法20条1項・28条1項1文）ならびに男女同権を促進する国家の義務（基本法3条2項2文），婚姻と家族を保護する義務（基本法6条1項）および自然的生活基盤と動物を保

---

95) 必要性の審査と相当性の審査は，国家が基本決定として尊重しなければならない他の法的地位（基本権など）との衡量を前提とする．
96) 詳しくは，*Hirschberg* Der Grundsatz der Verhältnismäßigkeit, 1981; *Dechsling* Das Verhältnismäßigkeitsgebot, 1989; *Stern* FS Lerche, 1993, 165 ff; *Bleckmann* JuS 1994, 177 ff; *Remmert* Verfassungs- und Verwaltungsrechtageschchtliche Grundlagen des Übermaßverbotes, 1995; *Krebs* Jura 2001, 228 ff.
97) 否定的なのは，zB *Erichsen* Jura 1988, 388; *Mußgung* VVDStRL 47 (1989) 112, 126 ff. 異なる見解は，*Haverkate* Rechtsfragen des Leistungsstaates, 1983, 14 ff, 174 ff.
98) Vgl *Heydemann* Die Durchsetzbarkeit von Verhaltensbindungen im Recht der begünstigenden Verwaltung, 1995, 111 ff.
99) *Badura* in: Kitagawa ua (Hrsg), Das Recht vor der Herausforderung eines neuen Jahrhunderts: Erwartungen in Japan und Deutschland, 1998, 174, 157.

護する義務（基本法 20a 条）をあげることができる．これらの委任を具体化する義務は，まず第一は立法者に課せられている[100]．しかし行政にとっても，これらの委任は多面的な観点で重要である．一方では，不確定的法概念を解釈し，裁量の余地を行使する際に，これらの委任が考慮されなければならない．他方では，例外的な場合には，これらの委任から行政の直接の行為委任が生じる．例えば，社会国家原理は，緊急の場合には迅速かつ杓子定規ではない救助を個別事例で行うよう，行政を義務づけているのである．

〔訳者注〕

* 本論文は，ハンス＝ウーヴェ・エーリヒセン，ディルク・エーラース編『行政法総論（第14版）』（Hans-Uwe Erichsen, Dirk Ehlers (Hrsg.), Allgemeines Verwaltungsrecht, 14. Aufl., 2010）の第1章「民主的かつ社会的法治国家における行政と行政法」（Verwaltung und Verwaltungsrecht im demokratischen und sozialen Rechtsstaat）の第6節「憲法と行政法」（Verfassungsrecht und Verwaltungsrecht）を翻訳したものである（同書237～251頁）．
** 原著の欄外番号（Rn）は，パラグラフの初めに〔　〕で表記した．
*** 注で引用された連邦憲法裁判所の判決・決定のうち，ドイツ憲法判例研究会編『ドイツの憲法判例（第2版）』（信山社，2003年），『ドイツの憲法判例Ⅱ（第2版）』（信山社，2006年），『ドイツの憲法判例Ⅲ』（信山社，2008年），『ドイツの憲法判例Ⅳ』（信山社，2017年刊行予定）に収録または収録予定のものは，〔担当者名・Ⅰ～Ⅳおよび項目番号〕を注記した．
**** 第5節（§5）「ヨーロッパ法と行政法」に対応する同書第12版（2002年）の翻訳「ヨーロッパ共同体法が行政法に与える影響」が，ディルク・エーラース『ヨーロッパ・ドイツ行政法の諸問題』（中央大学出版部，2008年）に収録されている．

---

100) 社会国家原理について参照，BVerfGE 1, 97, 104 f; 8, 274, 329; 22, 180, 204; 27, 253, 283; *Stern* StR I, §21.〔赤坂ほか訳・前掲注29）257頁以下〕

VI. 基本法140条

Art. 140 GG, in: M. Sachs (Hrsg.), Grundgesetz. Kommentar, 7. Aufl., 2014, S. 2546 ff.

吉 岡 万 季・村 山 美 樹 訳
Übersetzung von Maki Yoshioka/Miki Murayama

目 次

基本法140条［国家と宗教に関するワイマール憲法の規定の効力］
  A. 成　　立
  B. 基本法における地位
  C. 国家教会法と宗教法の概念
  D. 国家教会法（宗教法）の法源
  E. 国家教会法（宗教法）の原理
  F. 立法権限と行政権限
  G. 国際法とヨーロッパ法の影響

ワイマール憲法136条［信教の自由の効果，権利制限の禁止，行為の強制の禁止］
  A. 概　　略
  B. 市民と公民の権利と義務の効力（1項，2項）
    Ⅰ. 権利の平等
    Ⅱ. 義務の平等
  C. 沈黙の権利（3項）
  D. 宗教の強制が許されないこと（4項）

ワイマール憲法137条［宗教社団］
  A. 概　　略
  B. 国の教会の禁止（1項）
  C. 宗教的結社の自由（2項）
  D. 宗教共同体の自己決定権（3項）
    Ⅰ. すべてのものに妥当する法律の制限
    Ⅱ. 個別の諸事例
    Ⅲ. 権利保護に関する帰結
  E. 権利能力の取得（4項）
  F. 公法上の社団としての宗教共同体（5項）
    Ⅰ. 概　　略
    Ⅱ. 社団としての権利の付与
    Ⅲ. 社団の権利の喪失
  G. 課税権（6項）
  H. 世界観共同体
  J. 立 法 管 轄

ワイマール憲法138条［国家給付；教会財産］
  A. 概　　略
  B. 国家給付の有償廃止（1項）
  C. 財産的価値に関する権利（2項）
    Ⅰ. 保 護 領 域
    Ⅱ. 制　　限

ワイマール憲法139条［日曜日・祝日の休息］
  A. 概　　略
  B. 日曜日および国家的に承認された祝日
  C. 労 働 休 息
  D. 精 神 向 上

ワイマール憲法141条［公の営造物における宗教的行為］
  A. 概　　略
  B. ワイマール憲法141条の構成要件
  C. ワイマール憲法141条の法効果
  D. 内容形成的規律

基本法140条
［国家と宗教に関するワイマール憲法の規定の効力］

　1919年8月11日のドイツ国憲法（ワイマール憲法）の第136条,第137条,第138条,第139条及び第141条の規定は,この基本法の構成部分である.

A. 成　　立

　[1]　基本法140条は,二重の**憲法の妥協**（Verfassungskompromiss）の結果をあらわしている[1]．一方では,基本法制定会議において国家と教会の関係の新規定についての合意に達することはできなかった．その結果,ワイマール憲法の主要な教会条項が引き継がれた[2]．他方では,既にワイマール憲法の審議において,〔論者の〕考えには大きな隔たりがあった．その結果,討議を経てはじめて,教会条項についての議決においては社会民主主義者達が,そして学校条項についての議決において市民の権利（civil rights）を擁護しようとする政党が相互に譲歩するという手段を用いて,憲法の諸規定について合意をみることができた[3]．

　※1　訳者注：本稿は,*Ehlers*, Art. 140 GG, in: Sachs (Hrsg.), Grundgesetz. Kommentar, 7. Aufl., 2014, S. 2546-2607 を訳したものである．本稿において,149頁-211頁[21]（原文 S. 2546-S. 2576[21]）については吉岡が,211頁[22]-277頁（原文 S. 2576[22]-S. 2607）については村山が訳を担当した．

　※2　訳者注：本稿において,基本法およびワイマール憲法の条文を訳するにあたっては,初宿・高田編訳『ドイツ憲法集〔第7版〕』（信山社,2016年）を参考にした．

1)　*Hollerbach* VVDStRL 26 (1968), 57 (59).
2)　JöR 1 (1951), 899 ff.; 簡潔な説明については,*Campenhausen/Unruh*, in: v. Mangoldt/Klein/Starck III, Art. 140 Rn. 2 ff. これについてより詳しくは,*Kästner*, in: BK, Art. 140 Rn. 1 ff.
3)　*Ebers*, Staat und Kirche im neuen Deutschland, 1930, S. 108 ff.; *Huber/Huber*, Staat und Kirche im 19. und 20. Jahrhundert, Bd. IV, 1988, S. 107 ff. Vgl. auch *Israel*, Geschichte des Reichskirchenrechts, 1922; *Richter*, Kirche und Schule in den Beratungen

B. 基本法における地位

[2] 基本法 140 条は，4 条 1 項，2 項とともに国家教会法の最も重要な諸規範の一部である．静態的指示規定（statischen Verweisung）で基本法に編入されたワイマール憲法の条文は，「**完全に有効な憲法**」であり，基本法の他の諸規定よりも劣位にたつものではない[4]．〔ワイマール憲法とは〕コンテクストが異なり，とりわけ基本法 4 条 1 項，2 項と密接な関連性があるために，編入されたワイマール憲法の条文の意味内容は，今日ではワイマール時代のそれとは異なる部分がある[5]．一方で基本法 140 条の，そして他方で基本法 4 条 1 項，2 項の保障は，有機的な全体を形成し，またそれゆえ互いに調和する形で解釈されなければならない[6]．両条文は同一ではないが[7]，基本法 4 条 1 項，2 項が個人の宗教の自由も集団の宗教の自由も包括するために（そしてそれゆえ，基本法 19 条 3 項にもかかわらず，同条項は外国の宗教共同体にも役立つために），かなりの部分で重なり合う．宗教の自由は宗教法[8]の基盤を形成するものであり，それは宗教の平等（特に基本法 3 条 1 項，3 項）によって補わ

---

der Weimarer Nationalversammlung, 1996.
4) BVerfGE 19, 206 (219).
5) 根拠は，*Smend* ZevKR 1 (1951), 4 ff.（2 つの基本法が同一であると述べている場合，すでにそれは同一ではない）に認められる．さらに例えば vgl. *Obermayer*, in: BK, Art. 140 (1971) Rn. 71, *Heckel* ZevKR 44 (1999), 340 (348 ff.); *Ehlers*, in: Pieroth (Hrsg.), Verfassungsrecht und soziale Wirklichkeit in Wechselwirkung, 2000, S. 85 ff.
6) BVerfGE 53, 366 (400); 70, 138 (167); *Starck*, in: v. Mangoldt/Klein/Starck I, Art. 4 Rn. 144; *Korioth*, FS Badura, 2004, S. 727 (738 ff.). ただしそれに対して vgl. auch *Walter*, Religionsverfassungsrecht, 2006, S. 3 （基本権にならった宗教憲法による，制度的に特徴づけられた国家教会法の解消）．
7) 例えば基本法 4 条 2 項は，宗教共同体に社団の地位（ワイマール憲法 137 条 5 項）を提供していない．
8) 基本権の保障（そしてその限界）による制度の規定についてより詳しくは，*Heckel* AöR 124 (2009), 309 (329 ff.).

れる．重なり合いが存在する限りにおいて，基本法 140 条は——宗教の自由と宗教の平等と調和して解釈されるべき——特別法（lex specialis）とみなされるべきである[9]．

[3] 連邦憲法裁判所[10]と通説[11]の見解によれば，基本法 140 条は**基本権あるいは基本権と同等の権利を付与していない**．それにもかかわらず，主張される基本法 140 条違反は，少なくとも通例は基本法 4 条 1 項，2 項の保護領域に該当し，また場合によっては基本法 3 条 3 項のような特別な宗教保障の保護領域あるいは 2 条 1 項の保護領域に該当するため，憲法異議の対象にすることを許されているといわれている．ワイマール憲法の教会条項は，機能的には具体化と強化の意味において宗教の自由という基本権の要求と実現を目指すものであった[12]．基本法 4 条 1 項，2 項の援用は，基本法 140 条がこの規定を超える場合にすら認められる[13]．例えば，ワイマール憲法 137 条 5 項の意味における社団の権利の授与を求める申立てを拒絶することが，同時に宗教の自由の基本権の侵害であるという可能性は排除されないとされる[14]．憲法異議が適法ならば，連邦憲法裁判所は，その判例によれば，あらゆる憲法違反（つまりワイマールの教会条項違反）も審査することができる[15]．このやり方には，説得力がない．ワイマールの教会条項の大部分は主観法的であり，そしてその

---

9) 自己決定権（ワイマール憲法 137 条 3 項）を，連邦憲法裁判所は，宗教共同体の宗教生活と宗教的活動の自由（基本法 4 条 2 項）に付け加えられる「当然の」，法的に自明な保障とみなしている．Vgl. BVerfGE 72, 278 (289).
10) BVerfGE 19, 129 (135).
11) Vgl. *Muckel*, in: Friauf/Höfling, Art. 140 Rn. 23 ff.; *Lücke* EuGRZ 1995, 651 (652).
12) BVerfGE 102, 370 (387); 125, 39 (73 f.). 客観法的な保護の保障が主観法的な保護義務へと無差別に「立ち入りすぎること（Überwirken）」に対する批判については，後記ワイマール憲法 139 条[1]参照．
13) 例えば vgl. *Pirson* EssGespr23 (1989), 43 (45).
14) BVerfGE 102, 370 (383). それを批判するものとして，*Muckel* JURA 2001, 456 (461 ff.); *Hillgruber* NVwZ 2001, 1347 ff.
15) BVerfGE 70, 138 (162); 99, 100 (119); 102, 370 (384).

意味では基本権と類似する特性を有している[16]．直接これらの規定に基づいて憲法異議を提起することに対する反対論は主張されない．なぜなら，基本法 93 条 1 項 4a 号がこの意味で広く解釈され得るからである[17]．これに対して，基本法 140 条に挙げられた諸規定の主観法的な保障がその他の合憲的権利にすぎないとみなされるならば，それらは直接的には専門裁判所の前でのみ主張することができる[18]．

[4] 基本法 140 条と基本法 4 条 1 項，2 項による分類は，保障の**制約可能性**にとっても大きな意味を持つ．ワイマールの教会条項が単純法律上の制限可能性を予定している一方，基本法 4 条 1 項，2 項は留保なく保障された基本権として衝突する憲法，すなわち第三者の基本権ならびに憲法ランクを有する共同体の価値によってのみ[19]限定することができる（*Kokott*, Art. 4 Rn. 118 ff., 124 ff.）．ワイマール憲法 136 条 1 項（公民の義務）の意味における法律上の諸規制を，連邦憲法裁判所と通説は，ワイマール憲法 136 条 1 項が基本法 4 条によって上書きされるため，考慮していない[20]．この場合特に，ワイマール

---

16) 例えばまず *Hollerbach*, in: HStR VI, 1. Aufl. 1989, §138 Rn. 145; さらに：*Ehlers*, FS Hollerbach, 2001, S. 811（829）; *Janssen*, FS Hollerbach, 2001, S. 707（710）; *Classen*, Religionsfreiheit und Staatskirchenrecht in der Grundrechtsordnung, 2003, S. 3 ff.; *Magen*, in: Umbach/Clemens, GG II, Art. 140 Rn. 22; *Mager*, in: v. Münch/Kunig, Art. 140 Rn. 5; *Germann*, in: Epping/Hillgruber, Art. 140 Rn. 22.

17) *Ehlers*（Fn. 5），S. 108. このことは手続法が実体法に従わなければならないだけに，より一層妥当する．Vgl. auch *Maurer*, FS Starck, 2007, S. 335（349 ff. - 場合によっては基本法 140 条の類推適用あるいは訴訟上の入口規範としての基本法 2 条 1 項の援用）; *Neureither* NVwZ 2011, 1492 ff. 異なる見解として，例えば *Jarass*, in: Jarass/Pieroth, Art. 140 Rn. 2; *Borowski*, Die Glaubens- und Gewissensfreiheit des Grundgesetzes, 2006, S. 322 ff. m. w. N. Auch vgl. BVerfG (K) NVwZ 2002, 1366（基本法 134 条 3 項について）．

18) *Jarass*, in: Jarass/Pieroth, Art. 140 Rn. 2.

19) BVerfGE 28, 243（260 ff.）; 108, 282（297 m.w.N.）．ラント憲法から限界づけがもたらされ得るかという問題については，vgl. *Hammer* EssGespr 41（2007），154（156）．

20) BVerfGE 33, 23（30 ff.）．Vgl. auch BVerfGE 52, 233（246）; 93, 1（31）; 108, 282（297）; *Brenner* VVDStRL 59（2000），264（290 ff.）; *Fischer/Groß* DÖV 2003, 932 ff.;

憲法135条[21]と同規定に含まれる法律の留保が基本法に編入されず、そしてそれによって基本法4条の基本権の射程と効力が強化されたことが引き合いに出される[22]。しかしながら、ワイマールの教会条項の部分的な失効という結果となるという通説的な見方に従うべきではない。いずれにせよ基本法4条1項、2項の保障を限定する（衝突する）憲法規定には、ワイマール憲法137条3項の制限留保ならびにたとえばワイマール憲法139条の意味における協会条項の内容形成権限が含まれる。ワイマール憲法136条1項（公民の義務）と同条3項2文（法律の命じること）に関しても同様である（ワイマール憲法136条[4]）。それら諸規定は法律の留保を含むため、基本法4条1項、2項によって保護される宗教の自由も、上述の範囲で比例性を守っている場合には、法律によってあるいは法律に基づいて制約されうる（法律が衝突する憲法規定を具体化するものではない場合ですら、そうである）[23]。それゆえ、個人の宗教の自由については、法律上確定した公民の諸義務の範囲においてのみ、宗教共同体の事務の処理と管理については、すべての者に妥当する諸法律の範囲でのみ

Heinig, Öffentlich-rechtliche Religionsgesellschaften, 2003, S. 132 ff.; *Korioth*, in: Maunz/Dürig, Art. 136 WRV Rn. 54 ff.; *Maurer* ZevKR 49 (2004), 311 ff.; *Sacksofsky*, VVDStRL 68 (2009), 7 (18 f.); *Maurer* ZevKR 49 (2004) 311 ff.; *Walter*, Religionsverfassungsrecht in vergleichender und internationaler Perspektive, 2009, S. 515; *v. Ungern-Sternberg*, Religionsfreiheit in Europa, 2008, S. 242.

21) ワイマール憲法135条：「ライヒ住民はすべて、完全な信仰及び良心の自由を享受する。妨げられることなく宗教を実践することは、この憲法によって保障され、国の保護を受ける。国の一般的な法律は、これによって影響を受けない。」。

22) *Waldhoff*, in: Depenheuer (Hrsg.), Zwischen Säkularität und Laizismus, 2005, S. 90 ff. m. w. N.

23) Vgl. auch BVerwGE 112, 227 (232); 異なるものとして例えばBVerwGE 116, 358 (360); *Muckel*, Religiöse Freiheit und staatliche Letztentscheidung, 1997, S. 224 ff.; *Starck*, in: v. Mangoldt/Klein/Starck I, GG, Art. 4 Rn. 84 ff., 93; *Bock* AöR 123 (1998), 444 (469 ff.); *Ehlers* (Fn. 5), 110 ff.; *Schoch*, FS Hollerbach, 2001, S. 149 (163 ff.); *Kästner* JZ 2002, 491 (493); *ders.*, in: BK, Art. 140, Rn. 218 ff.; *Heckel* AöR 134 (2009), 309 (377 f.). 反対意見（集団の宗教の自由と個人の宗教の自由との間で）として、*Morlok*, in: Dreier I, Art. 4 Rn. 111 ff.

保護される．けれどもその諸法律は，常に基本法4条1項，2項に照らして解釈されなければならない（[2]；ワイマール憲法136条[4]；ワイマール憲法137条[11]参照）[24]．

C. 国家教会法と宗教法の概念

[5] 概念上，**国家教会法**（Staatskirchenrecht）[25]の下で，まさに国家と宗教共同体あるいはその構成員の間の関係を規制する法規全体が理解される．国家教会法に代えて，宗教憲法によってあるいは（より正確には）**宗教法**という言葉も用いられる．なぜなら，国家は憲法に先行するものではなく，制度上の秩序のみならず，諸基本権もそしてまさに諸基本権が問題になり，伝統的なキリスト教の教会と並んでその他の宗教共同体が登場し，そして国際法，EU法ならびに国内の行政法が宗教に関連する諸規制を含んでいることが表現されるべきであるからである[26]．そのことは，宗教法の概念を使用することを支持する．以下では2つの概念を同義で使用する．すべての宗教共同体と世界観共同体（Weltanschauungsgemeinschaft）は平等であるために，教会（ワイマール憲法137条1項）[27]，宗教社団（例えばワイマール憲法137条3項），宗教共

---

24) 代表的なものとして vgl. BVerwGE 70, 138 (167).
25) 同概念の歴史については，vgl. *Hollerbach*, FS Schmitz, 1994, S. 869 (870 ff.); *ders.* (Fn. 16), § 138 Rn. 1 ff.; *v. Campenhausen/de Wall*, Staatskirchenrecht, 4. Aufl. 2006, S. 39 ff.
26) これについて vgl. *Häberle* DÖV 1976, 73 ff.; *Hense*, in: Haratsch u.a. (Hrsg.), Religion und Weltanschauung im säkularen Staat, 2001, S. 9 ff.; *Walter*, in: Grote/Marauhn (Hrsg.), Religionsfreiheit zwischen individueller Selbstbestimmung, Minderheitenschutz und Staatskirchenrecht, 2001, S. 215 ff.; *v. Campenhausen/de Wall* (Fn. 25), S. 39 f.; *Heinig/Walter* (Hrsg.), Staatskirchenrecht oder Religionsverfassungsrecht?, 2007; *Augsberg*, in: Holzner/Ludyga (Hrsg.), Entwicklungstendenzen des Staatskirchen- und Religionsverfassungsrechts, 2013, S. 73 ff.
27) 教会という概念は，特権的な保護を享受しない．vgl. *Winter* ZevKR 42, 372 (376). 特定の教会の氏名権（Namensrecht）については，vgl. BVerfG (K) NJW 1994, 2346

同体（基本法7条3項2文）のどの文言が用いられようとも，憲法上は違いがない．基本法7条3項2文というもっとも新しい憲法規定に倣って，原則として最後に挙げた呼称を基礎に置くことが望ましい．国家教会法（宗教法）から区別されるべきは，宗教共同体自身により定立された法から構成されている**教会法**（Kirchenrecht）（または宗教共同体の法）である[28]．

[6] 憲法上の**宗教**の概念は，国法の開かれた枠概念として[29]国家機関によって定義されるべきである．その際に，権利主体の自己理解は同時に考慮されなければならないが，ただそれだけで決定はされない（これについて vgl. Kokott, Art. 4 Rn. 16 ff.)[30]．判例は宗教を，世界全体ならびに人間の生の起源および目標に関する一定の主張について人間の人格と結びついたかたちで確信することであり，この確信の基礎には——専ら現世との関連に限定される世界観とは異なり——人間を超え，人間を包摂する（超越的な）現実があると理解する[31]．**宗教共同体**とは，最低2人以上の自然人の結合体であって，構成員の宗教的コンセンサスに支えられ，そしてこのコンセンサスが（部分的にとどまらず）包括的に証明（Bezeugung）されることを目指すものである[32]．1つ

---

  ff.; BGHZ 124, 173 ff.; OLG Düss NJW-RR 1993, 185 (186 ff.); OLG Hamb NJW 1992, 2035.

28) プロテスタントとカトリックの教会法についてより詳しくは，*de Wall/Muckel*, Kirchenrecht, 3. Aufl. 2012.

29) *Heckel* AöR 134 (2009), 309 (369).

30) 論争的な問題の詳細は，BVerfGE 24, 236 (247 ff.); 83, 341 (353); *Isensee*, Wer definiert die Freiheitsrechte?, 1980, S. 60 ff.; *Morlok*, Selbstverständnis als Rechtskriterium, 1993, S. 431 ff.; *Muckel*, Religiöse Freiheit und staatliche Letztentscheidung, 1997, S. 90 ff.; *Ehlers* ZevKR 44 (1999), 533 (534 ff.); *Mückl*, in: BK, Art. 4 Rn. 84 ff. ワイマール憲法137条3項の意味における固有の事務の規定については，後記ワイマール憲法137条[6]以下参照．

31) BVerwGE 90, 112 (115). 法概念としての宗教について網羅的には，*Classen*, Religionsrecht, 2006, Rn. 77 ff.

32) Vgl. BVerwGE 61, 152 (154); 123, 49 (54); BVerwG NVwZ 1996, 61 ff.; *Anschütz*, WRV, Art. 137 Rn. 2; *Obermayer*, in: BK, Art. 140 (1971) Rn. 43; *Poscher* Der Staat 39 (2000), 49 ff.; *Pieroth/Görisch* JuS 2002, 937 (938); *de Wall*, in: Rees/Roca/Schanda

のコンセンサスは，異なる信仰の傾向も包括し得る[33]。ある共同体が宗教共同体であるという主張[34]だけでは不十分である。それは，思想内容を十分特定せずに精神的技術を伝えそれを行使することや，ただ生活手段を与えることと同様である[35]。宗教あるいは世界観の教義が経済的目的の追求のための口実としてしか役に立たない場合，もはや宗教的・世界観的共同体という言葉は用いられえない[36]。文脈に応じて，単純法の諸規定において，宗教共同体の概念はまた異なって使用されうる[37]。また，多段式の連合（**組合連合組織**（**Dachverbandsorganisation**））も，宗教共同体たりうる[38]。けれども連合レベルでの任務遂行が，共通利益の対外的代表または構成団体の活動の調整に限定される場合には，連合はすでに宗教共同体の一部ではない。〔連合が当事者になるために〕必要なことは，宗教共同体のアイデンティティーにとって本質的な任務を組合連合の段階でも引き受けていることである[39]。諸要請は，法外なものであってはならない。原則として宗教共同体においては，構成員資格のある者で構成された結合体が問題となる。その会員資格は，明確に規定されなければならず，そして構成員（あるいはその親権者）の自由な意思によるものでなければならない[40]。組合連合においても，構成員に基づきうるものでなければならない。共同体の規模と〔設立〕年数は問題にならない。さらに，組織形態が公法上のものか私法上のものかも重要ではない。組織形態の詳細につ

(Hrsg.) Neuere Entwicklungen im Religionsrecht Europäischer Staaten, 2013, S. 789 ff.
33) BVerwGE 123, 49 (64 f.). ただし vgl. auch BVerfGE 30, 415 (425).
34) Vgl. BVerfGE 83, 341 (353).
35) BVerwGE 82, 76 (78).
36) BVerwGE 90, 112 (118); BVerwG NJW 1997, 406 (407).
37) *Muckel*, FS Listl, 2004, S. 715 (723 ff.).
38) Vgl. BVerwGE 123, 49 (54 ff. - 宗教教育を正規授業科目として行おうとするイスラム教の組合連合の観点から。); 異なる見解として，OVG NRW NVwZ-RR 2004, 492. ベルリンラント法の意味における宗教共同体の概念については，Vgl. BVerwGE 110, 326 (330 ff.).
39) BVerwGE 123, 49 ff.
40) 後記ワイマール憲法137条[**32**]参照。

いては,ワイマール憲法137条[18]参照.いくつかのいわゆる新しい共同体,例えばサイエントロジー教会(Scientology-Kirche)[41],超越瞑想(Transzendentalen Meditation)[42]あるいはオショー運動(Osho-Bewegung)[43]とそれらの下位区分が,宗教共同体なのかについては,かつて争われ,あるいは現在争われている[44].原則として,宗教共同体であることを肯定するのが妥当である.イスラム教それ自体は「教会のない宗教」[45]であるが,ドイツではますます(さまざまな)宗教共同体の形式に基づいて組織されているところである.法形式にかかわらず,一定の形で構成された教会に組み込まれた施設は,それが教会の自己理解によれば,その目的または任務に応じて教会の委託の一端を遂行し,果たすよう任ぜられている場合にはすべて,連邦憲法裁判所は(宗教共同体あるいは)**教会の付属機関(Institution Kirche)** に含める[46].そのために,私法の形式で行われる慈善そして社会奉仕活動に関する宗教共同体の施設(例え

---

41) 宗教共同体ではないとした事案は:BAGE 79, 319 ff.; 宗教共同体であるとしたものは,BGHZ 78, 274 (278); BVerwG DVBl 2006, 387 (388); VGH BW NJW 1996, 3358 ff.; EGMR NJW 2008, 495. 世界観共同体としたものは,OVG Hamb NVwZ 1995, 498 (500). 未解決とされるのはBVerfG (K) NVwZ 1993, 357 (358); BVerwGE 61, 152 (162 ff.); 105, 313 (318 ff.); OVG Brem NVwZ-RR 1997, 408 (m.w. Hinw.).
42) 疑わしいのは,BVerwGE 82, 76 (78 ff.).
43) BVerwGE 90, 112; BVerfGE 105, 279 (292 f.).
44) 全体についてより詳しくは,*Badura*, Der Schutz von Religion und Weltanschauung durch das Grundgesetz, 1989, S. 58 ff.; *Müller-Volbehr* DÖV 1995, 301 (302 ff.); *Muckel* (Fn. 23), S. 1 ff.; *Planker* DÖV 1997, 101 (106 ff.); *Winter* ZevKR 42 (1997), 372 ff.; *Kokott*, Art. 4 Rn. 17 ff.
45) *Steinbach*, Der Isram‐Religion ohne Kirche, in: Abromeit/Wewer (Hrsg.), Die Kirchen und die Politik, 1989, S. 109 ff.; *Muckel* JZ 2001, 58 (60 ff.). ドイツの組織については,Vgl. *Oebbecke* (Hrsg.), Muslimische Gemeinschaften im deutschen Recht, 2003. さらに,*Oebbecke* KuR 2009, 34 ff.
46) BVerfGE 46, 73 (85 ff.); 70, 138 (162); BAGE 58, 92 (100 ff.); 批判としては,*Wieland* Der Staat 25 (1986), 321 (343). Vgl. auch *Ehlers* ZevKR 32 (1987), 158 (160 m. Fn. 12); *Glawatz* ZevKR 51 (2006), 352 ff.

ば病院や幼稚園)[47]も含まれる[48]．教会との制度上の結びつきも宗教上の目標設定も，客観的に認識可能でなければならない．

[7]　**世界観共同体**は宗教共同体と同等の地位にあるため（ワイマール憲法 137 条 7 項），国家と世界観共同体あるいはその構成員との関係も，なお（広義の）国家教会法あるいは宗教法に属する．世界観共同体の概念については，ワイマール憲法 137 条[37]参照．

D. 国家教会法（宗教法）の法源

[8]　国家教会法（宗教法）は，本質的には**国法の諸規範**（憲法，議会法そして連邦およびラントの下位法）から構成されている．これに加えて**国際法**(例えばヨーロッパ人権条約 9 条)と **EU 法**が国家教会法の内容を有しうる([11])．その法は，一方的な設定，条約による取り決めあるいは慣習法ないし判例法にもとづきうる[49]．**国家教会条約**（Staatskirchenvertrag）という言葉は，条約締結が国家の観点から立法者あるいは議会の協力を必要とする場合に用いられる．国家教会条約の締結の許容性は，すでにラント憲法から生じていることが多い[50]．また，そのほかに条約締結に協力するかは立法者の自由であ

---

47)　これについてより詳しくは，*Wolff*, in: Beuthien/Gummert (Hrsg.), Münchener Handbuch des Gesellschaftsrechts, Bd. 5, 3. Aufl. 2009, § 51.

48)　病院については，vgl. BVerfGE 46, 73 (85 ff.); 53, 366 (391 ff.), 青少年団体，教育施設については BVerfGE 24, 236 (247); 70, 138 (160 ff.), 財団法人については VGH BW ESVGH 60, 64 ff.; *Kästner/Couzinet*, Der Rechtsstatus kirchlicher Stiftungen staatlichen Rechts des 19. Jahrhunderts, 2008. 社会奉仕活動を教会へと憲法上分類することについては一般に，*Bälz* KuR 2008, 35. 教会法については，例えば社会奉仕活動施設の教会への分類に関するドイツ福音教会常議員会の指令（Abl. 2007, 405）参照．*Munsonius*, Die juristische Person des evangelischen Kirchenrechts, 2009.

49)　慣習法については，vgl. VerfGH NW NVwZ 1982, 431 ff.; *Landau*, HStKR I, S. 333 ff.

50)　Vgl. *Ehlers* ZevKR 46 (2001), 286 (289 ff.). さらに，ワイマール憲法 138 条および基本法 123 条 2 項参照．

る[51]．条約締結の請求権は，自己拘束という方法で，基本法3条1項，3項あるいはヨーロッパ人権条約9条と結びついた14条[52]から生じる[53]．けれどもこれらの規定は，国家にいかなる差異も許さないというものではない(例えば，規制の必要性あるいは社団の性質の存在に基づく差異)[54]．教皇座との**政教条約**（Konkordate）は，典型的には国際法上の問題ではなく国家教会法上の問題を規律するものであるにもかかわらず，通説によれば国際条約の形式で締結される[55]．その他の国家教会条約は，（立法者が協力する場合そして協力する限りにおいて）**国法上の協約**（staatsrechtlicher Verträge）の地位（Rang）を有する[56]．諸条約は，事情変更の原則（clausula rebus sic stantibus）の範囲内で拘束力を展開する．条約の拘束力が，当事者間のみで，あるいは条約上の受益者(例えば教会ゲマインデ)に有利な結果になるように作用する一方で，法律上の諸規制は，事情によっては一般的拘束力も主張しうる[57]．国家教会

---

51) これに対し批判するものとして，*Renck* DÖV 1997, 929; *ders.* ZRP 2006, 87; *Czermak* Der Staat 39 (2000), 69; *ders.*, Religions- und Weltanschauungsrecht, 2008, Rn. 336 ff.

52) Vgl. EGMR Nr. 7798/08, Urt. v. 9.12.2010-Riječ Života.

53) 異なるものとして，BVerfGE 119, 1 (12 - 「完全に国家に委ねられること」)；VG Berlin KirchE 48, 243.

54) これについてより詳しくは，*Ehlers*, in: Will (Hrsg.), Die Privilegien der Kirche und das Grundgesetz, 2011, S. 75 (85 ff.); さらに *Mückl*, in: ders., HStR VII, §159, Rn. 43; *Hense*, in: Mückl (Hrsg.), Das Recht der Staatskirchenverträge, 2007, S. 115 ff. (162 ff.).

55) ライヒ政教条約の国際法的性質については，vgl. BVerfGE 6, 309 (320 ff.). *Köck*, Rechtliche und politische Aspekte von Konkordaten, 1983, S. 21 ff. 批判するものとして，*Renck* DÖV 1997, 929 (931); *Czermak* Der Staat 39 (2000), 69 (74). 政教条約の新たな発展については，*Hollerbach*, FS Häberle, 2004, S. 821 ff.

56) 争いのある最近の全体についての詳細は，*Anke*, Die Neubestimmung des Staat-Kirche-Verhältnisses in den neuen Ländern durch Staatskirchenverträge, 2000, S. 109 ff.; *Ehlers*, FS Maurer, 2001, 333 ff.; *ders.* (Fn. 54), S. 75 (81 f.); *v. Campenhausen/de Wall* (Fn. 25), S. 45 ff., 141 ff.; *Mückl* (Hrsg.), Das Recht der Staatskirchenverträge, 2007.

57) 安息日保護事例については vgl. OVG MV NVwZ 2000, 948.

法上の条約規定が憲法に反するならば，この規定は適用されてはならない[58]．条約に反する後法たる法律は，個別の事例において追求される公共の福祉の利益が宗教団体の信頼保護に優越する場合には有効である[59]．おそらく支配的見解は，それに対して立法者の，法律上の「許される」(Dürfen) と「できる」(Können) を区別している．〔通説によれば〕立法者は，条約に反する法律を公布することは原理的に許されないが，これについての公布能力は保持している，という[60]．国家教会条約を締結するための団体権限（Verbandszuständigkeit）は基本法30条，70条以下で定められ，機関権限（Organzuständigkeit）はラント首相，あるいは連邦政府にある．通常は諸ラントがその権限を持つ（[10]）．外国との関係形成は問題にならないため，政教条約の締結には，基本法32条3項，59条1項が妥当することはない[61]．そのことは，とりわけラントが，32条3項に従い連邦政府の同意を得ることなく，協約を締結することができるという結果となる．網羅的な国家教会条約は特にワイマール時代（第1世代）[62]，1950年代および60年代（第2世代），ドイツ再統一の後（第3世代），そして21世紀に入ったのち（第4世代）に締結された．その間に，すべての州で（特にカトリック教会，ラント福音教会とユダヤ系の共同

---

58) 根拠は，BVerfGE 6, 306（365）に認められる．さらに，*Hollerbach*（Fn. 16），§ 138 Rn. 51．例となる諸事例については，後記ワイマール憲法137条[1]および141条[7]参照．

59) ここで *Ehlers* ZevKR 46 (2001), 286 (302 ff.)にみるように争いがある．；これに賛意を示すものとして，*Unruh*, Religionsverfassungsrecht, 2. Aufl. 2012, Rn. 367. Vgl. auch *Wengenroth*, Die Rechtsnatur der Staatskirchenverträge und ihr Rang im staatlichen Recht, 2001, 243 ff., 254 ff. 一部異なる見解として，*Schier*, Die Bestandskraft staatskirchenrechtlicher Verträge, 2009; *Becker*, Kooperative und konsensuale Strukturen in der Normsetzung, 2005, S. 226 ff.

60) 代表的なものとして，vgl. *Kästner*, in: BK, Art. 140 Rn. 94 m.w.N.

61) Vgl. BVerfGE 6, 309 (362); *Hollerbach*, in: HStKR I, S. 253（279）．

62) これがひきつづき妥当することについては例えばノルトライン＝ヴェストファーレン憲法23条参照．基本法123条2項に基づきライヒ政教条約がひきつづき妥当することについては：BVerfGE 6, 309 (340 ff.)．

体との)国家教会条約が存在するに至った[63]。ハンブルクとブレーメンは，私法により組織されたイスラム教の共同体とも条約を締結した[64]。シュレスヴィヒ＝ホルシュタインは，これに対応する取り決めを目指し努力をしている[65]。

E. 国家教会法（宗教法）の原理

[9] 国家教会法（宗教法）はさまざまな種類の原理に基づくものであるため，基本法によってあらかじめ指定されたドイツ型国家教会法（宗教法）の体系という型どおりのパラフレーズは，困難にぶつかる。換言すれば，国家教会法（宗教法）の体系は，以下の根本的な要素から成り立っている[66]。つまり，国法の優位[67]，国家と教会との制度上の分離（ワイマール憲法137条1項），信条に対する中立性[68]，（つまり国家の世俗性，宗教的見解あるいは無神論的見解との非同一化，ならびに評価の禁止）[69]，宗教の自由，すべての宗教と世

---

63) 最近からは，たとえば2007年10月17日バーデン＝ヴュルテンベルクとバーデン福音協会およびヴュルテンベルク福音協会との条約（GBl 2008 S. 144），2009年1月12日シュレスヴィヒ＝ホルシュタインと教皇座との政教条約（GVBl SH S. 1264），さらにドイツ連邦共和国とユダヤ人中央評議会の条約（27.1.2003, BGBl I S. 1597 ff.）参照。
64) Vgl. Hamb Dr 20/5830; Brem Dr 18/727.
65) Vgl. Schl H Dr 18/1022.
66) これについてより詳しくは，*Ehlers* ZevKR 45 (2000), 201 (203 ff.).
67) 異なるものとして，世俗の法秩序における宗教共同体の地位を一方的に確定する権限を国家に認めないいわゆる同格〔等位〕理論（Koordinationstheorie）については，vgl. *Obermayer*, in: BK, Art. 140 (1971), Rn. 14, 85.
68) Vgl. BVerfGE 12, 1 (4); 19, 206 (216); 24, 236 (246); 33, 23 (28); 93, 1 (17); 102, 370 (383, 386, 394); 108, 282 ff.; BVerwGE 90, 320 (328).
69) Vgl. *Krüger*, Allgemeine Staatslehre, 2. Aufl. 1966, S. 181. これについてより詳しくは，BVerfGE 30, 415 (422); 93, 1 (17); 108, 262 (300); *Schlaich*, Neutralität als verfassungsrechtliches Prinzip, 1972, S. 236 ff.; *Huster*, Die ethische Neutralität des Staates, 2002, S. 202; *ders*. in: Heinig/Walter (Hrsg.), Staatskirchenrecht und Religionsverfassungsrecht?, 2007, S. 107 ff.; *Kästner*, in: BK, Art. 140 Rn. 121 ff.

162

界観の同権[70]，公法上の社団の地位の獲得要求および国家の文化責任（Kulterverantwortung）[71]（すなわち，意味問題が提起され，宗教の自由が現実の力を発揮することができることに対する国家の責任）[72]である．それによって，基本法は国教会思想（Staatskirchentum）や（フランス型）ライシテ（Laizismus）の支持を表明しているのではなく，むしろある社団が宗教共同体という性質を持つことを可能にし，そしてまた国家による宗教共同体の助成[73]を（中立性原則と平等原則が考慮される限りにおいて）不可能にしない国家教会法秩序へ

70) 基本法3条1項によれば，段階的な平等の体系が存在する．宗教の核心的地位に関しては一切の取り扱いの差異（他の信仰者の排除と同様に，特定の信条への特権を付与すること，vgl. BVerfGE 108, 282, 299）が禁止される一方で，他の諸事例において公法上の宗教共同体と私法上の宗教共同体の間での区別や，規模に応じた区別（例えば，ラジオ放送局評議会における代表者，vgl. *Cornils* ZevKR 54, 2009, 417 (432)) は許される．これについてより詳しくは，*H. Weber* NJW 1983, 2541 (2543 ff.); *Heckel*, HStKR I, S. 589 ff., 623 ff.; *Jeand' Heur/Korioth*, Grundzüge des Staatskirchenrechts, 2000, Rn. 168 ff. 許されないのは，国家による教会論に関する（ekklesiologische）評価である．ただしそれに対して，vgl. *Kirchhof* EssGespr 39 (2005), 105 (116). 同論文によれば，国家は助成の際，共同体の重要性によって教会の活動を区別することが許される．また後記ワイマール憲法137条[21]参照．国家教会法（宗教法）において，基本法3条3項1文の個別的平等原則はこれまでほとんど展開されていない．これについて，vgl. *Ehlers* ZevKR 45 (2009), 253, 259 ff. 全体についてより詳しくは，*Schrooten*, Gleichheitssatz und Religionsgemeinschaften, Diss. 2014（未公刊〔訳者注：2015年公刊〕）．

71) Vgl. *Obermayer*, Staat und Religion, 1977, S. 9 ff. また *Mikat*, Religionsrechtliche Schriften, Bd. 1, 1974, S. 316 ff.（精神的な生存配慮）もみよ．（その）法的性質によれば，意味責任とは，宗教と世界観のための客観的な種類の憲法上の保護義務である．

72) そのことは，国家の施設にも生じうる．例えば宗教教育の実施（基本法7条3項）によるもの，あるいは公の営造物における司牧の許可（ワイマール憲法141条）によるものがこれにあたる．

73) 代表的なものとして Vgl. *Robbers*, HStKR I, S. 867 ff.; さらに BVerfGE 108, 282 (300)：「基本法4条1項および2項はまた積極的な意味において，信仰の確信の積極的な活動と世界観的-宗教的領域での自律的な人格の実現のための余地を確保するよう命じている．」また後記ワイマール憲法137条[2]参照．

の支持を表明している．それゆえ，**友好的分離**（wohlwollende Trennung）[74] あるいは**調和的な** [75] **分離**（koordinativen Trennung）[76] という言葉が用いられうる．国家教会法（宗教法）は核心が国法（特に憲法，その他国際法あるいはEU法）であるため，解釈と適用につき，同一の基準が妥当する[77]．原則としてドイツの国家教会法と宗教法の体系はその有効性が実証されてきたのであり，そしてそれゆえに将来の憲法も完全に新たな秩序を形成する必要はない[78]．

F. 立法権限と行政権限

[10] 立法権限と行政権限は，基本法30条，70条以下，83条以下によって原則として**ラント**に置かれている．ワイマール憲法10条1号とは異なり，

---

74) Vgl. *di Fabio*, Gewissen, Glaube, Religion, Wandelt sich die Religionsfreiheit?, 2. Aufl. 2009, S. 28.
75) *Stumpf/Zaborowski* ThürVBl 1999, 197 (200).
76) Vgl. auch *Stutz*, Die päpstliche Diplomatie unter Leo XIII. nach den Denkwürdigkeien des Kardinals Demenico Ferrata, Abh. Preuß. Aklademie der Wissenschaften, Jg. 25 phil.-hist. Kl., Einzelausgabe, 1926, S. 54, Anm. 2 において，*Stutz* は不完全分離（hinkende Trennung）という言葉を用いている．同様に，BVerfGE 42, 312 (331); *Hassemer/Hömig* EuGRZ 1999, 525 (530); 批判的なものとして，*de Wall* ZevKR 46 (2001), 356 (358); *Pirson*, FS Maurer, 2001, S. 414 ff. より厳格な分離を支持するものとして，*Fischer*, Volkskirche ade!, Trennung von Staat und Kirche, 4. Aufl. 1993, S. 13 ff. 批判的なものとしてまた，*Haupt*, in: Will (Hrsg.), Die Privilegien der Kirchen und das Grundgesetz, 2011, S. 103 ff.
77) そのことは今日では放棄された同格〔等位〕説によって異議を唱えられていた（同説によれば，国家と教会は合意しなければならない）．Vgl. *Ehlers* (Fn. 5) S. 85 ff.（憲法の条文は同一のままであるにもかかわらず，国家教会法において潮流が異なることについても）．
78) 全体についての詳細は *Waldhoff*, Gutachten D für den 68. Deutschen Juristentag, 2010, sowie die Diskussion des 68. Deutshen Juristentages. Vgl. auch *Ehlers*, FS P. Kirchhof, 2013, §130.

基本法には宗教共同体の権利と義務に関して連邦に原則的立法権がない[79]. 従軍司祭の信仰相談を除き[80], ラントは特に国家教会条約を締結する権限も有する. さらにラントは, 国家の権限の範囲で神学部について定めることができる. 基本法140条は, ワイマール憲法149条3項が, ラントの管轄を考慮するのみで, 基本法に編入されていないため遮断効果を発展させていない[81]. すでに複数のラント憲法が, 国家教会法(宗教法)の広い諸規制を幾重にも発展させている.

G. 国際法とヨーロッパ法の影響

[11] 基本法および単純法の国家教会法(宗教法)の諸規範も, **国際法親和的に**(völkerrechtsfreundlich)解釈されなければならない[82]. 基準となる規範として, 市民的および政治的な権利に関する国際規約18条, 26条に並び特にヨーロッパ人権条約9条, 14条が使われる. 規定の遵守は, 固有の権利を保護する機関によって監督される. その間にヨーロッパ人権裁判所には一般的に重要な宗教法上の争点の解決を目的として, 国内の法的手段を尽くした後に訴えが提起されるのが, ほぼ通例となっている[83]. けれどもヨーロッパ人権裁判所は, 宗教上の争いにおいて条約を締結した国々に相当な程度の評価の余地を, 特にヨーロッパ全体の価値観念が欠けている場合に残している[84].

---

79) しかしまたワイマール憲法138条1項2文参照.
80) 後記ワイマール憲法141条[6]参照. さらに連邦共和国とユダヤ人中央評議会との条約(脚注63)参照.
81) Vgl. BVerfGE 122, 89 (108 ff.). これについてより詳しくは, *Heckel*, Die Theologischen Fakültaten im weltlichen Verfassungsstaat, 1986, S. 19 ff.; さらに BVerwGE 124, 310. 異なる見解として *Wasmuth*, FS Brohm, 2002, S. 607 (624).
82) これについて一般的に BVerfGE 111, 307 (317 ff.).
83) 例えば vgl. EGMR, JZ 2001, 774 ((ユダヤ教の典礼に従い頸動脈を切って)畜殺すること); NJW 2001, 2871, DVBl 2006, 167 (宗教上の理由によるスカーフ着用); EuGRZ 2010, 285 (カリフ国家の禁止); NVwZ 2010, 177 (若者セクトに対する警告); NVwZ 2011, 103 (国家による教会税の管理).

[12] EUに権限が委ねられた限りにおいて、EU法は基本法23条1項3号、79条3項の限界内で憲法を含めた国内法、したがってまた国家教会法（宗教法）に優位する[85]。EUは、確かに国家教会法（宗教法）に関する特有の権限を委ねられていない。その結果EUは、（より詳しい）国家教会法（宗教法）の内容形成を、加盟国に義務づけている。事実、加盟国では国と教会（宗教共同体）の関係について、異なる制度が妥当する[86]。国教会がある国家もいくつかある（例えば英国、デンマーク、フィンランド、そしてギリシア）。他の諸国家は、国と教会の厳格な分離のモデルに従う（特にフランス）。たいていの場合、中道路線を選択している（例えばドイツ、オーストリア、スペイン）。加盟国の権限に関わりなく、EUはその限定的な個別の諸権限（ヨーロッパ連合条約5条1項）の行使の場面において、些細とはいえない範囲で、国家と宗教共同体との間の関係構造にも影響を与える（例えば、差別の撲滅、労働法、税法あるいはデータ保護法の形成、ならびに自由な福祉事業の領域での補助金コントロールの流れにおいて）。この場合、EU基本権（Unionsgrundrecht）（EU基本権憲章10条）およびEUの平等原則（EU基本権憲章20条、21条）が、考慮されなければならない。宗教あるいは世界観を理由とする**差別**は禁止されている（EU基本権憲章21条）。宗教と世界観を理由とする差別を阻止するためにもなされるEUの差別禁止措置は、ヨーロッパ連合運営条約19条を根拠として採られうる。そこで2000/78/EG指令4条2項は、教会内での職業活動に関して一定の要件の下で宗教への帰属に基づいて取り扱いの差異を設けること

---

84) 例えば、Vgl. EGMR, EuGRZ 2010, 677-Lautsi（公立学校における磔刑像）；しかし労働法に関して異なるものとして、EGMR, EuGRZ 2010, 560-Schüth.
85) これについて一般的にVgl. BVerfGE 123, 267; 126, 286. ヨーロッパ司法裁判所のCosta/ENEL判決（Slg 1964, 1251）によれば、この優位に制約はない。全体についてより詳しくは、*Mückl*, Europäisierung des Staatskirchenrechts, 2005, S. 409 ff.; *Muckel* DÖV 2005, 191 ff.; *v. Campenhausen/de Wall*（Fn. 25）, S. 357 ff.; *Walter*（Fn. 6）, S. 332 ff.
86) Vgl. *Mückl*, Europäisierung des Staatskirchenrechts, 2005, S. 59 ff.; *Unruh*（Fn. 59）, Rn. 575 ff.

を認め[87]．そして 95/467/EG データ保護指令 8 条 2 項は宗教共同体のための例外を含んでいる．これに加えて，連合法は EU（とその加盟国）に宗教共同体と世界観共同体の**地位**（ヨーロッパ連合運営条約 17 条 2 項）および宗教の多様性（EU 基本権憲章 22 条）を**尊重する**ことを義務づけている．また，〔ヨーロッパ〕連合は共同体との定期的な**対話**を維持する（ヨーロッパ連合運営条約 17 条 3 項）．

---

87) *Söbbeke-Krajewski*, Der religionsrechtliche Acquis Communautaire der Europäischen Union, 2006, S. 76 ff., 295 ff.

ワイマール憲法 136 条
[信教の自由の効果, 権利制限の禁止, 行為の強制の禁止]

(1) 市民および公民の権利及び義務が, 宗教の自由の行使によって条件づけられたり制限されたりすることはない.

(2) 市民および公民の権利の享受ならびに公職への就任は, 宗教上の信仰告白に係らしめられない.

(3) 何人も, 自己の宗教上の信念を明らかにすることを義務づけられない. 官庁は, [ある者の] 権利および義務が宗教団体への所属に係り, または法律の命じる統計上の調査の為に宗教団体への所属を問うことが必要とされる限りにおいてのみ, それについて問う権利を有する.

(4) 何人も, 教会の定める行為若しくは儀式, 宗教の実践への参加, または宗教上の宣誓方式の使用を強制されない.

A. 概　　略

[1]　ワイマール憲法 136 条と結びついた基本法 140 条は, 市民と公民の権利と義務に関して宗教に関係する差別の禁止を含み, そして同時に異なる観点において消極的な宗教の自由を保護している. 文献においては, その規定は具体的な内容を除き, どのみち基本法 3 条 3 項, 4 条 1 項, 2 項および 33 条 3 項からもたらされるもののみを保障しているため, 大きな意味があるとは認められていない[1]. 義務の平等という命令をもって, ここで主張される, 通説とは異なる見解によれば, 個人の宗教の自由は, 同時に (部分的な) **法律の留保** の下に置かれる ([4] および基本法 140 条 [4]). さらにワイマール憲法 136 条は, 通説に反して基本権あるいは基本権に類似する権利とみなされるべきであり, 直接 (そして基本法 3 条 3 項, 4 条 1 項, 2 項あるいは 33 条 3 項と結びついて

---

1)　*v. Campenhausen/Unruh*, in: v. Mangoldt/Klein/Starck III, Art. 136 WRV Rn. 4 f.

いるのみならず）基本法93条1項4a号の憲法異議の提起が認められる（基本法140条[3]参照）．この規定により，すべての自然人に権利が付与され，義務を課されるのは国家権力のすべての担い手に限られる[2]．したがって，宗教共同体も（国家権力の担い手として活動をなすことが例外的でない場合ですら）この規定の義務の名宛人ではない．それに応じて，教会の幼稚園入園許可あるいは教会の病院における医師の雇用が宗教に左右される場合，ワイマール憲法136条1項，2項は要件レベルですでに（直接的に）介入していない．

B. 市民と公民の権利と義務の効力（1項，2項）

[2] 136条1項および2項の規範化は以前の憲法規定に依拠し，言語的には失敗に終わっているが，この規範は市民と公民の権利と義務を宗教に依存させることを排除する．それらの規範は，──一般的な差別禁止にとどまらない[3]──**特別の差別禁止**を含んでいる(*Kokott*, Art. 4 Rn. 121)．これらの諸規定は，基本法3条3項1文，33条3項1文の保障と密接な関連性を有している．基本法3条3項1文，33条3項1文の保障のように[4]，136条1項および2項は，直接差別のみならず間接差別も含んでいる．不利益待遇あるいは優遇が存在するかどうかについては，法律による規制のケースでは規定の要件によるものであり，立法者の規制の意図によるものではない[5]．不平等な取扱いは，その取扱いが宗教の基準とは結びつかない，あるいは衝突する憲法（規定）[6]によっ

---

2) 本コンメンタール第3版の該当箇所（Art. 140 GG i.V.m. Art. 136 WRV Rn. 1）ではまだ一部異なる見解であった．Auch vgl. *Morlok*, in: Dreier III, Art. 140 GG/Art. 136 WRV Rn. 14; *Kästner*, in: BK, Art. 140 Rn. 211.
3) ただし vgl. *Heckel*, Gleichheit oder Privilegien?, 1993, S. 73 ff.; *dens.*, HStKR I, S. 623 (638 ff.).
4) Vgl. BVerfGE 97, 35 (43 f.); 104, 373 (393); BVerfG (K), NJW 2009, 661 f.
5) 基本法3条3項1文について vgl. BVerfGE 85, 191 (206); 97, 35 (43); 114, 357 (364).
6) 例えばワイマール憲法137条6項と結びついた基本法140条．

て正当化される場合に許されうる[7]．さらに，滅多にない事例での〔不平等な取扱いの〕正当化は，客観的な，やむをえず必要な諸要素からも考慮されることが必要である[8]．公民の権利と義務とは国籍と結びついた法的地位であり，市民の権利と義務とは国家が定める法によるすべての者の権利または義務であるとそれぞれ解されるべきである[9]．権利保障に関して，（ワイマール憲法136条）1項と2項の規制内容は同じである．2項は，公職就任に関連して明確化のための補足を含むにすぎない．その限りで既に（広範囲に）基本法33条3項1文の保護が干渉する（*Battis*, Art. 33 Rn. 42 ff.）．市民の権利と義務において，公法上のものあるいは私法上のものが問題となりうる．ワイマール憲法136条は，国家に向けられた規定であり（[1]），かつその規定は私法関係における直接的第三者効を展開するものではないから，私的自治による権利と義務はそれに含まれない．けれどもその場合でも，（とりわけ労働法において）同規定の照射効に基づきその価値内容への間接的拘束が生じうる．

I. 権利の平等

[3]　市民と公民の権利は，宗教の自由の行使によって条件づけられてはならないため，（原則）国家は，市民と公民の権利（の保障）を宗教上の信仰告白の有無または宗教共同体への帰属で左右することを禁じられている．同様に，（原則）権利の条件づけ，すなわち国家によって認められている法的地位の後退は許されない．例えば親に親の配慮（民法典1626条）を行使する権利（と

---

7)　*Morlok*, in: Dreier III, GG, Art. 136 WRV Rn. 11.
8)　それゆえ，BVerfGE 114, 357 (364 ff.) によれば，また，性別と結びつく不平等な取り扱いが，すべて基本法3条3項1文に反するわけではない．取扱いの差異を含む規制は，その規制が「やむをえず必要」である場合には許容されうる．全体についてより詳しくは，*Ehlers* ZevKR 54 (2009), 253 (268 f.).
9)　Vgl. auch *Korioth*, in: Maunz/Dürig, Art.136 WRV Rn. 39 ff. 異なる見解によれば（vgl. *v. Campenhausen/Unruh*, in: v. Mangoldt/Klein/Starck III, Art. 136 WRV Rn. 3）市民の権利と公民の権利の間に差異は存在しない．

義務）は，信仰の確信という理由だけで否認されてはならない[10]．国家が公務就任を信仰と結びつけることは，それが衝突する憲法（規定）から引き出される，あるいは基本法4条1項，2項によって許される国家領域での宗教助成がそれを要求する場合に，例外的にのみ許される．それゆえ，州立学校の宗教教員または国の宗派学校の教員が宗教団体に所属することは，基本法7条3項と5項に従えば1つの適性基準である．たとえ基本法が国立大学の**神学部**をワイマール憲法（149条3項）と国家教会条約（例えばライヒ政教条約（RK）14条1項）とは異なり明示的に言及しなくても，基本法は国家に対し，宗教支援の目的でそのような学部を設立することを禁じてはいない（基本法140条[10]）．その学部は国家の施設でも信仰で結びつけられた宗教共同体の施設でもある．それゆえ，宗教共同体には，神学者に信仰を要求し，そして教義の内容確定，教師となる人間の選出そしてその宗教共同体によって認められる審査の内容形成と受け入れにおいて，自らの基準を貫徹する権利がある[11]．宗教共同体から脱退しあるいは公式の教義から逸脱する場合，具体的―機能上の意味における当該職から排除されることを余儀なくされうるが，他方で個人的な地位（例えば公務員の地位）と雇用の要求は――宗教的に中立な領域では――維持され続ける[12]．いわゆる政教条約教授（Konkordatsprofessur），言い換えると国立大学神学部以外であって神学以外の専門分野のためにカトリック教を教える教授は，かなり限定的な範囲内でのみ（それが神学者，宗教教員あるいは国の宗派学校の教員の職業教育のためにどうしても必要な限りにおいて）許

---

10) OLG Oldenburg NJW 1997, 2962；しかし vgl. auch OLG Frankfurt/Main NJW-RR 1995, 68 (69).

11) Vgl. BVerfGE 122, 89 (111 ff.); BVerwGE 17, 267 (270); 19, 252 (260); 124, 310 ff.; *Solte*, Theologie an der Universität, 1971, S. 130 ff.; *Heckel*, Die theologischen Fakultäten im weltlichen Verfassungsstaat, 1986, S. 67 ff. 批判的なものとして，*Preuß*, AK II, Art. 140 Rn. 37, 71（神学教授と営造物付きの聖職者（Anstaltsgeistlich）に関して）.

12) これについてより詳しくは，BVerfGE 122, 89 (111 ff.); BVerwGE 124, 310 ff. Vgl. *Scheuner*, Rechtsfolgen der konkordatsrechtlichen Beanstandung eines katholischen Theologen, 1980, S. 51 ff.; *Mainusch* DÖV 1999, 677 ff.

される[13]．営造物付きの聖職者についてワイマール憲法141条と結びついた基本法140条[7]参照；さらにワイマール憲法137条と結びついた基本法140条[9]をみよ．

II. 義務の平等

[4] 〔ワイマール憲法136条〕1項によれば，宗教の自由の行使によって市民と公民の義務は制約されず，したがって存在し続ける．その見解は，最も広義に解釈すれば，**一般的な法律**は，宗教の自由に**抵触しない**とする，基本法に編入されなかったワイマール憲法135条3文[14]と合致する[15]．基本法4条1項，2項は，連邦憲法裁判所の見解に反し（基本法140条[4]），この点について何ら変更を加えるものではない．それゆえ，宗教の自由の行使は法律の留保に服する．例えば，自宅を礼拝堂に改築しようする信仰者は，建築法規により拘束される（建築法規が衝突する憲法（規定）ではないにもかかわらず）．宗教の自由の行使それ自体と対立しないすべての形式法あるいは実体法上の規定は，〔同項に〕抵触しない一般的な法律に含まれうる[16]．それに加えて，衝突する憲法（規定）を具体化する法律の諸規定が考慮されるべきである．もっとも，法律による拘束は，その拘束が基本法4条1項，2項ならびにその他の宗教の自由権との衡量に耐えるときにのみ考慮される．そこで一般的な法律は，一般的な見方によれば存在する法律上の義務と宗教的な戒律との間の具体的な

---

13) Vgl. BayVerfGH BayVBl 1980, 462 ff. 例えば批判的なものとして，*Fischer*, Volkskirche ade!, Trennung von Staat und Kirche, 4. Aufl. 1993, S. 137 ff.; *Jeand 'Heur/Korioth*, Grundzüge des Staatskirchenrechts, 2000, Rn. 338; *Morlok*, in: Dreier III, Art.136 WRV Rn. 16; *Kästner*, in: BK, Art. 140 Rn. 245; *Unruh*, Religionsverfassungsrecht, 2. Aufl. 2012, Rn. 148.
14) Vgl. *Ebers*, Staat und Kirche im neuen Deutschland, 1930, S. 165 ff.; *Anschütz*, WRV, Art. 136 Anm. 1.
15) それについて既に *Anschütz* WRV, Art. 136 Anm. 1.
16) 類似するものとして，*Muckel*, Religiöse Freiheit und staatliche Letztentscheidung, 1997, S. 231 ff.

矛盾が当事者に不釣り合いな心理的苦境をもたらすときには，場合によっては後退しなければならない[17]．また名前の連続性にさいして法律上保護された公的な利益を無視することが宗教上の理由から必要とされうる[18]．可能な限り憲法適合的解釈が必要とされている[19]．

[5] 考慮されなければならないのは，特に**刑法**である．いずれにせよ，作為構成要件（例えば，堕胎をする医院による個人への力づくの攻撃，連邦国防軍による損害，封鎖あるいは占有）において，基本法4条1項，2項から，原則として責任阻却事由も正当化事由も導き出されえない．不作為犯では，宗教的動機は行為の期待不可能性を通じて不可罰に至りうる．必要な医療措置を宗教的動機により拒否することが可罰的になるのは，子供または被世話人が関係する場合に限られる[20]．割礼については民法典1631d条参照[21]．神の冒涜の可罰性は，刑法典66条，185条で定められている[22]．原則として許されるのは，埋葬の強制[23]および宗教的方向性をもたない公立学校への出席の強制[24]である．宗教を理由とする電気メーターの計測のボイコット[25]，課税の拒否[26]ま

---

17) OVG NRW NWVBl 2003, 102 (104 - 信仰上の理由で投票場の係員としての活動を免除すること).

18) BVerwG ZevKR 50 (2005), 125 ff.

19) そして例えば社会法典3編144条の事例（それゆえ，宗教的理由からある職を応諾しない場合の失業手当の拒絶は許されえない）がある．Vgl. BSGE 51, 70 ff.; 基本法4条1項，2項の照射についての概略は *Morlok*, in: Dreier I, GG, Art. 4 Rn. 171 ff.

20) 問題に関し基本的に，BVerfGE 32, 98（祈祷師）．また，民法典1901条2項2文，1901a条，1904条参照．

21) これについて，一方で（民法典改正前）LG Köln NJW 2012, 2128. 他方で，*Muckel* JA 2012, 636 ff.; *Rox*, JZ 2012, 806 ff.; *Wittreck*, in: Rees/Roca/Schanda (Hrsg.) Neuere Entwicklungen im Religionsrecht Europäischer Staaten, 2013, S. 825 (827 ff.).

22) これについて代表的なものとして，*Rox*, Schutz religiöser Gefühle im freiheitlichen Verfassungsstaat?, 2012.

23) BVerfGE 50, 256 (262). 例外について vgl. BVerwGE 45, 224 (233 ff.). Auch vgl. *Renck* NWVBl 2006, 170 ff.

24) BVerfG (K) NJW 2009, 3151 (3152).

25) Vgl. BVerfG (VPr) NJW 1983, 32.

たは郵便局員が宗教共同体もしくは世界観共同体の郵便物を配達することを拒否すること [27] を，1項は正当化しない．普通教育を施す公立学校の教師は，場合によっては一般的な奉仕義務の具体化で学校と授業で**宣教効果のある衣服**（misonnarisch wirkenden Kleidungsstücken）を着ることを（とりわけ（宗教に関する）考えの異なる学生あるいは教育権限者がその衣服を不快に思った場合に）禁止されうるのであり，そして禁じられなければならない [28]．スカーフ（着用）を禁止することについては，連邦憲法裁判所の見解に従えば明白な法律上の根拠が必要である [29]．例外のない禁止が憲法適合的か [30]，あるいは個別事例における衡量 [31] が予定されなければならないか（より適切な理由から後者が支持される）は充分に明らかにされていない．諸ラントは，これまで部分的にのみ——異なる規制内容をもつ——法律を公布していた [32]．許されないのは，「キリスト教の」衣服の特権付与である．ヨーロッパ人権裁判所は，国立学校の教師に宗教上の理由でスカーフ着用を禁止する規制はヨーロッパ人権条約9条1項に反しないとした [33]．それどころか女学生によるスカーフ着

---

26)　BVerfGE 67, 26 (37); 78, 320; BFH BStBl II 1992, 203.
27)　BVerwGE 113, 361.
28)　ヒンズー教の衣服の着用について vgl. BVerwG NVwZ 1988, 937; キリスト教の宣教服については決して他の宗教の衣服と別の効果は妥当しえない．そしてまた Brenner VVDStRL 59 (2000), 264 (283 ff.)．女学生達がベールをかぶることの禁止については vgl. Mahrenholz RdJB 1998, 287 ff.
29)　BVerfGE 108, 282（3人の裁判官の反対意見がある S. 314 ff.）．スカーフを着用した女性販売員の解雇通知が許容されないことについて，BVerfG (K) NJW 2003, 2815．女性参審員のスカーフ着用の許容性について一方で LG Dortmund, 他方で LG Bielefeld, NJW 2007, 3013 f.. 裁判所での傍聴者のスカーフ着用の許容性については BVerfG (K) NJW 2007, 56. 全体についてより詳しくは Kokott, Art. 4 Rn. 63 ff.
30)　この意味において BVerfG (K) 7, 320 (324); BVerwGE121, 140 (150).
31)　例えば Walter/v. Ungern-Sternberg DÖV 2008, 488 ff.
32)　その概要について vgl. Baer/Wrase DÖV 2005, 243 ff.; Walter/v. Ungern-Sternberg DÖV 2008, 488 m. Fn. 2, 3, 5.
33)　EGMR NJW 2001, 2871.

用についても同様の結論を出している³⁴⁾．後者については，基本法4条1項，2項に反する．

　[6]　それに対して，基本法4条1項および2項あるいはワイマール憲法137条3項との衡量から，宗教共同体の構成員が一定の要件の下で動物を〔**ユダヤ教の作法に則った**〕**畜殺**（麻酔を使わない畜殺）することが許されること（動物愛護法4a条2項2号）³⁵⁾，宗教上の祭典に参加するために公務員が特別休暇をとること³⁶⁾，そして宗教上の理由から一定の日に学生が通学を免除される³⁷⁾場合，義務の平等の要請にこれらの事例は反しないという結果がもたらされる．同様に聖職者が**兵役**（兵役義務に関する法律11条1項1-3号）と**非軍事的役務**（兵役拒否者の非軍事的役務に関する法律10条1項1-3号）を免除されること³⁸⁾，これらの者（聖職者）に刑事訴訟法53条1項1号，民事訴訟法383条1項4号（ワイマール憲法141条と結びついた基本法140条〔11〕）の意味における**証言拒否権**および名誉職の裁判官の職の任命を忌避する権利を

---

34)　Vgl. EGMR DVBl 2006, 167. 国連人権委員会（今日の人権理事会）の判断については vgl. *Zacharias* KuR 2006, 189 ff.

35)　Vgl. BVerfGE 103, 337（353 ff.）; BVerwGE 112, 227（234 ff.）; *Tillmanns* NuR 2002, 578 ff.; これについてまた Vgl. *Wittreck* Der Staat 42（2003），519 ff. 畜殺された動物を食べないことについて *Kästner*, in: BK, Art. 140（2010）Rn. 226. さらに vgl. BVerfG（K）GewArch 2009, 487.

36)　Vgl. BVerwG BayVBl 1986, 216（団体をなす宗教共同体の構成員に限定するという正当化されない理由によって）批判的なものとして *Sachs* BayVBl 1986, 193 ff.

37)　BVerwGE 42, 128（130）.

38)　BVerwGE 61, 152 ff. 防衛上の緊急事態でもゲマインデの牧師〔司祭〕をそのゲマインデにとどめおき，それによってワイマール憲法137条3項も考慮に入れることが実質的な動機の1つである．Vgl. *Obermayer* DÖV 1976, 80 ff. 憲法上の懸念を表明するものとして，*Heckel*, HStKR I, 1. Aufl. 1974, S. 533 ff., *Preuß*, AK Art. 140 Rn. 38, *Korioth*, in: Maunz/Dürig, Art. 140 GG/Art. 136 WRV Rn. 45, そして *Kästner*, in: BK, Art. 140 Rn. 216. 誰が常勤で勤務する聖職者なのかという問題については vgl. BVerfG（K）NVwZ 1987, 676; NVwZ 1990, 1064. 兵役と非軍事的役務の停止（Aussetzung）をもって法律問題はさしあたり処理される．エホバの証人の伝道者（Predigern）をオーストリアでの兵役から解放しないのは，ヨーロッパ人権条約9条と結びついた14条の意味での差別である（EGMR NVwZ 2010, 823）.

付与すること[39]．そして牧師〔司祭〕が告白を受けた犯罪行為の計画を告発しないことが不可罰であること（刑法典139条2項）について疑義は存在しない．最後に国家は，（一連のラントで行われているように）公立学校での**授業科目である倫理学**をもっぱら宗教教育を受けない生徒に義務的なものとして設置することは許される[40]．この場合，生徒の義務の平等の確立が問題となるのではなく，むしろ，学生に倫理的・宗教的な問題設定に取り組むことを〔宗教教育を受けない代わりに〕要求することが問題となる．しかし，親あるいは宗教適齢に達した学生にどのような方法で倫理的・宗教的な問題設定に取り組むかについて任せることが問題となる．他方で，連邦憲法裁判所は，退学ができないうえでの倫理の授業への参加義務も許容されるとみなした[41]．そのことは，生徒が同様に宗教教育に参加したいとする場合にさえも妥当するべきであるという[42]．イスラム教の女学生の男女合同の水泳の授業の免除の要請を，いわゆるブルキニ（イスラム教徒の女性が着用する水着）の着用を指摘して否定した判例がある[43]．

C. 沈黙の権利（3項）

[7]　3項の沈黙の権利（Schweigerecht）は消極的な宗教の自由のあらわれであり，同時に基本法2条1項と結びついた1条1項から導かれる情報自己決定権のあらわれである．宗教的確信に鑑みて，この権利には留保がないが，（実務上ほとんど問題にならない）衝突する憲法（規定）による限界づけは排除さ

---

39)　認められるのは，宗教上の動機からの拒絶のみである．裁判所構成法34条1項6号は憲法適合的に解釈される．それによれば，内部規則上共同生活へと義務づけられている結社の聖職者と構成員は，参審員職に任命されない．名誉職の引き受け義務の例外については，vgl. *Korioth*, in: Maunz/Dürig, Art. 136 WRV Rn. 45.

40)　Vgl. BVerwGE 107, 75. 異なる見解として，*Czermak* NVwZ 1996, 450 ff.; *ders.* DÖV 1999, 452 ff.; *Bader* DÖV 1999, 452 ff.; *Korioth*, in: Maunz/Dürig, Art. 136 WRV Rn. 50.

41)　BVerfG (K) DVBl 2007, 693.

42)　BVerfG (K) NVwZ 2008, 72. 異なる見解として，*Unruh* DÖV 2007, 625.

43)　BVerwG NVwZ 2014, 81 ff. ただし vgl. auch BVerwGE 94, 82 (83 ff.)．

れない[44]．宗教助成が主張され，または宗教的理由による市民もしくは公民の義務からの解放が要求されるならば，関係者に宗教の確信の説明責任と公開が義務づけられる[45]．その他には，——例えばある者が公立学校の宗教の授業あるいは学校での祈祷に参加したくない場合——その者に宗教あるいは世界観の確信の開示義務は存在しない．労働法において，この規定の価値内容が考慮される．ワイマール憲法136条3項1文に含まれる官庁に関しては，すべての国家的地位にあるものが考慮されるべきである[46]．問題となる権利義務は憲法上の規準を顧慮して法律によって定められなければならない[47]．統計上の調査には，結果としてある大きさの規模の1つのあるいは複数の数または報告となるようなすべての事象が含まれる．言い換えると，それらは，大量現象の量と呼ばれるものである[48]．そのデータは，匿名化されるという方法のみにより使用が許される．法律上許されるとみなされているのは，例えば住民アンケートとの関連での宗教への所属[49]，（教会税の徴収を目的とした）賃金税台帳の履行[50]，そして兵役拒否者の良心上の理由の審査[51]の問題である．それに加えて，国家が許される方法で宗教支援をする場合，例えば営造物での司牧の可能性について（ワイマール憲法141条と結びついた基本法140条）の場合，質問に答えるかが（個人に）委ねられている状態である場合には，

---

44) 国際的なテロ行為の解明あるいは制圧のために宗教上の帰属についての申告をデータとして蓄積することは，法律によって具体化された衝突する憲法が，このことを要求しそして要求する限りにおいてのみ許される．（Vgl. 共通データ法（Gemeinsame-Datien-Gesetz）3条1項1号b）hh). BGBl I 2006, S. 3409).

45) Vgl. auch *Magen*, in: Umbach/Clemens, GG II, Art. 140 Rn. 48; 宗教上の理由による兵役義務の拒否については *Kokott*, Art. 4 Rn. 103 ff.

46) *Korioth*, in: Maunz/Dürig, Art. 136 WRV Rn. 90.

47) *Korioth*, in: Maunz/Dürig, Art. 136 WRV Rn. 91.

48) BVerfGE 8, 104 (111).

49) BVerfGE 65, 1 (38 ff.); *v. Campenhausen* ZevKR 41 (1996), 129 (131).

50) これについてより詳しくは後記ワイマール憲法137条**[35]**参照．

51) BVerwGE 9, 97 ff. データ処理に対するワイマール憲法136条3項のさらなる実例および意義については vgl. *Korioth*, in: Maunz/Dürig, Art. 136 WRV Rn. 92 ff., 104 ff.

アンケートは許される[52]。自由意思は、〔その者が〕事理弁識能力があり、宗教適齢に達していることが前提となる。ワイマール憲法136条3項2文により要求される認識の観点から、国家は内密性を義務づけられている[53]。ワイマール憲法136条3項に違反するアンケートに対して、関係者は嘘をつく権利を有している[54]。

D. 宗教の強制が許されないこと（4項）

[8]　4項は、第1に国家による宗教的な行為若しくは儀式、宗教の実践への参加の強制のすべてを、宗教的行事が宗教共同体によって企画準備されたか否かとは関係なく禁止している。その規定は、いずれにしても基本法4条1項、2項によって保護される消極的な宗教の自由でもたらされるものを一層明確に述べているにすぎない。衝突する（もっとも実務上問題となることはほとんどない）憲法の限界内では、その規定は制約なく妥当する[55]。自由意思ではない直接的な法律上あるいは事実上の義務に並び、（国家による利益あるいは不利益の付与による）間接的な性質の義務も含まれる[56]。ワイマール憲法136条4項によれば、例えば宗教適齢に達している者（*Kokott*, Art. 4 Rn. 7）あるいは教育権限者がそのことを欲していない場合、これらのものはみな、特定宗派と結びつく**宗教の授業**[57]、**学校での祈祷**[58]、あるいは幼稚園での食前（食後）

---

52)　Vgl. BVerfGE 46, 266（国立病院における受付のさいの所属宗派の申告）; BVerwG NJW 1976, 383.
53)　BVerwGE 109, 40 (50); *Magen*, in: Umbach/Clemens, GG II, Art. 140 Rn. 48.
54)　*Korioth*, in: Maunz/Dürig, Art. 136 WRV Rn. 75.
55)　さらに先に進んで *Korioth*, in: Maunz/Dürig, Art. 136 WRV Rn. 128（どんな種類のものも制約ではない）。
56)　Auch vgl. *Korioth*, in: Maunz/Dürig, Art. 136 WRV Rn. 111; *Magen*, in: Umbach/Clemens, Art. 140 Rn. 49.
57)　出席強制を伴う倫理の授業科目の実施の許容性については、前記ワイマール憲法136条[6]参照。
58)　これについて vgl. BVerfGE 52, 223 (239). 拒絶されるべきなのは、HessStGH

の祈り (Tischgebet)[59]に参加する必要はない．大帰営譜 (großen Zapfenstreiches) という軍隊のセレモニーの範囲で「脱帽 (Helm ab zum Gebet)」という命令は，完全に通説によれば祈祷の強制ではないとされ，むしろただの祈祷という宗教行為に対する敬意を確保するものであるとみなされる[60]．けれども，そのことで宗教の特性は決して変わることはない[61]．それに加えて，信仰に中立的である国家は，公立の混合学校・非宗派学校での授業または軍隊のセレモニーで祈祷を命令することを禁じられている[62]．また宗派学校への出席の義務づけ[63]あるいは学生に礼拝 (Gottesdienst) への同伴を教師に強制することも許されない[64]．国家の命令により法廷[65]あるいは(宗派学校ではない)国立義務教育学校の教室において**磔刑像 (Kreuzifix)** あるいは**十字架 (Kreuz)** を設置することは，連邦憲法裁判所の見解によれば[66]，学生あるいは教育権

NJW 1966, 31; また説得的でないものは BVerwG DVBl 2012, 240（授業時間外でのイスラム教の学校での祈祷が許されないこと）．

59) Vgl. BVerfG（K）NJW 2003, 3468.
60) *Wolf* NJW 1987, 36; *v. Campenhausen/Unruh*, in: v. Mangoldt/Klein/Starck III, Art. 136 WRV Rn. 44; *Kästner*, in: BK, Art. 140 Rn. 259. 異なる見解は，*Kiskalt* NJW 1986, 2479 ff.; *Jarass*, in: Jarass/Pieroth, Art. 136 WRV Rn. 7.
61) ただし，vgl. auch OVG NRW NJW 2006, 1228. これによれば，連邦軍の大帰営譜においてキリスト教のシンボルを用いることは，他者の自由かつ害されることのない宗教の行使という基本権を侵害することはない．
62) それに対して vgl. BVerfGE 52, 223 (239 ff.). これによれば公立学校での学校の祈祷は，国家に責任を負わせるべき学校の「教師の提案」の催し物として授業時間内ならば許される．これについてまた，*Böckenförde* と *Scheuner* との論争がある（DÖV 1980, 323 ff., 513 ff.）．逆の事例について（授業外での学校における祈祷を求める請求は認められない）OVG Berl./Brand. NVwZ 2010, 1310 は説得的でない．
63) Vgl. BVerfGE 41, 29 (48).
64) Vgl. *Korioth*, in: Maunz/Dürig, Art. 136 WRV Rn. 118.
65) BVerfGE 35, 366 (375 ff.).
66) BVerfGE 93, 1（15 ff. - 3 人の裁判官が反対票を投じた．25 ff.）これに同意し，また議論状況に関する指示を行うものとして，*Jeand'Heur/Korioth* (Fn. 13), Rn. 104 ff. 世間における判決の受容について vgl. *Kästner* ZevKR 41 (1996), 241 ff.; *Mishra*, Zulässigkeit und Grenzen der Urteilsschelte, 1977, S. 82 ff. 比較法として，スイスの

者の消極的な宗教の自由を侵害している．なぜならば，回避できるような状況がないままに，特定の信仰の影響に晒され，当該信仰を顕すような行為やその信仰が表現されるシンボルに晒されるという，国家がつくりだした状況へと個々人が置かれてはならないからである[67]．職業官吏制の伝統的な原則（基本法 33 条 5 項）により相当の制限があるにもかかわらず，十字架または磔刑像を設置することにより実存的な精神的打撃を受けると中傷することができる場合には，教師にも同様のことが認められる[68]．けれども人目につかない十字架は，場合によっては基本権介入の閾値をこえるような強制効果をまだ発揮しない[69]．キリスト十字架像あるいは十字架をキリスト教によりともに刻印づけられた西洋文化のあらわれとしてみるのみならず，少なくともまた，そして第 1 に特定の宗教的確信のシンボル（キリスト十字架像に明白にあてはまる）とみなすならば[70]，国家には，信教の中立性を義務づけるためにそして国家と教会の原理的な分離が不可能であるために，法廷と教室にそのようなシンボルを備えつけることは許されない．学生あるいは教育権限者によるイニシアチブから出発するならば[71]，（彼らの）基本権の地位の間で衡量されるべきである．この場合に妥当する相容れない規制を，連邦行政裁判所はその矛盾が真摯（ernsthafte）かつ理解できる（einsehbare）根拠に基づいており，（両者の）一致が実現せず，かつ受忍可能で差別的でない他の回避可能性が存在しない場

連邦裁判所をみよ．EuGRZ 1991, 89（スイスの小学校における十字架の掲揚は特定の宗派の中立性と両立しない）；これについて vgl. *Maurer*, FS Listl, 1999, S. 299 ff.
67) Vgl. auch BVerfGE 108, 282 (302).
68) BayVGH BayVBl 2002, 400 ff.
69) これについて例えば *Isensee* ZRP 1996, 10 (13 ff.); *Kästner* AöR 123 (1998), 408 (423 ff.); *Brenner* VVDStRL 59 (2000), 264 (294 ff.).
70) 誰が十字架の意義と正当な理解について決定するかという問題については，代表的なものとして vgl. BayVerfGH NJW 1997, 3157 (3158); *v. Campenhausen* AöR 121 (1996), 448 (460 ff.); *Heckel* DVBl 1996, 453 (465 ff.).
71) 宗教の授業外でも学校における信仰の確信の積極的な活動の余地を残すことの許容性について，vgl. BVerfGE 41, 29 (49); 52, 223 (240 ff.); 93, 1 (22). これに対してただし，vgl. auch OVG Berl./Brand. NVwZ 2010, 1310.

合には，当該矛盾が最終的に貫徹されなければならないと解釈した[72]．ヨーロッパ人権裁判所は，（イタリアでの）公立学校のキリスト十字架像の掲揚はヨーロッパ人権条約9条1項と結びついたヨーロッパ人権条約目標（EMRK-ZP）2条と合致するとみなした[73]．キリスト教の十字架とは異なり，**スカーフ**は連邦憲法裁判所の見解によれば自ら進んで宗教的なシンボルであると述べてはいない．それを着用する者（国立学校の女性教師達）そしてその者のその他の行動との関連においてはじめて同じ効果を発揮する可能性がある[5][74]．教会税の徴収における使用者の協力義務は憲法上許容される．なぜならば，使用者は国家に対し公民の義務を負い，宗教の支援活動を行ってはならないためである（ワイマール憲法137条と結びついた基本法140条[35]）．

[9] 4項によれば，さらに何人も**宗教上の宣誓方式**の使用を強制されてはならない．連邦憲法裁判所は，適切にも，神の呼びかけなく行われる宣誓は宗教的なものではなく，あるいは他の方法で超越的な関連を持つということから出発する[75]．それにもかかわらず，そのような宣誓の拒否も信仰と良心に基づきうるものであるとされる[76]．これには従うべきではない[77]．刑事訴訟法65条と民事訴訟法484条によれば，宣誓の代わりに宣誓と同様の確認が行われうる，または行われなければならない．

---

72) BVerwGE 109, 40 ff. この議論状況についてより詳しくは *Kokott*, Art. 4 Rn. 40 ff.
73) EGMR NVwZ 2011, 737（大部会）他の判断はさらに EGMR DÖV 2010, 144. これについてより詳しくは，*de Wall* JURA 2012, 960 ff.
74) BVerfGE 108, 282 (304).
75) 疑わしいのは，BVerfGE 79, 69 (76); vgl. auch *Maurer* JZ 1989, 292 f.
76) BVerfGE 33, 23 (29 ff.); 47, 144 (145); 79, 69 (75 ff.). 批判的なものとして，*Stolleis* JuS 1974, 770 ff.; *Starck* JZ 2000, 1 (8). 賛意を示すものとして *Morlok*, in: Dreier I, Art. 4 Rn. 85, 135.
77) また基本法56条4文参照．（宗教上の誓言のない「宣誓」について述べている）．

ワイマール憲法 137 条
［宗教社団］

　(1) 国の教会は，存在しない．

　(2) 宗教社団を結成する自由は，これを保障する．ライヒ領域内における宗教社団の結合は，いかなる制限にも服さない．

　(3) 宗教社団は各々，全ての者に適用される法律の制限内で，その事務を独立して処理し管理する．宗教社団は各々，国又は市町村（bürgerliche Gemeinde）の関与をうけることなく，その役職を付与する．

　(4) 宗教社団は，民事法の一般規定により権利能力を取得する．

　(5) 宗教社団は，従来公法上の社団であった限りにおいて，今後も公法上の社団とする．その他の宗教社団は，その根本規則（Verfassung）および構成員数から見て存続することが確実である場合には，その申請に基づいて（公法上の社団と）同一の権利が与えられるものとする．2以上のこのような公法上の宗教社団が一の連合を成す場合には，この連合もまた公法上の社団とする．

　(6) 公法上の社団たる宗教社団は，市民租税台帳に基づき，ラントの法の定める基準に従って，租税を徴収する権利を有する．

　(7) 一の世界観を共同で振興することを任務とする結社は，宗教社団と同等に取り扱う．

　(8) これらの規定を実施するためにさらに規律が必要な限りにおいて，その規律はラント立法の責務である．

A. 概　　略

　[1]　ワイマール憲法137条は，受容された教会条項の最も重大な規定である．とりわけ重要なのは，1項と3項である．さらに非常に重要なのが社団性である（5項）．これは，宗教共同体の活動にとって重要な6項の教会税の保障と結びついている．

B. 国の教会の禁止（1項）

[2] まず第1に，ラント教会制に対し向けられたワイマール憲法137条1項の「衝撃」をもって，国と教会が統一されたコンスタンティヌス大帝的時代は最終的に終焉を迎えた．国の教会は存在しないという規定は，**組織および内容上の観点において国家と教会が原理的に分離すること**を要請している[1]．この条文で同時に神聖さに関する法（jura circa sacra）（国家の特別の教会監督権）も，神聖さの中にある法（jura in sacra）（国家の教会活動権限）[2]も禁止されている．さらに国家と宗教共同体は原則として基本法35条の意味における法律上および職務上の援助（司法共助・職務共助）を行わない（その点で宗教共同体が国家権力の行使を与えられることはなかった）[3]．国家は信教の中立性を義務づけられている（基本法140条[9]）．国家は，一定の宗教的または非宗教的な諸見解あるいは諸制度と一体化し，あるいは自身がそれらであると評価してはならない[4]．逆に，個人と人的結社は，宗教と世界観の自由を享受する．中立性の命令の維持は，一般的にも国家の裁判所によって決定されるべき宗教共同体内部の争いにおいても，重大な問題をもたらし得る[5]．確かに基本法は国家と宗教共同体との厳格な分離を知らない（基本法140条[9]）．基本法は例えば公立学校での宗派と結びつく宗教の授業を可能にし（基本法7条3項），（国家により費用負担しあるいは分担する）宗派別学校と世界観学校を保障し（基本法7条5号），国家の営造物での司牧を許し（ワイマール憲法141条），公法の神学部の創設と維持を許容し（基本法140条[10]），そして公立学校の

---

1) それゆえいわゆる相関関係理論には根拠がない（後記[25]脚注208参照）．
2) 法の歴史についてはvgl. *Link*, Kirchliche Rechtsgeschichte, 2. Aufl. 2010, §16 Rn. 8.
3) Vgl. *Ehlers*, HStKR II, S. 1120 ff.
4) Vgl. BVerfGE12, 1 (4); 33, 23 (27 ff.).
5) 最近からはVgl. BVerfGE 123, 148 – 宗教共同体に国家的手段を付与する憲法上の要請について；BVerwG ZevKR 54 (2009), 376（社団の地位の剥奪）; *Sydow* JZ 2009, 1141 ff.

社団として組織することと（5項）教会税を徴収すること（6項）の申し出（Angebot）を宗教共同体に提示して説明する[6]．これにくわえて，基本法は国家と宗教共同体の協働も，「宗教に中立な」，平等条項を考慮した宗教共同体の[7]支援も排除していない（基本法140条[9]）．一方で国家は文化任務を有し，他方で国家が宗教の自由を尊重するだけでは不十分である．むしろ国家は場合によってはまた目的にとらわれることなく，必要的な当初条件の創造により実現を可能にしなければならない（基本法140条[3]）．それゆえ国家は，また公立学校でのイスラム教の宗教の授業[8]，そして国立大学でのイスラム神学[9]の導入を支援することができる（そうすべきであろう）．けれども国家には，イスラムは組織性が欠けるとみなされるために宗教をイスラム教徒を代行して彼らの意思に反し組織し，あるいはその上さらにその内容も決めることは許されていない．他方で教師となる人の任命はまた外国の諸国家（例えばトルコ宗教当局）に委ねられてはならない[10]．国立大学でイスラム神学（宗教学ではない）を導入するために学術審議会により提案された大学審議会（Hochschulbeiräten）の設立は，原則として制度的枠組みを利用した宗教支援の許されかつ適合する宗教支援の手段であるが，しかし大学の審議会で宗教共同体あるいはその代行者の代わりに，国家に人事に関与された制度が宗教上の判断を行う場合，もはや憲法と合致しない[11]．一般的な平等原則も特別の平等原則も考

---

6) 不当にも，違憲の憲法を認めるものとして *Fischer*, Volkskirche ade!, 4. Aufl. 1993, S. 92. 117 ff., 137 ff., 141 ff., 151 ff. で採用されている．
7) 前記基本法140条[9]脚注73参照．
8) 諸ラントにおけるイスラム教の宗教の授業の現在実践されている形態については vgl. *Waldhoff*, Verhandlungen des 68. Deutschen Juristentages, Gutachten D, 2010, D 94 ff. 例えばノルトライン＝ヴェストファーレンについては：ノルトライン＝ヴェストファーレン学校法132a条．
9) Vgl. Wissenschaftsrat, Empfehlungen zur Weiterenwicklung von Theologien und religionsbezogenen Wissenschaften an deutschen Hochschulen, 2010.
10) Vgl. *Waldhoff* (Fn. 8), D 107（せいぜい短期間に限定された過渡期の間）．
11) それゆえ問題となるのが，「組織されていないイスラム教徒の多数派の」代表者を審議会へと組み入れ，その上イスラムの宗教学者の神学に関する専門知識を考慮

慮する必要性から，宗教支援のための重要でないとはいえない規制が生じうる[12]．基本法上の保護義務は，宗教の自由への違法な介入の国家による防御を命令する（Vgl. *Murswiek*, Art. 2 Rn. 24 ff.）．宗教の自由が法秩序に違反することにより迷惑をかけられる限りにおいて，宗教の自由はすべての者に妥当する法律の適用によって（ワイマール憲法 137 条 3 項）対処されるべきである[13]．しかし，国家と宗教共同体の任務の履行が互いに不可分に混同されている（res mixate）という意味での国家と宗教共同体の**共通事務**は存在しえない[14]．むしろ，共同事務においても国家の事項と宗教共同体の事項は区別されるべきである[15]．信仰告白と結びつく国の公職について，ワイマール憲法 136 条[3]，ワイマール憲法 137 条[9]，ワイマール憲法 141 条[7]参照．

C. 宗教的結社の自由（2 項）

[3] 2 項は，宗教社団あるいは宗教共同体を結成し，そして組織する自由を保障している．この自由は，すでに基本法 4 条 1 項，2 項および 9 条 1 項に

するとする．学術審議会の提案である（Wissenschatsrat (Fn. 9), S. 82 f.）．（このとき）誰が選出しなければならないかが問題になる．全体についてより詳しくは，*Walter*, Verfassungsrechtliche Rahmenbedingungen für die Einrichtung theologischer Fakultäten, 2009; *Walter/Oebbecke/Ungern-Sternberg/Indenhuck* (Hrsg.), Die Einrichtung von Beiräten für Islamische Studien, 2011; *Heckel* ZevKR 55 (2010), 117（特に 224 f.）; *Heinig* ZevKR 56 (2011), 238 ff.

12) 個別の例（国家教会条約の締結）については前記基本法 140 条[8]参照．
13) それに対し，しかしまた *Sacksofsky* と *Möllers* は研究発表で 2008 年の国法学者大会において「危険としての宗教の自由？」というテーマ設定を行っている．Vgl. VVDStRL 68 (2009), 7 ff.; 47 ff.
14) Vgl. *Ehlers* ZeVKR 32 (1987), 158 (180). 国家と宗教社団からなる制度上の共同（Kooperation）の憲法上の限界について *Wasmuth*, FS Brohm, 2002, S. 607 ff.
15) 異なる見解として，おそらく *Muckel* DVBl 1997, 873 (876). 分類問題の観点については vgl. BVerwGE 101, 309 (313- カトリック教の神学課程）．；共同任務としての国立大学の神学については vgl. *Hufen*, FS Schiedermair, 2001, S. 623 (627 ff.).

おいて保障されている．ここで主張されている見解によれば，ワイマール憲法137条2項は基本法9条1項[16]のみならず4条[17]との関係においても**特別法**である．この場合，関連する規範の価値内容が考慮されるべきである．ワイマール憲法137条2項が基本法の構成部分であるために宗教的結社の自由を4条1項・2項に含めるのを認めないということも，この見解を支持する[18]．連邦憲法裁判所[19]と通説[20]はそれに対し，ワイマール憲法137条2項は宗教の自由という基本権の一部であるとみなしている．支配的見解をもって――ここで基礎に置かれた見解に対し――，ワイマールの教会条項には憲法異議を提起する能力がないとするならば[21]，憲法異議は（場合によっては基本法9条1項と結びついた）基本法4条1項，2項に根拠を求めるべきである．〔ワイマール憲法137条〕2項は特定の法形式を保障せず[22]，むしろ一般的な法的取引への参加に関する何らかの種類の法的存在の可能性を保障するにすぎない[23]．（宗教的結社の）権利能力の獲得については，4項と5項により方向づけられる．活動の自由は含まれない．この自由は3項によって保護される．宗教社団（宗教共同体）の概念については，基本法140条[6]参照．構成員の宗教生活の援助に関して部分的な目的設定のみを追求する結社（例えば宗教的社団[24]あるいは宗教的教団のような）は，（場合によっては基本法9条1項と19条3項と結びついた）基本法4条1項，2項のみが適用されうるが，ワイマール憲法

---

16) 一方で外国人も宗教的結成の自由を享受しうるし，他方でその自由は基本法18条によって失われる（基本権喪失する）ことはない．
17) 同様に *Preuß*, AK, Art. 140 Rn. 44.
18) Vgl. BVerfGE 83, 341 (354 ff.).
19) BVerfGE 83, 341 (354 ff., 363 – Baháʼí).
20) Vgl. *Kästner*, in: BK Art. 140 GG Rn. 284; *Unruh*, Religionsverfassungsrecht, 2.Aufl. 2012, Rn. 249.
21) 前記基本法140条[3]．
22) 問題とされる法形式については，後記ワイマール憲法137条[18]参照．
23) BVerfGE 83, 341 (355).
24) *Pieroth/Kingreen* NVwZ 2001, 841 (843).

137条2項は適用されない[25]．連邦領域の国境をまたぐ場合にも，基本法4条1項，2項あるいは9条による宗教社団の結成は〔ワイマール憲法137条〕2項2文をこえて制約されてはならない．宗教社団の禁止については[20]参照．世界観共同体は，ワイマール憲法137条7項によって宗教社団と同等の立場に置かれている．

D. 宗教共同体の自己決定権（3項）

[4] 3項は宗教共同体に自己決定権を付与し，そしてその大きな意義のために（結束した（korporativen））国家教会法の「王法（lex regia）」と呼ばれているが，これは不当ではない[26]．ここで主張される見解によれば基本権規定として（基本法140条[3]）格付けされるべき規定が，最終的に[27]宗教社団の事務の処理と管理に関する自由を規制する．もっとも，この自由は基本法4条1項，2項に照らして解釈されなければならない[28]．

[5] 3項によって**宗教社団**は保護される．基本法4条1項，2項の作用によって，組織された教会あるいはむしろ宗教共同体のみならず，宗教団体に帰属するすべての組織がその法形式に構わず，これらが宗教的目標設定をもってその任務に当たる場合（営造物，財団，そして結社も含めて）同項の対象であると評価されるべきである（基本法140条[6]）．それゆえに，基礎的宗教団体（宗教社団）の保護は，法律上独立した部分にも奉仕する[29]．

---

25) 反対説は，*Starck*, in: v. Mangoldt/Klein/Starck I, Art. 4 GG Rn. 49; *Muckel* によれば，基本法9条1項および2項によって（宗教的結社の）形成と存続が保障され，その活動は事項的に関連する基本権，特に基本法4条1項および2項によって保障される（*Muckel*, HStKR I, S. 827 (828)）．

26) *M. Heckel* ZevKR 12 (1966/67), 34 ff.

27) *Hesse*, HStKR I, S. 521 (526).

28) Vgl. auch BVerfGE 19, 129 (132); *Badura*, HStKR I, S. 241; *Hesse*, HStKR I, S. 521 ff.; *Hufen*, FS Schiedermair 2001, S. 623 (635).

29) 指導的教会（Amtskirche）の自己決定権と法律上独立した教会の施設の自己決

[6] 独立した**処理**（Ordnung）の保障とは，宗教共同体の法設定活動を意味し，**管理**（Verwaltung）とは宗教共同体の執行措置ならびに司法行為[30]を意味する．異なる内容の意見[31]に反して，宗教共同体には，ワイマール憲法137条3項の意味における宗教共同体の事項であるものについて，自己定義によって世俗的な拘束力のある作用をもって決定する権利は認められない．憲法規範の保護領域あるいは構成要件は，憲法から生じそしてそれゆえ解釈によって突き止められるべきである．その場合，確かに宗教共同体の**自己理解**は，基準としてともに考慮されるべきである（基本法140条[4]参照）．疑わしい事例において，宗教共同体には自分の事務の実施が問題となることを納得させる義務がある．係争事件において，国の裁判所が決定をする[32]．憲法はきわめて広い枠をもってあらかじめ設定しているにすぎず，この枠は，宗教共同体による充填が可能であり，またその必要のあるものである．宗教共同体は，ワイマール憲法137条と結びついた基本法140条の保障を用いようとするか，そしてどの方法で用いるかを決定する自由を有している．そのことは，「組織された教会によって認められた基準によって」[33]方向づけられる．つまり指導機関の自己理解によって方向づけられる．宗教共同体内部の衝突については，[2]参照．

権の間で緊張関係が生じた場合に，どのように判断されるべきかという問題について，vgl. *Ehlers*, in Pieroth (Hrsg.), Verfassungsrecht und soziale Wirklichkeit in Wechselwirkung, 2000, S. 85 (109).
30) Vgl. auch *Hesse*, HStKR I, S. 521 (537).
31) 例えばvgl. *Mückl*, HStR VII, §159 Rn. 82; *Hesse*, HStKR I, S. 521 (544).〔基本法〕4条の観点から的確なのはBVerfGE 83, 341 (353). BVerfGE 70, 138 (165) によれば，ワイマール憲法137条3項1文は，教会に対し，すべての固有の事務を教会固有の秩序付けの観点にしたがって，すなわち教会の自己理解に基づいて法的に形成する権利を保障している．
32) BVerfGE 83, 341 (353). BVerfG (K) NVwZ 1993, 357 (358) によって確証されている．
33) BVerfGE 70, 138 (166).

[7]　**固有の事務**概念の下で原則として，宗教共同体への作用に関する[34]すべての事務が含まれる——例えば構成員の権利の形成，教会裁判所の手続のための費用法の規範化[35]あるいは典礼での鳴鐘[36]といったさいの行為が世俗的領域へと照射するとしても，そうである（共同事務については[2]参照)[37]．宗教共同体がさらに，世俗的生活の事務について表明することあるいは助言する（abgeben）ことについては自由とされている[38]．構成員の一般的な世俗的法的地位を拘束力をもって規制することあるいは影響を与えること（tangieren），もしくは教会法によって外部者（——教会の施設利用の場合のように——宗教共同体の領域に踏み込まない）の法的領域を形成することは，固有の事務には属さない[39]．庇護希望者については，そのため拘束力をもつ**教会の庇護**（Kirchenasyl）は認められない[40]．外部者の法律関係が確立されている

---

34)　「事物の本性あるいは目的関係の性質」（BVerfGE 18, 385, 387）という誓約はあてにならない．連邦憲法裁判所によるいわゆる「簒奪者の」理解に対しては，*Schlink* JZ 2013, 299 ff.
35)　Vgl. OVG NRW DVBl 2002, 1056. これについてより詳しくは *Ehlers* ZevKR 49 (2004), 496 ff.
36)　Vgl. BVerwGE 68, 62.
37)　「市民に対する作用」について vgl. *Germann*, in: Epping/Hillgruber Art. 140 Rn. 38.
38)　公での宣言（Kanzelabkündigung）による勧誘（Werbung）について vgl. BVerfGE 24, 236 (244 ff., 250 f.)．選挙広告について vgl. BVerfGE 103, 111 (127 f.); *Wittreck*, FS Hahn, 2007, S. 179 (199); 説教（Predigten）における宗教上の見解表明の自由の射程について vgl. BVerwG, NVwZ 2011, 1278.
39)　*Rüfner*, HStKR II, S. 877 (880).
40)　Vgl. BayObLG NJW 1997, 1713 (1714); *Bell/Skibitzki*, „Kirchenasyl" − Affront gegen den Rechtsstaat, 1998, S. 51; *Doehring*, FS Blümel, 1999, S. 111 ff.; *Peißl* BayVBl 1999, 137. 異なるものとして，*Renck* NJW 1997, 2089 (2090); *Fessler* NWVBl 1999, 449 ff.; Innenministerium RhPf NJW 1997, 2097. 一部異なる見解については *Geis* JZ 1997, 60 ff.; *M. H. Müller*, Rechtsprobleme beim Kirchenasyl, 1999, S. 121; *Görisch*, Kirchenasyl und staatliches Recht, 2000, S. 267 ff. Vgl. auch *Baldus* NVwZ 1999, 716 ff.．これによれば教会の庇護による保護は契約教会法の遵法義務に反する．

よう求められているならば，宗教共同体自体は，一般的な法的取引への参加によって国家の法秩序が提供する器具一式を用いなければならないが,その際(例えば私的自治による形成の自由の範囲内で) その観念を提出することができる[41]．それに加えて，基本権とその他の衝突する憲法は，事情によっては既に3項を限界づけるにあたり有用であり得る．特に「教会の奉仕」に妥当する([10])．

[8] すなわち自己決定権には，例えば教義と儀式の決定，下部組織の観点も含めた宗教共同体の組織[42]，法定立，寄付と手数料の徴収（直ちに税金として形成されない)[43]，固有の裁判権の制度化[44]，教会法の公表[45]，教会の兼職禁止規定の公布[46]，隣人愛と社会奉仕活動に関する活動[47]，構成員法（詳細は[32]）と家宅不可侵権（Hausrecht）の形成[48]，教会の墓地[49]および需

---

41) Vgl. *Ehlers* ZevKR 32 (1987), 158 (162 ff.).
42) BVerfGE 18, 385 (388 - 教会共同体の分割);BGHZ 124, 173 ff.（保護されているのはまた「ヒエラルキーあるいは権威的な秩序構造」の形成);BVerfGE 83, 341 (357)との関連で BVerwGE 105, 117 (124).
43) BVerfGE 19, 206 (217 ff.).
44) BVerwG NJW 1981, 1972.
45) BFHE 138, 303 (307).
46) BVerfGE 42, 312 (340).
47) Vgl. BVerfGE 46, 73 (85 ff.);53, 366 (393 ff.);66, 1 (19 ff.); 70, 138 (163 ff.); 72, 278 (289 ff.); *Isensee*, HStKR II, S. 665 (725). 教会と社会奉仕活動の法領域全体について *Christoph* ZevKR 49 (2004), 465 ff.
48) BVerfGE 57, 220 (243 ff. - 労働組合の立ち入り権はないこと）権利保護について OVG Nds NJW 2010, 2679 は，説得的でない．
49) 他の見解，おそらく通説は，少なくとも部分的に国家の任務から出発している．Vgl. BVerwGE 25, 364 (366); BVerwGE 105, 117; *Obermayer* DVBl 1977, 439;Maurer, FS *Menger*, 1985, S. 285 (288); *Schmidt-Aßmann*, in: Maunz/Dürig, GG, Art. 19 IV Rn. 114; *Lorenz* JuS 1995, 492 (495). ここでみるように *Ehlers* ZevKR 32 (1987), 158 (175 ff.); *ders*. HStKR II, S. 1117 (1124); *v. Campenhausen/Unruh*, in: v. Mangoldt/Klein/Starck III, Art. 137 WRV Rn. 69; *Kümmerling*, Rechtsprobleme kircherlicher Friedhöfe, 1997, S. 17 ff.; *Renck* NWVBl 2006, 170 (171).

要充足の取引⁵⁰⁾,財産管理行為⁵¹⁾と**経済的な活動**(直接ある宗教上の任務として行われるのでない場合ですら)⁵²⁾が分類される.連邦行政裁判所の見解によれば,さらに国立大学でのカトリック教の神学課程の設置は,自己決定権にかかわる.なぜならば国家の設立行為は,教会にとっての事前効果を展開するからである⁵³⁾.

[9] 自己決定権と国家と教会の組織的な分離という命令([2])の下位事例として,ワイマール憲法137条2項と結びついた基本法140条は,宗教共同体に対し,国家あるいは市町村への参与なく当該団体の**職**を付与する権利を保障する.職とは,自己決定権の行使に資するすべての人の立場と解されうる.これには,信仰告白と結びつく国家の公職も含まれる(ワイマール憲法136条と結びついた基本法140条[3]).なぜなら,ワイマール憲法137条3項2文と結びついた基本法140条により,そのような地位の配置にあたり宗教共同体の参加が保護されているからだ⁵⁴⁾.その点で国家と宗教共同体は協働(kooperieren)しなければならないのである.憲法に適合しないのは,かつての(今も有効な)さまざまな国家教会条約⁵⁵⁾において予定される,司教座の配置にあたっての国家の関与である(司教座聖堂参事会会員を含めること,政治的な

---

50) 異なる見解として BVerfG (K) NJW 1995, 1606(1607 - 慈善の制度について)

51) Vgl. auch *Isak*, Das Selbstverständnis der Kirchen und Religiousgemeinschaften und seine Bedeutung für die Auslegung des staatlichen Rechts, 1994, S. 322.

52) Vgl. BVerwGE 90, 112(116 ff.); BVerwGE NVwZ 1995, 473(475 - サイエントロジー教会); NJW 1997, 406(407).批判的なものとして *v. Campenhausen/Unruh*, in: v. Mangoldt/Klein/Starck III, Art. 137 WRV Rn. 112.「宗教共同体の自己決定権の経済的な限界」については *Brauser-Jung*, Religionsgewerbe und Religionsunternehmerfreiheit, 2002, 155 ff.,さらに Rn. 14.

53) BVerwGE 101, 309. 否定的なものとして,*Lecheler* NJW 1997, 439 ff.; 賛意を示すものとして,*Muckel* DVBl 1997, 873. また争いのあるテーマについて *Quaritsch* NVwZ 1990, 28 ff.; *Kriewitz*, Die Errichtung theologischer Hochschuleinrichtungen durch den Staat, 1992, S. 23 ff.; *ders*. NVwZ 1995, 767 ff.

54) またすなわち *Solte*, HStKR I, S. 561(563).

55) これらを紹介するものとして,vgl. *Solte*, HStKR I, S. 561(567 ff.).特にプロイセン自由国と教皇座の条約の6,7条 v. 14. 6. 1929(GS S. 152); 教皇座とドイツ帝国との政教条約14条2項2号,16号 v. 20. 7. 1933(RGBl II S. 679).

付帯規定，国家に対する忠誠宣言の命令に関する規制)[56]．また「同意を与えた者に，権利侵害は成立しない (volenti non fit iniuria)」という法原則は，国家に宗教共同体領域に干渉をすることを許さない[57]．国家は，それゆえに自らに——かつて教会の意思に反して——当然帰属する権利を自由に使用してはならない．例え教会が，今日では抗弁を（もはや）唱えないとしても．場合によっては官吏であってはならない（ワイマール憲法141条と結びついた140条 [7]) ことから出発すれば，教会による軍隊付司教の任命に対する国家の拒否権もワイマール憲法137条3項2文と結びついた基本法140条と一致しない[58]．

[10] ワイマール憲法137条3項1文と2文とが結びついた基本法140条は，宗教共同体の制度においてどのような**職務**が存在しそしてどのような法形式でその職務が実行されるべきかを決定する権利も保障する[59]．構成員の雇用関係と忠誠関係（修道会のメンバー）[60]，協働の宗教共同体の（例えば教会の官吏関係）[61]公法上の雇用関係と忠誠関係，国法に基づく労働関係と雇用関係な

---

56) *Ehlers* JuS 1989, 364 (369): *ders.*, in: Will (Hrsg.), Die Privilegien der Kirche und das Grundgesetz, 2011, S. 75 (84 f.); *Hopfauf* NJW 1989, 1263 (1264 - 反対意見); *Renck* BayVBl 1995, 682 ff. 異なる見解として，*Dahl-Keller*, Der Treueid der Bischöfe gegenüber dem Staat, 1994, S. 172, 200（世界的に忠誠の誓いが1つしかないことが時代遅れで時代錯誤の法制度にもかかわらず）; *Pirson* BayVBl 1996, 641 ff.; *Müller* BayVBl 1996, 644 ff. Vgl. auch *Hollerbach*, FS Obermayer, 1986, S. 193 ff.: *Mückl*, HStKR VII, §160 Rn. 19. 限界についての詳細は *Franzke* NWVBl 2002, 459 ff. （拒否権と単なる政治的疑意の主張との差異について）

57) 争いがある．これについてより詳しくは *Ehlers*, FS Hollerbach, 2001, S. 811 (825 ff.).

58) 反対する意見について vgl. *Ennuschat* Militärseelsorge, 1996, S. 283 ff. （「事物の本性」による例外）

59) BVerfGE 70, 138 (164). 異なる見解として例えば *Preuß*, AK, Art. 140 Rn. 48, 彼は労働法ではなく職務法（Amtstrecht）のみが固有の事務であるとする．職務高権（Ämterhoheit）の詳細については，*Solte*, HStKR I, S. 561 ff.

60) これについて vgl. BVerwG NJW 1987, 207.

61) *Laubinger*, FS Stern, 2012, S. 445, 477 f., に反して，雇用者の権限の行使は国家によって与えられた公権力の行使ではない．

らびに場合によっては宗教共同体の固有の雇用関係が考慮される[62]。常に雇用関係の内容形成は自己決定権に含まれる。そのことは，宗教共同体のすべての者に妥当する法律の制限においてその自己理解に従い教会の勤務を規制し，そして教会の被用者の特殊な義務を拘束力あるものにすることを可能にする（一般的に，そして等級づけられた**忠誠義務**のヒエラルキーにおける地位に応じて）[63]。違反は，解雇や解雇告知をもって制裁される[64]。けれども法的に保護された被用者（そしてそのパートナーないし親族）の利益との衡量が必要とされる。この場合またヨーロッパ人権条約8条によって保護される私生活および家族生活の尊重を求める権利，一般平等待遇法9条1項2項と2007/78/EG指令4条2項が考慮されるべきである。ヨーロッパ人権裁判所は，妻と離婚しそして他の女性と暮らした教会共同体の長年にわたる合唱団指揮者の解雇告知をヨーロッパ人権条約8条と合致しないとみなし[65]，連邦労働裁判所は再婚を原因としたカトリックの病院の医長の解雇通知を個別の事例で効力はないとした[66]。**集団的な職業活動の条件**（kollektiven Beschäftigungsbedingungen）は「教会法」（第1の方法）か，労働協約（第2の方法）によってか，あるいは実務上，雇用共同体の原則にしたがい「教会の」使用者と従業員の代

---

62) 争いがあるのは，通説によれば，職業活動関係の秩序に関する宗教共同体は，労働法を使用しなければならないという点である。Vgl. *Schilberg*, Rechtsschutz und Arbeitsrecht in der Evangelischen Kirche, 1992, S. 19. *Dütz*, FS Listl, 1999, S. 573 (585). 労働法の詳細は *Thüsing*, Kirchliches Arbeitsrecht, 2006; *Richardi*, Arbeitsrecht in der Kirche, 6. Aufl. 2012, S. 16 ff. ただし *Ehlers* ZevKR 32 (1987), 158 (163) もみよ。

63) BVerfGE 70, 138 (165 - 教会の被雇用者); BVerfG (K) NJW 2002, 2271. また Vgl. BVerfGE 46, 73 (94 ff. - 共同決定と職員代表); 72, 278 (290 - 職業像); EGMR NJW 1987, 1131 (教会の雇用内部に宗教の自由はないこと) 教会の雇用法におけるヨーロッパの差別禁止の効果について vgl. *Joussen* RdA 2003, 32 ff.; 一般的な忠誠義務について *Thüsing* EssGespr 46 (2012), 129 ff.

64) 例えば vgl. BAG NZA 1998, 145 ff.; KirchE 37, 300 ff.

65) EGMR, EuGRZ 2010, 560 (Schüth)：これに対し他の立場として例えば，EGMR, EuGRZ 2010, 571 ff. (Obst); ArbRB 2011, 66 (Siebenhaar).

66) BAG, NJW 2012, 1099. 教会の脱会を原因とする雇用通知の許容性については，vgl. BAG, NZA 2013, 1131.

表者から成る対等に構成される労働法上の委員会（**第3の方法**）によって確定されうる[67]．大きな宗教共同体は，私法上の労働雇用関係に関し原則として最後に述べた方法をとるが，一部ではまた「教会に適した」労働協約関係をも認めた[68]．争訟事例において，第3の方法において同数で構成される調停委員会によって一部は中立的な委員長によって[69]，また一部は使用者たる教会の代表者によって決定される．ストライキの権利は排除されている．連邦労働裁判所は，労働組合が組織的に束ねられている場合，ストライキ権排除を承認した[70]．公務について，ヨーロッパ人権裁判所は一般的なストライキ禁止はヨーロッパ人権条約11条1項と合致しないとした[71]．多くが教会の雇用について同様のことを認めることを支持しており，その結果第3の道は無制約に維持することはできず，むしろ等級づけが試みられるべきである[72]．教会の労働契約規制は，規範的効力を展開するものではなく，むしろそれぞれの使用者によって設定された普通取引約款（AGB）として労働関係への個別契約上の関係によって適用を認める[73]．連邦憲法裁判所の見解[74]に反して，（企業外の）労働組合員の立ち入り禁止は，ヨーロッパ人権条約11条と結びついた基本法9条3項と両立しない．宗教共同体は固有の従業員代表を定める権利を有している．法律上の共同決定規制[75]は適用されない．

---

67) 全体についてより詳しくは，*v. Campenhausen/Unruh*, in; v. Mangoldt/Klein/Starck III, GG, Art. 137 WRV Rn. 87 ff.; *Richardi*, FS Heckel, 1999, S. 219 ff., 224; *ders.* (Fn. 62), S. 209 ff.; *Joussen* EssGespr 46 (2012), 53 ff.
68) ドイツ福音教会労働法14条以下参照．
69) そこでドイツ福音教会労働法11条2項4文参照．
70) BAG, NZA 2013, 449; vgl. auch NZA 2013, 437.
71) EGMR, NZA 2010, 1423, Rn. 32.
72) 他の見解として，*Robbers*, Streikrecht in der Kirche, 2010. 衡量モデルについては *Waldhoff*, GS Heinze, 2005, S. 995 (1001 ff.). また vgl. *Joussen*, EssGespr 46 (2012), 53 ff.; *Walter* ZevKR 57 (2012) 233 (248 ff.); *Heinig*, ZevKR58 (2013), 147 ff.
73) 連邦労働裁判所の確立した判例は vgl. BAG BeckRS 2011, 71243 Rn. 21.
74) BVerfGE 57, 220 ff.; 異なる見解は *Classen*, Religionsrecht, 2006, Rn. 454.; *Unruh* (Fn. 20), Rn. 207; *Walter* ZevKR57 (2012), 233 (256 f.).
75) 後記[**14**]脚注108参照．

I. すべてのものに妥当する法律の制限

[11] 宗教共同体はその事務をすべての者に妥当する法律の制限の範囲内でのみ処理し執行する．その制限は 2 項にも妥当する．この制限の規定は，相当の困難をもたらす．今日では，すべての者に妥当する法律とは全国民にとって必要不可欠な法律のみであると理解されるべきであるとする，いわゆる**ヘッケルの定式**はもはや主張されない[76]．全国民にとっての必要不可欠性の要求は，規範的にあらかじめ設定されたものではなく，そして不確定性を横においても納得できるものではない．なぜならば，一方では全国民にとっては受け容れられるが宗教共同体には受け容れられないような法律が存在し，他方ではまた法には全国民が必要不可欠なかたちではかかわらない法律への拘束も要請されるからである[77]．また宗教共同体の**自己理解**に拘束的に照準を合わせるアプローチも放棄される[78]．（宗教共同体の）自己理解は，ともに考慮されるにとどまる（基本法 140 条 [6] およびワイマール憲法 137 条 [6]）．最近主張されている見解によれば，すべての者に妥当する法律は**衝突する憲法規範の具体化**に資するにすぎないという[79]．この見解に対しては，基本法 4 条 1 項，2 項とワイマール憲法 137 条 2 項の保障が広い範囲で重なるために基本法 4 条 1 項と 2 項が留保なく保障される基本権とみなすならば，ある帰結を認めないわけにはいかない．この前提が本稿では共有されず（基本法 140 条 [4]），上述の保障範囲が完全に等しいわけではなく，そして確定性の問題が提起されうること

---

76) Vgl. *Heckel* VerwArch 37 (1932), 280 (284). 批判的なものとして例えば *v. Campenhausen/Unruh*, in: v. Mangoldt/Klein/Starck III, Art. 137 WRV Rn. 44; *Hesse*, HStKR I, S. 521 (549 ff.).

77) 例えば一般的な経済生活への関与における経済法規が挙げられる．

78) そこで今までの判例として，BVerfGE 42, 312 (334)；批判的なものとして *Mückl*, HStKR VII, §159 Rn. 84，これまですでに vgl. BVerfGE 53, 366 (400 ff.); 70, 138 (167).

79) Vgl. *Grzeszick* AöR 129 (2004), 168 (210 ff.); *Belling* AfkKR 173 (2004), 497 (512 ff.).

を除いても，衝突する憲法規定と同視することは，ワイマール憲法137条2項の規定の一義的な文言・発生史とは合致しない．実務上，すべての者に妥当する法律をそこまで広範に抑制することにより，宗教共同体が例えば建築法や営業法の規定と結びつけられないという帰結を生むだろう（なぜならこれらの規範はほとんど衝突する憲法規範とみなされえないからである）．結局のところ，すべての者に妥当する法律の適用領域を，**領域説**と呼ぶような空間的考慮方法によって制約することが試みられる．これに対して，**衡量説**は個別事例における自己決定権とすべての者に妥当する法律との分類に照準を合わせている．

　[12]　特に判例において支配的な見解である[80]**領域説**は，宗教共同体の**内部領域と外部領域を区別する**．内部領域は，国家法そのものには到達できないものであり，それに対して外部領域の形成は法の制限に服する（その際に，「教会の自由と制限目的の相互作用」が考慮されなければならないとされる）[81]．裁判所は，例えば教会共同体の分割[82]ならびに職務法そしてそれと不可分に結びついた雇用法および扶養法を内部領域の一部であるとみなした[83]．支持されるべき**衡量説**は，3項は内部と外部の事務を区別していないことを持ち出す．すべての者に妥当する法律への拘束は，それゆえすべての宗教共同体の事務に適用されるのであってその事務の一部にはとどまらずのみならず[84]，とりわけ内部と外部の事務はいずれにせよ図式的に互いに区別されることはできない．確かに神に仕える行為は教会内部の事務に属する．それにもかかわらず，宗教共同体は完全な自由を享受するものではない．例として挙げれば，説教壇

---

80)　例えば vgl. BVerfGE 18, 385 (388); 42, 312 (334, 338); 46, 73 (95); 66, 1 (20); 72, 178 (189); BVerfG (K) NJW 2009, 1195; BGHZ 22, 383 (390); BVerwG NJW 1983, 2580; NVwZ1993, 672;BAGE 51, 238 ff.; 64, 131 ff.

81)　BVerfGE 70, 138 (167).

82)　BVerfGE 18, 385 (388).

83)　Vgl. BVerfG NJW 1980, 1041; (VPr) NJW 1983, 2569; BVerwGE 25, 226 (228 ff.); 28, 345 (349); BVerwG NJW 1983, 2580 (2582); BVerwGE 95, 379 ff. 勤務関係と雇用関係の分離に関して H. Weber NJW 1989, 2217 (2219 ff., 2224 ff. m.w.N.).

84)　異なる見解として，*Lücke* EuGRZ 1995, 651 (654).

からの人格の誹謗は許されない[85]．洗礼中に教会職員が傷害を誤って負わせてしまったら，彼は刑法上の結果を負わねばならない．そのことは，自由の保障と制限の留保によって保護された法益も衡量という方法で相互に関連づけられなければならないことを示している（自由規範と拘束規範の間に存在する相互作用と過剰介入禁止の考慮の下で）[86]．衡量原理の適用により自己決定権が許されざる相対化に帰着してしまう可能性があるという[87]懸念が現実化するのは，その他の憲法規範の場合と同じくらいわずかにすぎない．現に生じるすべての疑問がある問題の解決を先取りしていい，絶えず新たに発生した衡量の援用から解放する確固たる定式は存在しない[88]．ある宗教共同体の措置が個別の事例において世俗的な効果を有しないならば，最初からその制限も憲法に適合するということはありえない．

[13] 見解の対立に関係なく，さらに「**すべての者に**」妥当する法律にのみ制限を形成する作用が認められうることが考慮されなければならない．それゆえ，3項の保護法益それ自体に対して向けられる法律は排除される[89]．法律が宗教的に中立でない場合，例えば個別の宗教共同体あるいはすべての宗教共同体が不利に扱われることになる場合（世俗化法や宗教共同体について国家の監督を根拠づける法律のような）こそが，これに該当する．それに対して，確かに宗教共同体のみを名宛人にしているあるいはすべての者とは別様にあるい

---

85) Vgl. auch BVerwG, NVwZ 2011, 1278.
86) Vgl. *Ehlers* ZevKR 27 (1982), 269 (284 ff.); *ders.* JuS 1989, 364 (369 ff.); *v. Campenhausen* AöR 112 (1987), 634 ff.; *Kästner*, Staatliche Justizhoheit und religiöse Freiheit, 1991, S. 252 ff.; *ders.*, in: BK, Art. 140 Rn. 344; *Hesse*, HStKR I, S. 521 (549 ff.); *Isak* (Fn. 51), S. 235 ff.; *Bock*, Das für alle geltende Gesetz und die kirchliche Selbstbestimmung, 1996, S. 188 (277 ff.); *Unruh* (Fn. 20), Rn. 173.
87) そこでおそらくまたワイマール憲法137条3項および5項が衝突する規範として解釈されるという著者として，vgl. *Janssen*, FS Hollerbach, 2001, S. 707 (713 ff.); *Hillgruber*, FS Rüfner, 2003, S. 297 (311 ff.).
88) *W. Weber*, Staat und Kriche in der Gegenwart, 1978, S. 359.
89) その点で，基本法5条2項の意味における一般的法律の規定と同様の問題が生じる．これについて，vgl. *Schmitt-Kammler*, Art. 5 Rn. 142 ff.

はそれより厳しく規律するが[90]，一般的に尊重されるべき法益の保護に資する法律は，3項の保護法益に対して向けられていない（たとえば教会墓地に対する衛生保護や世俗婚の保護）[91]。「すべての者に妥当する」法律の制限に並んで，自己決定権は，場合によっては衝突する憲法規範を一層明確に規定する法律によって限界づけられうるのであり，また限界づけられなければならない（例えば消極的な宗教の自由の確保に資する教会脱退法のように）。

II. 個別の諸事例

[14] 判例によれば，すべての者に妥当する法律に含まれるものとして，例えば**解雇通知の保護**（解雇保護法1条，民法典626条）[92]，売上税の徴収[93]，健康保護を目的として**鐘の音量**の上限を設定すること[94]，教会の病院における簿記義務[95]，連邦政府の広報活動[96]，災害保護の実施[97]，**文化遺産**

---

90) 異なる見解として BVerfGE 42, 312 (334). また Vgl. *Janssen*, FS Hollerbach, 2001, S. 707 (718).

91) 原則としてそのような事例に，衝突する憲法がある。

92) BVerfGE 70, 138 (166). 解雇保護の射程についての批判は *Preuß*, in: AK, GG, Art. 140 Rn. 46 ff.; *Jarass*, in: Jarass/Pieroth, Art. 4 Rn. 38. また Vgl. Rn. 10.

93) BVerfGE 19, 129 (133 ff.).

94) BVerwGE 68, 62 (69); BayVGH NVwZ-RR 2005, 315 ff. これについてより詳しくは *Lorenz* JuS 1995, 492 ff.; ムエツィーンの呼びかけについて *Muckel* NWVBl 1998, 1 ff.：教会の活動場所からの騒音に対する不満についての行政訴訟の途が開かれていることについて BayVGH DVBl 2004, 893 をみよ。

95) BVerfG (VPr) NJW 1984, 970.

96) Vgl. BVerfGE 105, 279 (292 ff.). これによれば（ワイマール憲法137条3項に関連することなく）基本法4条1項および2項は，国家が宗教・世界観的中立性をもって抑制的に宗教共同体の目標および活動に取りくむことに対し保護を提供しない。国家指導の範囲内における連邦政府の通知行為に関して，特に法律上の権限は必要とされない。批判的なものとして，*Murswiek* NVwZ 2003, 1 ff.; *Kahl* Der Staat 43 (2004), 167 ff.; *Klement* DÖV 2005, 507 (514 ff.). ヨーロッパ人権条約と判例との合致について vgl. EGMR NVwZ 2010, 17 (179 ff.). 国家の情報提供行為の限界づけについて vgl. auch BVerwG DVBl 2006, 387.

97) *Robbers* ZevKR 38 (1993), 177 ff.

保護法[98]および**営業法**[99]，銀行業法（例えば**イスラム系の銀行業**)[100]，そして道路法[101]の規定がある．また会計検査院に国家の財政支援の受領者に対する財政コントロールを認める国家の会計検査規定もすべての者に妥当する法律であるが，しかしあらゆる事例において宗教共同体の自己決定を制限することができるわけではない[102]．病院での被用者の参加権[103]，企業外の労働組合代表者の立ち入り権[104]，職業教育委員会の委員の配置[105]，修道会の構成員による維持費の拡大[106]そして教会の兼職禁止規定の制限[107]を行う規定は分類を異にする．**集団の労働権そして共同決定権**は，さまざまに明白な，宗教共同体に有利な結果になるような免責を含んでいる[108]．その免責は，本質的に

---

98) VGH BW NVwZ 2003, 1530 ff.
99) BVerwG NVwZ 1995, 473 ff.（常設営業の一般的な前提が存在する場合の営業の届出の必要性‒サイエントロジー教会) BVerwGE 105, 313 ff.; OVG Hamb NVwZ 1991, 806 ff.; 1994, 192 ff.; OVG Brem GewArch 1997, 290 ff. Vgl. auch BVerfG (K) NJW 1995, 1606（消滅時効規定の意味における営業）; BAGE 79, 319 ff.（労働関係）．
100) Vgl. *Gassner/Wackerbeck*, Islamic finance, 2007; *Casper* ZBB 2010, 345 ff.; *ders.*, FS Hopp, 2010, S. 245 ff.; *ders.* RW 2011, 251 ff.; *ders.*, in: Jansen/Oestmann (Hrsg.), Gewohnheit. Gebot. Gesetz, 2011, S. 301 ff.
101) Vgl. NdsOVG NVwZ-RR 1996, 244; OVG Hamb NJW 1996, 2061; OVG Brem GewArch 1997, 285 ff.; VGH BW NVwZ 1998, 91 ff.; BayObLG NVwZ 1998, 104 ff. 特別使用の許可の判断において，基本法4条1項および2項の照射効が考慮されるべきである．
102) 宗教共同体への国家の会計検査が許されないことについて *Leisner*, Staatliche Rechnungsprüfung und Kirchliche Einrichtungen, 1991, S. 65 ff. 議論対象についてより詳しくは，*Mainusch* NVwZ 1994, 736 ff.; *v. Campenhausen/de Wall*, Staatskirchenrecht, 4. Aufl. 2006, S. 306 ff.
103) BVerfGE 53, 366 (405).
104) BVerfGE 57, 220 (248).
105) BVerfGE 72, 278 (292 ff.).
106) BVerwG NJW 1987, 206 (207).
107) BVerfGE42, 312 ff.
108) 経営体組織法118条2項，1952年経営体組織法81条2項，連邦職員代表法，112条，共同決定法1条4項参照．

憲法上命令されている．**連邦データ保護法**は，社団たる宗教共同体を文言の枠外に置くが，その私法上組織された制度[109]を「雄弁な沈黙」によって枠外に置かない[110]．2008年12月31日に失効した戸籍法67条の規定（婚姻締結前の教会での結婚式の禁止）はもはや憲法に適していないとみなされていた[111]．教会の墓地の利用における他教徒の割増料金については[26]参照，動物伝染病法4条2項（畜殺の原則禁止）についてはワイマール憲法136条と結びついた基本法140条[6][112]および *Kokott*, Art. 4 Rn. 68．（これらの）基本権規定は，宗教共同体を原則拘束しないことからしてすでに，すべての者に妥当する法律ではない[113]．

Ⅲ. 権利保護に関する帰結

[15] 宗教共同体の措置に対する国家の裁判所への出訴の途は，判断について国家法の争訟基準が関連するあるいは関係し得る場合のみ開かれているのであるから，また宗教共同体に対する**国家による権利保護**も，**すべての者に妥当する法律の射程**に従って，つまり裁判所による保護がその貫徹に役立つ実体法に従って方向づけられる．**領域説**（[12]）に従うならば，宗教共同体内部の領域に関係する訴えは許されない．そのことを連邦憲法裁判所は繰り返し確

---

109) *Germann* ZevKR 48 (2003), 446 (461 ff.); *Unruh* (Fn. 20) Rn. 231；異なる見解として *von Campenhausen/de Wall* (Fn. 102), S. 295.
110) 全体についてより詳しくは，*v. Campenhausen/de Wall* (Fn. 102), S. 293 ff.; *Lorenz* ZevKR 37 (1992), 27 ff.; ZevKR 45 (2000), 356 ff.; *Ziekow* Datenschutz und evangelisches Kirchenrecht, 2002.
111) Vgl. *Ehlers*, FS Hollerbach, 2001, S. 811 ff.; *Tillmanns* NVwZ 2003, 43 ff.; *Schwab* FamRZ 2008, 1121 ff.
112) 問題のあるものとして BVerwGE 99, 1; 112, 227 (233 ff.)，なぜなら個人の信仰の自由には，あまりにもわずかな余地しか残されていないからである．現在では余地はより広くなっている（が，共通の確信に着目する点は同じである）ことについては，vgl. BVerfGE 104, 337 ff.
113) これについてより詳しくは後記[25].

認している[114]。判例は，宗教共同体内部領域に属するものとして，市民法の範囲にかかわらない[115]教会内部の組織問題とならんで，とくにまたすべての聖職者と教会職員による地位（確認）の訴えを挙げる（例えば異動，強制的な一時解雇，解任，解雇）[116]。宗教共同体が公務員の範囲に関する法律135条2項[117]の申立てを使用した場合には別であろう[118]。そのことは，その規定が方法（Wie）（通常裁判権の管轄か行政裁判権の管轄か）のみにかかわり，しかし権利保護をするかしないか（Ob）を規定しないことからしても説得力を持たない[119]。一部未解決のままであるのは，聖職者と教会職員による財産法上の訴訟も（たとえば，給与の損害補てんあるいは支払請求）内部領域に含まれるかということである[120]。連邦憲法裁判所は，そのことを地位の決定が有する財産法上の効果のみが問題になる場合には肯定している[121]。これに対し

---

114) BVerfG (K) NJW 2009, 1195 (m. umfangr. Nachw.). 批判的なものとして，*H. Weber* NJW 2009, 1179 ff.; *Germann* ZevKR 54 (2009), 214 ff. 今ではもう異なる見解として，BverwG 2 C19. 12.
115) BVerfG (K) NJW 1999, 350.
116) Vgl. BVerwGE 66, 241 (244); 95, 379 (381 ff.); BVerwG NJW 1983, 2582; NJW 2003, 2112; BAGE 64, 131 (136 - 修道司祭)；判例の一覧のまとめについて vgl. *Ehlers*, in: Schoch/Schmidt-Aßmann/Pietzner (Hrsg.), VwGO, 2013, § 40 Rn. 113; *Germann* ZevKR 51 (2006), 589 ff.; *H. Weber* NJW 2009, 1179 ff.; *Laubinger*, FS Schenke 2011, 975 ff.
117) ひきつづき妥当することについて vgl. 官吏身分法63条3項2文；連邦公務員法146条.
118) BGHZ 34, 372 (374); BVerwGE 25, 226 (231 ff.); 30, 326 (327 ff.). Vgl. auch BVerwGE 66, 241 (247 ff.); 95, 379 ff.
119) *Ehlers* ZevKR 27 (1982), 269 (280); *ders.* JuS 1989, 364 (366); *H. Weber* NJW 1989, 2217 (2225); *Kästner* (Fn. 86), S. 155; *Heckel*, FS Lerche, 1993, S. 213 (219 ff.); *v. Campenhausen* EssGespr 34 (2000), 105 (135).
120) BVerfGE (VPr) NJW1983, 2569 (2570); (VPr) NVwZ 1985, 105; BVerwGE 28, 345 (348); 66, 241 (249). 法的手段の許容性について OVG NRW NJW 1994, 3368 (3369). BayVGH NVwZ-RR 1996, 447 (448 - 選出された修道院構成員による追加保険)；批判的なものは，*Kirchhof*, FS Heckel, 1999, S. 775 (795 ff.).
121) BVerfG (K) NJW 2009, 1195 f.

て，文献において主張される別のタイプの領域説によれば，聖職法（geistliches Amtsrecht）の内容形成のみが宗教共同体の内部事項に属し，職務関係の内容形成は含まれない[122]．ヨーロッパ人権裁判所は，「確立した国内の判例」はヨーロッパ人権条約6条1項と合致するとした[123]．職員が私法の労働関係にいるならば，公法上の職員を除き，常に国家の裁判所へのアクセスが彼らに保障される．

[16]　通説とともに採用されるべき**衡量説**に従うならば，国家の裁判所への出訴の途が与えられるのは，個別の事例において国家に保護される法的地位の侵害を原告が主張する場合である[124]．法的地位が現に存在しているかあるいは侵害されているかについては，その他の訴訟要件の枠内において重点的に[125]審査されるべきであり——例えば原告適格やとりわけ訴えの認容性——，国家への出訴の途が開かれているかの枠内で審査されるべきではない．宗教共同体の領域の先例的な前提問題が（例えば教義または教会法の正しい適用）が重要となる限りにおいて，構成された宗教共同体の見解は国家の裁判所によって尊重されるべきである．

[17]　国家に義務づけられる司法保障義務（法治国家原理と結びついた基本

---

122)　H. Weber NJW 1967, 1641 ff.; ders. NJW 1989, 2217（2219 ff., 2224 ff.）; Schenke, in. BK, Art. 19 Abs. 4 Rn. 182 ff.; Schmidt-Aßmann, in; Maunz/Dürig, Art. 19 Abs. 4 Rn. 115. 明らかにこれを拒絶しているのは BGHZ 154, 306（310）．教会法と国法との強い分離について Laubinger, FS Schenke, 2011, 975 ff.

123)　EGMR, 6. 12. 2011-12986/04（Müller）; 6. 12. 2011-3775/04（Reuter）, 6. 12. 2011-38254/04（Baudler）．

124)　法的手段の類型的な遮断の代わりの衡量についてはまた OVG NRW, DVBl 2012, 1585 ff. および最近ではまた BVerwG 2 C 19. 12. 文献からは，vgl. Ehlers ZevKR 27（1982）, 269（287 ff.）; ders. JuS 1989, 364（367）; ders.（Fn. 116）, §40 Rn. 118 ff. Mauer, FS Menger, 1985, S. 285（292 ff., 295 ff.）; Steiner NVwZ 1989, 410（412 ff.）; Sachs DVBl 1989, 487（495）; Kästner（Fn. 86）, S. 198 ff., ders., in: BK, Art. 140 GG Rn. 52 ff.; Mager, in: von Münch/Kunig Art. 140 Rn. 41 f.; Germann, in: Epping/Hillgruber, Art. 140 Rn. 55 f.

125)　Vgl. Ehlers（Fn. 116）, §40 Rn. 213 ff.

法2条2項；92条）からの帰結として，国家の裁判所は原理的に法すべての法的問題の決定を行う資格があり，その判断は国法にしたがい下される．この見解には一部は新しい判例でも賛成がみられたが[126]連邦憲法裁判所はこれに与しなかった[127]．自己決定権は，国家の司法保障義務を制約せず，むしろ対象となる決定の司法判断可能性の範囲のみを制約する．なぜならば，自律的な教会法あるいは共同体法に基づき，宗教上の根本秩序と教会あるいは信仰共同体の自己理解によってとられる措置は，国家の裁判所によってその適法性について審査できないからである[128]．国家の裁判所の利用についての国家の（あるいは教会の）了承は重要ではない[129]．国家の司法保障義務は，宗教共同体の有利になるようにも不利になるようにも妥当するのであり[130]，国家の法規の適用において宗教共同体の前提問題が解明されるかどうかにかかわらない[131]．国家の裁判所への出訴の途が与えられる場合，連邦憲法裁判所が主張する見解によれば，教会の自己理解に対して憲法上課された配慮から，国家の裁判所に対し，一般的法律の基準によってそして（職務法の問題について）司法保障請求権を充たしたうえで，その点で与えられた**教会への出訴の途**を尽くす前に決定しないことが要請される[132]．連邦通常裁判所は，教会の権利保護

---

126) Vgl. BGH NJW 2000, 1555 (1556); BGHZ 154, 306 (309); BverwGE 116, 86 (88); BverwG 2 C 19. 12, Rn. 12. Vgl. auch BVerfGE (K) NJW 2004, 3099; BVerfG (K) NJW 1999, 349. で開かれている．そして例えば BverwGE 117, 145 (146 ff.).

127) BVerfG (K) NJW 2009, 1195 ff.

128) BGHZ 154, 306 (311 ff.).

129) BGHZ 154, 306 (309).

130) 宗教共同体に対する国家の権利保護が拒絶されるならば，裏面として宗教共同体の請求に対する国家の無管轄も認められなければならないだろう．そのことは両方とも許されないのである．Vgl. *H. Weber* NJW 1989, 2217 (2218); *Ehlers* ZevKR 49 (2004), 496 (509).

131) BGH NJW 2000, 1555 (1556); BGHZ 154, 306 (310); BVerwGE 116, 86 ff. 原則として賛意を示すものとして *v.Campenhausen* ZevKR 45 (2000), 622 ff.; *Kästner* NVwZ 2000, 889 ff.; *Maurer* JZ 2000, 1113 ff.; *Nolte* NJW 2000, 1844 ff.; Rüfner, FS Schiedermair, 2001, S. 165 (173).

132) BVerfG (K) NJW 1999, 349 (350).

が優位しそして国家の**司法保障は補充的**であると言及した．教会裁判所あるいは調停委員会に先に訴えていなければ権利保護資格が欠ける[133]．これに同意できるのは，宗教共同体の権利保護が予定され，かつ宗教共同体の裁判所が，国家法が仲裁裁判所に対して行う要求に合致する場合に限られる．しかし通例は（たとえばカトリック教会法によれば），宗教共同体の裁判所には独立と中立性，さらには〔基本法〕92条の意味での裁判所の特性が欠けている[134]．**どの国家の裁判所に対する出訴の途**が与えられているかは，単純（訴訟）法によって規定されるものであり，憲法によって規定されてはいない．争訟が公法の性格を持つか私法の性格を持つかについてはまた[23]参照．教会裁判所の決定は国家の裁判所の決定のように執行力はない．むしろ宗教共同体は国の裁判所からあらかじめ執行名義を手に入れなければならない[135]．教会裁判所の前で弁護人の補佐を求める国家法は存在しない[136]．

E. 権利能力の取得（4項）

[18]　4項は，宗教共同体の権利能力の取得が，特定の規定あるいは行政の宗教的な異議申立権に依拠させること（ワイマール憲法124条1項3文，2項

---

133)　BGHZ 154, 306 (312). Vgl. auch BVerwGE 116, 86 (90); BVerwG 2C 19. 12 Rn. 27; OVG NRW DÖV 2002. 129; *Kirchberg* NVwZ 1999, 734; *H. Weber* ZevKR 49 (2004), 385 (398). より広範囲におよぶものとして（説得力があるものではない）HessVGH DÖV 2003, 256 (257)，これによれば国家の裁判所への法的手段は，また原告が教会法によってあらかじめ定められた聖なるローマ教皇庁の控訴院（Sacra Rota Romana）への法的手段を利用しつくしていない場合には与えられるべきではない．これについて的確な文献として，*Kästner*, in: BK, Art. 140 Rn. 68.

134)　Vgl. *Ehlers* ZevKR 49 (2004), 496 (504).

135)　OVG NRW DVBl 2002, 1056 f.; これについてより詳しくは *Ehlers* ZevKR 49 (2004), 496 ff.

136)　一部異なる見解について，*H. Weber* AnwBL 1994, 345 (350 ff.). Vgl. auch *Schrandt*, Anwaltlicher Beistand in religiösen Angelegenheiten nach kirchlichem und staatlichem Recht, 1996, S. 73 (75 ff.). これについて *Christoph* ZevKR 44 (1999), 575 ff.

2文)に対し向けられている.4項は,しかし共同体に特別の特権を付与する意図はない.その規定は宗教共同体に対し,合憲的に保障された,一般規定による**私法の組織形式**を主張する権利を与えているが,特定の法形式を求める権利を与えるものではない.保障されているのは,一般的な法的取引への参加を含む何らかの方法で法的に存在する可能性のみである[137].そのことは,宗教共同体のための固有の組織形式を利用することを提案として排除しない.公法の社団という地位の下に位置づけられる宗教共同体に関する新たな私法上の組織形式を導入しようとする提案が文献において[138]オーストリアでの法状態[139]をよりどころとして提示されたが,しかしながら当然ほとんど賛同者は認められず[140],かつ立法者によってこれまでは取り上げてこられなかった.平等問題は,公法の社団レベルより下にある特別の法形式が優遇措置と結びつくならば生じる[141].原則として,社団化した宗教共同体は**理想社団〔非経済的社団〕**の形式で組織した(民法典21条).しかしその法形式は,通説によれば以下の場合には自由に用いることができない.それは結社がいわゆる付帯目的特権からはなれて,計画的,長期的でかつ外部へ方向づけられた,つまり団体内部の領域を超えた固有の経営的活動を展開し,この活動が団体またはその構成員のために財産価値のある利点をもたらすことを目標としている場合である[142].非経済的な目的の実現のための給付が,通常その給付が構成員の関係

---

137) BVerfGE 83, 341 (355). 教会の有限会社の権利問題について vgl. *Krämer* ZevKR 41 (1996), 66 ff.

138) *Waldhoff*, (Fn.8) D 87 ff.; *Möllers*, Verhandlungen des 68. DJT 2010, 2011, O39 (48 f.).

139) これについて vgl. EGMR NVwZ 2009, 509.

140) 第68回ドイツ法曹議会(2010)で法人性という宗教の特定の形式を編入するという提案には,否定的な者が大多数であった.

141) (オーストリアと関連づけられて)これについて Vgl. EGMR NVwZ 2009, 509 (511 ff.);オーストリアにおける法状態の詳細について,*Schwendenwein*, FS Listl, 1999, S. 309 ff. 概略は,*Walter* DVBl 2010, 993 (996).

142) 付帯目的特権によれば,ある理想団体が,その理想目標達成のために行った経営的活動を展開しているのは確かだが,その経営的活動を団体の非経済的な主目

から独立して，通常は他の関係からも独立して提供される場合にも，構成員に対して有償で行われるような結社も同様である[143]．その点で，共同体は（とりわけ経済取引における信者の保護のために）他の方法で，例えば（特に一般に利用可能な）[144]有限会社，財団，私法上の社団（民法典 705 条以下）あるいは非登録社団として組織されなければならない[145]．宗教の自由とその自己決定権を根拠として，私法の形式で組織された宗教共同体は（また），内部の組織に関して（外部関係ではなく）特別の地位を享受する．なぜならば，その自己理解が関連する法の解釈そして取扱いにおいて顧慮されるべきだからである[146]．例えば，結社として組織化された宗教共同体は，結社の自律の原則から離れて相当程度他者によって決定されうる（例えば外部にある教会の機関がこれにあたる）[147]．それゆえ，結社が宗教上の見地でヒエラルキー的に分化された宗教共同体の一部として組織され，上位の共同体に一定の作用権限を認めようとしているとの理由だけで結社として登録することが禁止されてはならない[148]．公法上の組織可能性については[21]以下参照，世界観については[37]．

[19]　4 項は**権利能力の喪失**に明示的には言及しない．けれども権利能力の喪失は反対の行為（actus contrarius）として，権利能力の取得についての基準

に帰属，従属させており，それを達成するための補助手段としている場合には，その理想団体は経済的な団体とはならない．Vgl. BGHZ 85, 84 (92 ff.); BVerwGE 105, 313 (316).

143)　Vgl. BVerfGE 105, 313 (316 ff. - サイエントロジー); 賛意を示すものとして *Schmidt* NJW 1998, 1124 ff.; *Ellenberger*, in: Palandt, BGB, 73. Aufl. 2014, §21 Rn. 2 ff.
144)　BVerwGE 105, 313 (316).
145)　これについてより詳しくは，*Towfigh*, Die rechtliche Verfassung von Religionsgemeinschaften, 2006, S. 145 ff.
146)　Vgl. BVerfGE 83, 341 (356 ff.).
147)　BVerfGE 83, 341 (358 ff.)；限界：単なる行政の地位（Verwaltungsstelle）あるいは単なる特定の（財産）力；同時に更なる規制を離れた適法性について示唆を与えるのは，*Künzel*, Die kirchliche Vereinaufsicht, 1999, S. 126 ff., 151 ff. *Muckel*, HStKR I, S. 827 (835 ff.).
148)　BVerwGE 83, 341 (356).

と同一の規定によって方向づけられる.そして結社は民法典43条に基づき権利能力を剥奪されうる[149].権利能力の剥奪は,宗教共同体が禁止されているという結果にはならない.宗教共同体は例えば権利能力なき結社としてさらに存在し得る.

[20] ワイマール憲法137条2項と4項は,基本法4条1項,2項とヨーロッパ人権条約9条[150] 1項と同様に**宗教共同体の禁止**に反対しない[151].一部で9条2項が直接適用されるが[152],また一部でその規範はワイマール憲法137条3項の意味におけるすべての者に妥当する法律の1つに数えられる[153].他の見解によれば,ワイマール憲法136条1項の法律の留保(市民の義務)が介入している[154].しかしとくに衝突する憲法規範による基本法上の保障の限定が指摘されている[155].連邦行政裁判所は[156],その禁止が衝突する憲法法益の

---

149) 賛意を示すものとして *Morlok*, in: Dreier III, Art. 140 GG/Art. 137 WRV Rn. 36.
150) Vgl. EGMR, EuGRZ 2010, 285.
151) 異なる見解として *Veelken*, Das Verbot von Weltanschauungs- und Religionsgemeinschaften, 1999, S. 208.(この件に関する)意見状況について vgl. *Planker* Das Vereinsverbot von Art. 9 IIGG/§§ 3 ff. VereinsG, 1996, S 30 ff.; *ders.* DÖV 1997, 101 ff.; *Stein*, Die Beendigung des ör Körperschaftsstatus bei Religionsgemeinschaften, 2006, S. 170 ff.; *Michael* JZ 2007, 146 ff.; *Stuhlfauth* DVBl 2009, 416 ff.
152) Vgl. BVerwGE 37, 344 (363 ff.); 105, 117 (121); BVerwG JZ 2007, 144 (145). おそらくまた BVerfGE 102, 370 (389, 391 - 明白に言及したのは社団のみ);さらに *Stuhlfauth* DVBl 2009, 416 (421); *Kästner*, in: BK, Art 140 GG Rn. 286 f.
153) おそらく BVerfGE 37, 344 (364);さらに *Kokott*, Art. 4 Rn. 151. Vgl. auch *Magen*, in Umbach/Clemens, GG, Art. 140 Rn. 90.
154) この指摘については vgl. *von Sachs* JuS 2004, 12 (16).
155) 代表的なものとして,vgl. *Pieroth/Kingreen* NVwZ 2001, 841 (845); *Korioth*, in: Maunz/Dürig, GG, Art. 140/Art. 137 WRV Rn. 15; *Michael* JZ 2002, 482 (485 ff.),彼は自由で民主的な基本秩序を脅かすことは不可欠であるとみなしている.*Poscher* KritV 85 (2002), 298 (303 f.) によると仮象問題 (Scheinproblem) が問題となる.なぜならば結社は自由で民主的な基本秩序に対する闘争が中心にある場合,宗教共同体ではなく,むしろせいぜい9条1項および2項で扱われなければならない結社であるからだ.
156) BVerwG DVBl 2003, 873 (874 - カリフ国の禁止); JZ 2007, 144 (145).

維持と団体の憲法上の保護との衡量によれば「欠くことが出来ない」ものでなければならないと考え，これに連邦憲法裁判所も同意した[157]．そのことは原則として結社が基本法79条3項において示される憲法原則に反対するときに当てはまる．本稿で主張される見解によれば，衝突する憲法規範には基本法9条2項も含まれる．なぜならば，その規範は（他の憲法規定に転用できない）基本権の限界づけ規範としてのみならず，一般的な禁止規範としても把握されるためである[158]．その規定は，基本法140条，ワイマール憲法137条3項，4項と結びついた基本法4条1項，2項の照射効のために厳密に基本法79条3項に依拠して解釈されるべきである．法律の留保が妥当するために，禁止は**法律上の授権根拠**に支えられうるものでなければならない[159]結社法は，以前は宗教共同体と世界観共同体の禁止を許さなかった．そのことは結社法2条2項3号の自由地位条項の削除をもって改正された[160]．禁止規範としてむしろ結社法3条1項1文（ドイツ人の結社），14条1項1文（外国人の結社）そして15条1項1文（外国の結社）が考慮される．連邦行政裁判所は，結社法3条1項1文では十分でない事例について[161]，結社法3条1項1文，14条1項1文を類推適用した[162]．

F. 公法上の社団としての宗教共同体（5項）

I. 概　　略

[21]　公法上の社団の下で，概して国家に由来する構成員で構成された高

---

157) BVerfG (K) NJW 2004, 47 (48).
158) Vgl. auch *Sachs* JuS 2004, 12 (15). Abl. etwa *Groh* KritV 85 (2002), 39 (50).
159) 9条2項の事例においては争いがある．Vgl. *Höfling*, Art. 9 Rn. 38 ff.
160) BGBl 2001 I 3319. 立法理由については vgl. BT-Dr 14/7026, S. 6: BT-Dr. 14/7386, S. 50.
161) まさに有用な授権根拠から出発するのは *Korioth*, in: Maunz/Dürig, Art. 140 GG/Art. 137 WRV Rn. 15; *Sachs* JuS 2004, 12 (16).
162) BVerwG DVBl 2003, (873) 875.

権主体と理解される¹⁶³⁾. ところが社団の宗教共同体は，特別の種類の社団であって，必ずしも国家に分類されず，国家的法主体と同様の方法で構成員により構成されるのでもない（もっとも常に構成員を有している）社団である．宗教共同体が 5 項の基準に従い獲得する公法上の社団の地位¹⁶⁴⁾は **6 つの意味内容を持つ**¹⁶⁵⁾. つまり第 1 に，社団の地位は宗教共同体の権利能力を民法から独立して規律する（**1**）．社団の地位においてしかし同時に私法上の権利能力も含まれている¹⁶⁶⁾. 次に，社団の地位は宗教共同体が有する「公共生活の精神的――社会的諸要素として」の意義を強調し¹⁶⁷⁾, そしてその意義を純粋な私法上の領域へと移すことを認めないことによって明らかにする（**2**）．さらに 5 項は国家と宗教共同体との急進的な分離に対抗する効力を持っている（**3**）．公法上の社団の地位の獲得が内容上の諸要請と結びつけられるために（例えば期間の保証 [27] そして法への忠誠 [28]），法形式の適用と更なる名声の獲得（Gewinn）が結びつけられる（**4**）¹⁶⁸⁾. 同様に，社団の地位は国家に区別をする可能性を開き，そして公法上組織された宗教共同体に一定の特権を認める可能性を開く（**5**）（例えばワイマール憲法 137 条 6 項と結びついた〔基本法〕140 条,

---

163) 例えば vgl. *Burgi*, in: Erichsen/Ehlers (Hrsg.), Allgemeines Verwaltungsrecht, 14. Aufl. 2010, § 7 Rn. 10.

164) 否定されるべき見解は *Schmidt- Eichstaedt*, Kirchen als Körperschaften des öffentlichen Rechts?., 1975, S. 107 ff., 彼は 5 項を違憲の憲法規範とみなしている．社団の地位の詳細については *Heinig*, Öffentlich-rechtliche Religionsgesellschaften, 2003; *Magen*, Körperschaftsstatus und Religionsfreiheit, 2004.

165) 社団の抵触法上の関係については *Janssen*, FS Hollerbach, 2001, S. 707 ff. ある「いくらか疑いある名誉称号」については以下の文献が語っている．*Smend* ZevKR 1 (1951), 4 (9).

166) *Janssen*, Aspekte des Status von Religionsgemeinschaften als Körperschaften des öffentlichen Rechts, 2005, S. 109.

167) *Scheuner* ZRP 1969, 195.

168) Vgl. BVerfGE 102, 370 (388 - 特に社会における外観); *Magen*, in: Lehmann (Hrsg.), Koexistenz und Konflikt von Religionen im vereinten Europa, 2004, S. 30 (48).

公課法 31，54 条 1 項，所得税法 10 条 1 項 4 号，10b 条 1 項，相続税および贈与税に関する法律 13 条 1 項 16a 番，営業税法 3 条 6 号，土地税法 3 条 1 項 4-6 号，法人税法 5 条 1 項 9 号，売上税法 4a 条，12 条 2 項，裁判所構成法施行法 12 条 2 項，14 条 1 項 4a 号，刑法典 133 条 2 項，秩序違反法 126 条 1 項 2 号，建築法典 1 条 6 項 6 号，26 条 2b 号，90 条 2 項 2 号，軍事上の防衛のための土地所有の制限に関する法律 7 条 2 文，農業に関する構造の改善ならびに被雇用者の社会的基本権共同体の性格をもつ土地および森林経済の操業（土地のやり取りに関する法律）の保全措置に関する法律 4 条 2 号，民事訴訟法 882a 条 3 項，行政執行法 17 条，連邦非常時役務供与法 4 条 2 項 4 号，連邦及び州予算基本原則法 55 条 1 項，社会法典 5 編 6 条 1 項 4 号，132a 条 1 項 1 号後段，社会法典 6 編 5 条 1 項 2，3 号，社会法典 7 編 2 条 1 項 10b 号，社会法典 8 編 75 条 3 項[169]，社会法典 9 編 73 条 2 項 2 号，社会法典 12 編 5 条 1 項，青少年に有害な文書と薬物内容に関する法律（破棄済み）9 条 2 項 8 号，連邦データ保護法 15 条 4 項[170]，労働時間法 7 条 4 項，職場安全等に関する法律 21a 条 3 項，文化財保護法 19 条，（青）少年保護法 19 条 2 項 8 号，放送国家協定 42 条 1 項[171]，非訟事件費用法 144 条 1 項 3 号，連邦の特別休暇規則 7 号）[172][173]．

諸特権は組織形式と必然的に結びつけられ，客観的に正当化され，かつ**基本法**

---

169) 社会法上の例外規制について vgl. *Axer*, FS Listl, 1999, S. 587 ff.
170) 規定の違憲性について *Hoeren* NVwZ 1993, 650 mit Fn. 4.
171) 公法上の放送施設の機関での教会の代行について *Link*, HStKR II, S. 251 (273).vgl. auch BVerwG NVwZ 1986, 379 ff.（配分参加請求権（Teilhabeanspruch）ではない）放送における宗教上の第三者送付の権利について *Stock* ZevKR 45 (2000), 380 (384 ff.); 否定的なものとして *Renck* NVwZ 2000, 868 ff. Vgl. auch *Cornils* ZevKR 54 (2009), 417 (432 f.).
172) これについて Vgl. BVerwG DÖV 2011, 367.
173) これに対する批判については *Brenner* VVDStRL 59 (2000), 264 (284 ff.); *Weiß* KritV83 (2002), 104 (127 ff.). 適切にも *Hillgruber* NVwZ 2001, 1347 (1354) は，社団の地位と特別な義務が結びつけられるものであることを指摘している（後記〔26〕参照）．憲法上の（de lege constitutione）社団の廃止については *Sacksofsky*, VVDStRL 68 (2009), 7 (28, 44).

の平等原則そしてヨーロッパ人権条約9条[174]と結びついた14条の平等原則とも合致しなければならない[175]．一部には，優遇措置が社団の地位のみと結びつくものもあり[176]，また一部には，諸特権がさらなる要件の下，または平等な地位の可能性をもって優遇措置を含むこともあり，一部では諸特権は宗教共同体の公法上の法的地位のみを補充するものもある[177]．特権が直接組織形式と結びつけられる（したがって組織形式に固有である）ことがない限りで，諸特権は客観的に正当化され，基本法の平等原則またはヨーロッパ人権条約9条と結びついた14条の平等原則ならびに場合によってはEU基本権憲章20条および21条と合致しなければならない．宗教上の核心的地位に触れる場合(140条[9]脚注73)，公法上の宗教共同体と私法上の宗教共同体の不平等な取扱いは許されない．また税の免除[178]と助成金の交付の場合も，事情によってはまた社団の地位しだいとなりうる[179]．国の補助金付与において，自由な福祉振興を行う他の主体に対して社団の性質を持つ宗教共同体を（宗教共同体は教会税を課すことができるとの理由によって）不利益扱いすることは憲法上正当化されない．それゆえノルトライン＝ヴェストファーレン児童教育法20条1

---

174) Vgl. EGMR NVwZ 2009, 509 (511 f.)．「エホバの証人」の信者を兵役の義務から解放しないことによるヨーロッパ人権条約がいうところの差別については前記ワイマール憲法136条[6]脚注43参照．

175) Vgl. auch *Magen*, in: Umbach/Clemens, Art. 140 Rn. 103.

176) そこでBVerfGE 66, 1 (17 ff.)によると，公法上の宗教共同体の破産能力（支払い能力がないこと）が基本法から直接生じることになる．

177) Vgl. *Schrooten*, Gleichheitssatz und Religionsgemeinschaften, Diss 2014（未公刊〔訳者注：2015年公刊〕）この文献では同時に平等権による評価を扱う．

178) 根拠はBVerfGE 19, 1 (10 ff.)に認められる．全体の詳細については，*Hammer*, HStKR I, S. 1065 (1066 ff.).

179) 広範に認めるものとしてBVerwGE 87, 115 (127 ff.)．逆の事例（補助金の打ち切り）については vgl. BVerwG NVwZ 1987, 678, 補助金の削減についてはVGH BW NVwZ 2001, 1428, 寄付金集めに関する許可義務についてはBGH NJW 1980, 462, 社団化された宗教共同体に，補助金授与を委ねることの不適法性については，BVerfGE 123, 148 (177 ff.).

項[180)]は違憲とみなされるべきである[181)]．相当ではないのは，例えば，就学義務の免除[182)]，公立学校における宗教の授業の実施[183)]，営造物での司牧[184)]，公務員法上の特別休暇の保証[185)]のための社団の地位である．最後に，5項は社団である宗教共同体に一定の公法の手段の範囲において奉仕することを許可している（**6**）．それに対し宗教共同体はその宗教の自由の行使について必ずしも[186)]社団の地位をあてにしてはいない．けれどもワイマール憲法137条5項の申し出によって用いられるかぎり，社団の地位は宗教の自由の発展への1つの手段である[187)]．

[**22**] **公法上の総合的地位**（Gesamtstatus）というものが，社団化された宗教共同体はそのすべての活動を公法の管轄に置くことができるということ，またはそれ以上に，置くことを義務づけられているということを意味しているとは[188)]，当該条項からは導き出されえない[189)]．ワイマール憲法137条5項は，

---

180) 2007年10月30日付の児童教育法．GVBl NRW 2007, S. 462.
181) *Ehlers* ZevKR 54 (2009), 253 ff. 社団化された宗教共同体の（法律上規制されていない）左遷が許されないことについてはまたすでに vgl. *Link* ZevKR 29 (1984), 291 ff.; *Papier* Die Verwaltung 18 (1985), 29 ff.
182) BVerwGE 42, 128 (131).
183) BVerfGE 102, 370 (396); BVerwGE 123, 49 (54 ff.); 異なる見解では *Korioth* NVwZ 1997, 1041 (1046 ff.).
184) BVerfGE 102, 370 (396).
185) *Renck* NVwZ 1987, 669 ff.；異なる見解として BVerwG NVwZ 1987, 699 ff. 批判的なものとして *Sachs* BayVBl 1986, 193 ff. これについて vgl. BVerfG (K) NJW 1995, 3378; 最近からは BVerwG 2C 32. 09.
186) またこの証明については前記基本法140条[**3**]参照．
187) Vgl. auch BVerfGE 42, 312 (322); 102, 370 (387). 社団の地位の基本権として解釈することに批判的なのは *Hillgruber* NVwZ 2001, 1347 ff.; *Muckel* JURA 2001, 456 (461 ff.); *Korioth*, FS Badura, 2004 S. 727 ff.
188) ただし，Vgl. *Renck* Bay VBl 1984, 708 ff.
189) *Lorenz* JuS 1995, 492 (495); *Kästner*, in: BK, Art. 140 GG Rn. 369. 教会の幼稚園への立ち入り禁止の私法上の性格について BVerwG NVwZ 1987, 677; *Müller-Volbehr* JuS 1987, 869 (872). 批判するものとして *Erichsen* DVBl 1986, 1203 ff.

社団化された宗教共同体に，限定された範囲内で公法上の行為形態を用いる可能性をただ与えているのみである．ワイマール憲法137条5項と結びついた基本法140条によって社団化された宗教共同体は，世俗の法領域の中でたえず公法上出現する法的機能を容認されているわけでも，自身の行為を全体として公法の管轄に置くことを強制されているわけでもない．これは，妥当する法律上の権利（Gesetzesrechts）を根拠として社団的に構成された国家が，しばしば公法上行動を起こすことを許されず，私法に依拠していることを，比較対象として指摘することができよう[190]．

[23] 公法上または私法上の社団化された宗教共同体の行為の範囲画定は，重大な問題をもたらす．連邦行政裁判所は，社団化された宗教共同体の**典型的な活動表現**は公法上のものであるとみなした[191]．連邦通常裁判所はこの方針に従っている．なぜなら，教会活動の**核心的存立**（Kernbestand）に分類されるべき行動様式が，承認されずに公法上のものとして評価されなかった場合，社団化された宗教共同体の強調された法的地位および憲法上の法形式保障（Rechtsformgarantie）はその意義を奪われるからである[192]．宗教共同体の社団としての地位に法は，**歴史的に**，または慣習法的に結びつき，組織法のみならず，法の定立および小教区法[193]，職務法，宣誓法，懲戒法，宗教上の物権法[194]も公法上形成されてきたことを顧慮するならば[195]，いずれにせよこれ

---

190) Vgl. *Ehlers*, in: Erichsen/Ehlers (Fn. 163) §3 Rn. 10 ff., 33 ff.
191) BVerwGE 68, 62（64 ff. - 礼拝の鐘の音）; BayVGH NVwZ-RR 2005, 315; *Isensee*, GS Constansinesco, 1983, S. 301 (317); 批判するものとして *H. Weber* ZevKR 57 (2012), 347 (363 f.). 教会の時鐘の私法上の性格に関して vgl. BVerwG NJW 1994, 956. 問題提起的なものとして BGHZ 124, 173 ff., これによれば，カトリック教会と私的連合会による，カトリック教会の氏名権に関する争いは，私法上の争訟であるとされる．
192) BGHZ 148, 307 (312)；ただし，さらに vgl. *Tillmanns* DVBl 2002, 336 ff., また，詳細については後述．
193) 教会ゲマインデへの所属は，居住地によって決定される．Vgl. BVerfGE 102, 370 (371).
194) 神聖物は，宗教の行使が捧げられる対象と理解される．これについて，より詳しくは Schlink NVwZ 1987, 633 ff.; *Müller-Volbehr* ZevKR 33 (1988), 153 ff.; *Ehlers* NWV-

らの行為権限をワイマール憲法および基本法は承認していたことから出発しなくてはならない。ただし、ワイマール憲法137条5項は、1919年の法状況にのみ社団の保障を関連付けることを強制しているわけではない[196]。むしろ、憲法上の保障は若干の範囲において**発展の余地**がある。このことは、連邦憲法裁判所と同様に、公法上の社団の地位を宗教の自由を展開させるための手段としてみなす場合には、とりわけあてはまる[197]。したがって、今日、例えば直接的な宗教上の目的設定に資する社団化された宗教共同体の設備――墓地[198]、幼稚園、学校といったもの――の構築は、公法上の擬制（Agieren）の届く領分の中に数えられなくてはならない。これにより、社団化された宗教共同体は国家と同様、自身の公的な設備の利用関係について規律する際に、公法を用いることが許されなくてはならない。また、宗教共同体への給付が要求される場合には、部外者に対して公法上の法関係が形成されうる。宗教共同体が上述のような領分の中で行動する場合、公法の適用推定が及ぶ[199]。それに対し、

Bl 1993, 327 (328 ff.); *Axer*, Die Widmung als Schlüsselbegriff des Rechts der öffentlichen Sachen, 1994, S. 203 ff.; *ders.*, FS Listl, 2004, S. 553 ff.; *Schütz*, HStKR II, S. 3 ff., *Mainusch*, Die öffentlichen Sachen der Religions- und Weltanschauungsgemeinschaften, 1995, S. 59 ff.（4条およびワイマール憲法137条3項が、国家に対する消極的な防禦的保障のみを認めているのに対し、ワイマール憲法137条5項によって可能とされる保護は、各人に対する積極的な形成的保障へと行き着く点を指摘している。）; Goerlich/*Schmidt* ZevKR 55 (2010), 46 (58 ff.). 批判的なものとして *Keihl*, Das staatliche Recht der res sacre, 1977, S. 135 ff.; *Kromer*, Sachenrecht des öffentlichen Rechts, 1985, S. 73 ff.; *Renck* JZ 2001, 375 ff.

195) Vgl. *v. Campenhausen/de Wall* (Fn. 102), S. 251 ff.
196) Vgl. auch *Mainusch* ZevKR 43 (1998), 297 (307).
197) BVerfGE 102, 370 (387).
198) Vgl. OVG Lüneburg ZevKR 34 (1989) 206 (208); *Sperling* DÖV 1994, 207; *Zacharias* DÖV 2012, 48 (51 f.). ハンブルクにて締結されたイスラム教社会との契約は原則的に、イスラム教による墓地経営権を承認している（10条3項）。
199) *Ehlers* ZevKR 32 (1987), 158 (168); これに賛意を示すものとして *Kästner*, in: BK Art. 140 GG Rn. 430. 異なる見解として *Müller-Volbehr* JuS 1987, 869 (872); *H. Weber* NJW 1989, 2217 (2223).

例えば土地処分取引は公法に当たらない．そのため教会は，例えばその公法上の社団としての地位を引き合いに出し，教会監督のもとの教会ゲマインデによる売却の許可につき生じる，土地取得者への行政手数料を課すような条項を制定することは許されない[200]．教会の宗派代表による表現もまた公法上のものとして位置付けられない．というのも，宗教共同体は，あらゆる者が自身の意見表明の自由を行使するという限りで存在しうるからである．このことは同時に，基本法4条1項，2項によっても補強されうる[201]．

[24] 宗教共同体が，公法上の権利を要求する場合ここから，宗教共同体は国家の模範を拠り所としなくてはならないという意味における，**型式の強制**は生じない．例を挙げると，自身の教会職員の扶養を年金保険に関する国家公務員法とは異なるものとして保障することは，宗教共同体の自由裁量に任されている[202]．ただし，一方的な形態を持つ，すべての者に妥当する法的拘束および，事情によってはその他の法的拘束の形式には注意が払われなくてはならない（[26]）．

[25] 支配的な見解によれば，ワイマール憲法137条5項のなかで用いられている「外套概念（Mantelbegriff）」[203]に応じた社団の地位は，形式的なものにとどまらず[204]，**実体的な意義**をも含む．なぜなら，公法上の宗教共同体には，公法上の形式を利用するための権利と並び，その他の宗教共同体には付

---

200) BVerwG ZevKR 53 (2008), 352 ff.; *Ehlers* ZevKR 54 (2009), 186 ff.
201) 異なる見解として BGHZ 148, 307 (313)．同旨のものとして *H. Weber*, FS Links, 2003, S.510 (517 ff.); *Wißmann*, VerwArch 96 (2005), 369 (374 ff.)――もっとも，第三者に対する決定権の欠如のみを理由としている (378 f.); vgl. auch *Muckl* JZ 2002, 192 ff.
202) 論争的である．すなわち同旨のものとして *Link*, FS Obermayer, 1986, S.227 (230 ff.) m. n. N; 異なる見解として例えば *H. Weber* ZevKR 42 (1997), 282 (293); さらに異なる見解として *v. Campenhausen/de Wall* (Fn. 102), S. 255 ff.; *de Wall* ZevKR 49 (2004), 369 ff. 国家公務員法の非適用可能性については vgl. BVerfGE 55, 207 (230 ff.)，基本法33条5項の非適用可能性については BVerfG (VPr) NJW 1983, 2569 (2570); BVerwG (K) NJW 2009, 1195 (1196); BVerwG NJW 1983, 2580 (2582).
203) BVerfGE 83, 341 (357).
204) そのように述べるものとしてさらに *Ehlers* ZevKR 32 (1987), 158 (166). Vgl. auch *Goerlich* JZ 1984, 221 (222 ff.); *Schlink* NVwZ 1987, 633 (637 ff.).

与されない形成権限も容認されているためである²⁰⁵⁾．そのため，連邦憲法裁判所は,社団の地位を備えた宗教共同体は（直接,そして法律による付与によって初めてということなしに）一定の高権を委託されていたということを出発点としている．つまり，自身の構成員に対して（例えば，雇用可能性）も，その他の者に対して（例えば，物権法上の公共物指定権限の保障を通じて）も，主張できる権限である²⁰⁶⁾．とりわけこの権限は，公法上の，一方的かつ拘束的な行為形態を用いることが許される（例えば料金決定の発布）．社団化された宗教共同体は決して国家に統合されるわけではなく²⁰⁷⁾，社会的な営造物にとどまるために，原則的に宗教共同体は，国家委託および国家的権限を引き受けることはない．それに従い，これらは**国家の監督**に服することもない²⁰⁸⁾．それに応じ，固有の（国家的に委任されていない）委託任務行使の際，宗教共同体の責任は職務責任法ではなく，一般的な私法上の不法行為法における規律に従う²⁰⁹⁾．さらに，その働きは基本権によって保護されている²¹⁰⁾．**基本権による拘束**は，（9条3項に際してのように）基本権が直接的に第三者効を展開

---

205) Vgl. *v. Campenhausen/de Wall* (Fn. 102), S. 251 ff. 社団の地位の法的効果につき網羅的なものとして *Heinig* (Fn. 164), S. 281 ff.

206) BVerfGE 102, 370 (388); *de Wall* ZevKR 43 (1988), 441 (452). 異なる見解として例えば，*Renck* DÖV 1999, 458 ff., 彼は教会による料金決定に特別な法律上の根拠を要求している．；なおさらに，*Janssen* (Fn. 166), S. 116（宗教共同体によって制定された法は，世俗的な外的効果を備えており，特別な国家的法規からこれが生じている場合にのみ，これは公法である．）．

207) BVerfGE 18, 385 (386); 42, 312 (321 ff.); 55, 207 (230); 66, (19 ff.); 102, 370 (388).

208) このほかに，いわゆる相関関係理論がある．これによれば，国家的な教会高権は，教会の公法上の地位と必然的に相関関係にある．Vgl. *Schoen* VerwArch 29 (1922), 1 (20 ff.); *Anschütz* WRV, Art. 137 Anm. 5.

209) Vgl. OLG Düss NVwZ 2001, 1449 ff.; *Ehlers* ZevKR 44 (1999), 4 (12 ff.); *ders.* JZ 2004, 196 ff. 支配的見解と異なる解釈として vgl. RGZ 168, 143 (157 ff.); BGHZ 22, 383 (387 ff.); BGH VersR 1961, 437; NJW-RR 189, 921; BGHZ 154, 54 ff.; *Wißmann* VerwArch 96 (2005), 369 (377 ff.).

210) BVerfGE 102, 370 (387); *Kirchhof*, HStKR I, S. 676.（区別によっては）異なる見解としてて例えば，*Preuß*, AK, Art. 140 Rn. 58; *H. Weber*, HStKR I, S. 584 ff.

する場合か，または宗教共同体が国家権力を委譲された場合に，例外的にのみ存在する[211]．このことは，例えば教会の租税権（[31]）の付与，または国家的な資格制度に関する効果を伴うような卒業証明を授与する，教会の代替学校の権限についてあてはまる[212]．法的な立場を強制執行することは[213]，国家権力の主体に留保されているために，社団化された宗教共同体の使用料債権もまた，国家が法律上の根拠に基づき，国家権力を社団化された宗教共同体に委譲するかまたは，法律上の根拠に基づき執行援助を保障している場合にのみ，行政強制の手段によって執行することが許される[214]．これに対し，教会墓地の管理は国家的事項ではない（[8]）．

[26] 仮に社団化された宗教共同体が，公法を用いたとしても，当該宗教共同体は，法的には**拘束された**（gebunden）ままである．国家に設定された限界も，私法上の規律も，公法上の擬制のために直接適用されることがないため，このような場合，社団化された宗教共同体の拘束は自主的に定められる．ただしそうはいっても，多かれ少なかれ国家の一般公法によって方向づけられている．ここで主張される見解によれば二段階の方法がとられる（**二段階理論**）[215]．あらゆる宗教共同体は，自らに関する事項を規律および管理する際に

---

211) 基本権による拘束の欠如について vgl. auch BVerfGE 102, 370 (392); *Höfling*, Art. 1 Rn. 191 ff., *Bock* NVwZ 1999, 738 (740); *Robbers*, FS Heckel, 1999, S. 411 (421). 部分的に異なる見解として H. *Weber* ZevKR 42 (1997), 282 (292), さらに教会内部の基本権妥当性について詳しくは (294 ff.); *Schnapp/Kaltenborn* JuS 2000, 937 (942 ff.); *Laubinger*, FS Stern, 2012, S. 445 ff.（小教区に対する妥当性）．
212) BVerfGE 27, 195 (203 ff.); *Müller*, Das Recht der Freien Schule nach dem Grundgesetz, 2. Aufl. 1982, S. 67 ff.
213) ThürOVG, Urt. v. 11.4.2007 (AZ 1 KO 1110/04); *Ehlers*, HStKR II, S. 1117 (1129 f.); *Kapischke* ThürVBl 2003, 91 (92).
214) このことは，社団化された宗教共同体による，行政強制によって補強されていない行政行為が，付加価値によって単純な公法上の意思表明よりも優遇されていることを変化せしめるものではない．というのも，そのような行政行為は，適切な時期にこれへと疑義が提示されていない場合，費用債務の法的有効性を過失か否かに無関係に，決定し，確定力を備えるものであるからである（BVerwG ZevKR 53, 2008, 352 f.）．これについてより詳しくは *Ehlers* ZevKR 54 (2009) 186 ff.

は，ワイマール憲法137条3項に従い，すべての者に妥当する法律およびそれに伴うすべての者に妥当する私法上の規定に拘束されている．ここから，最低限の水準が導き出され，これは，宗教共同体が公法上の制度を用いる場合であっても，顧慮されなくてはならない．税の徴収に際しては例えば，民法315条，242条からこの制約が読み取られうる．さらにまた，国家権力による懲戒に向けられただけでなく，一方的に拘束するような命令権限の場合における**公序**（一般的法思想）ともみなされるような公法上の規定からも制限は生じる[216]．このことは，社団化された宗教共同体は——社団としての地位に結びつき，これらを優遇する権力手段の裏面として——，事情によってはその他の宗教共同体には課されないさらなる（何らかの）制限に服するということを導く．ただし，このことは決して一貫した事実というわけではない．社団としての地位は，宗教共同体の活動可能性を促進するとされている[217]．このことを，すべての者に妥当する法律（ワイマール憲法137条3項）を越えて，社団の権利の行使を理由に，多かれ少なかれ国家に同化する方法をもって社団化された宗教共同体を規律するやり方で，逆転させることは許されない．したがって，社団化された宗教共同体が，国家および社会における高められた影響力を手中にしているという事情から，高められた義務と——社会的領域と国家的領域の間のどこかの地点をさまよう——追加的な**公益による制限**が憲法上直接導き出されるとするのは，誤りである[218]．社団化された宗教共同体がその他の宗教共同体と批判的に対立する場合，社団化された宗教共同体はまさに，社団化されていない宗教共同体と同様の限界に服することとなる（[23]）[219]．当該宗教共同体が教会の墓地を管理する場合，民法315条，242条および国家的には（一方的な形

---

215) Vgl. auch *Ehlers* ZevKR 54 (2009), 186 (199 f.).
216) 法治国家原理の個別的要素を，社団化された宗教共同体に直接適用することに関して *de Wall* ZevKR 43 (1998), 441 (457). 公序については vgl. auch Art. 6 EGBGB.
217) Vgl. BVerfGE 102, 370 (390 - 基本権上の自由における発展の強化)
218) Vgl. *Ehlers* JZ 2004, 196 (198 f.); *H. Weber* ZevKR 57 (2012), 346 (354).
219) 異なる見解として BGHZ 154, 54 (63).

成における必然的な制約として）租税法の中で表現される一般化可能な法思想[220]にのみ，拘束される．このことを顧慮するのであれば，信仰の異なる者へ課される割増料金は（たとえ仮に，当該割増料金が独占墓地に関わるものであろうとも）容認される[221]．教会の財産管理を仲立ちとしたラント法上の規定[222]は，それが教会の行為能力を規律するものに限られない場合でも，いずれにせよ憲法上許されない宗教事項への国家の干渉としてみなされうる[223]．社団化された宗教共同体は，一般的に妥当する財務管理の規律のほかに国家に義務を負うことはない．教会が，上述の規定の適用に（契約に基づき）合意していたという事情は，このことに何ら変更を加えない[224]．また，**教会慣習法の構成**[225]も，さらなる手がかりとはならない．というのも，そのような法は，国家が活動を起こすことに有用な法的基礎ではないからである．

II. 社団としての権利の付与

[27] 宗教共同体が，ワイマール憲法発効の際から，すでに公法上の社団

---

220) すなわち等価原理である．
221) 論争的である．すなわち，異なる見解として（独占墓地に関して）NdsOVG DVBl 1993, 266 (267); DÖV 1995, 518; OVG Brem NVwZ 1995, 804 (805); おそらくさらに *Mainusch* ZevKR 43 (1998), 297 (322 f.). 本文と同旨のものとして *Sperling* DFK 1993, 1804; *Kümmerling* (Fn. 49), S. 128 ff.; *Ehlers* ZevKR 54 (2009), 186 (202 ff.). Vgl. auch *Engelhardt*, HStKR II, S. 105. (121 ff.); *de Wall* NVwZ 1995, 769 ff.
222) ノルトライン＝ヴェストファーレンに関して vgl. Das Gesetz über die Verwaltung des kath. Kirchenvermögens vom 24.7.1924 および das Staatsgesetz, betreffend die Kirchenverfassungen der evang. Landeskirchen, vom 8.4.1924.
223) Vgl. *Ehlers*, in: Pieroth (Hrsg.), Verfassungsrecht und sozial Wirklichkeit in Wechselwirkung, 2000, S. 85 (92). また批判的なものとして，*Jurina*, FS Hollerbach, 2001, S. 835 (837 ff.).
224) Vgl. auch *Germann* EssGespr 47 (2013), 57 (61).
225) そのように述べるものとして *v. Loewenich*, Das Kirchenvermögensverwaltungsrecht der katholischen Kirche in den Kirchengemeinden Nordrhein-Westfalens-vom Kulturkampfgesetz zur kirchlich übernommenen Norm, 1993, S.232 ff.; *Zilles/Kämper* NVwZ 1994, 109 (110).

であった場合（例えば，ラント教会，司教区，教会ゲマインデ，シナゴーグゲマインデ，部分的には修道会ゲマインデも含まれる），これらは，それを自ら放棄してしまった場合でもない限り，この地位を保持する（ワイマール憲法137条5項1文）．その他の宗教共同体は，5項2文の提示内容に従い，それらが〔存続〕期間を提示する場合，申請により同等の権利が保障される．「発祥当時からの（geborenen）」[226)]宗教共同体と「承認された（anerkannten）／選ばれた（gekorenen）」宗教共同体との区別は，歴史的な展開（長期間の社団としての地位）および実質的な差異（新たな宗教共同体はまずもって発展せねばならず，社団としての地位の取得のための要件を満たさなければならない）を通じて正当化される[227)]．付与のためには，個別的なメルクマールだけではなく総合的な考察も問題となる[228)]．存続期間に決定的であるのは，根本規則および構成員の数である．行政実務は，——不当なことではあるが通例——法律上の規定ではなく，1954年および1962年[229)]の文部大臣会議における勧告（これらは2006年に改訂された[230)]）によって，方向づけられている（[29]）．「**根本規則**」は，定款として理解されるだけではなく，共同体の体制（Verfasstheit），すなわち「共同体の総合的状態」としても理解される[231)]．このほかに，十分な組織体があるか，十分な財務資金[232)]があるか，存続が一定期間続いているか，宗教的生活の度合いはどれほどであるかといったことによって共同体の総合的状態は左右される[233)]．**構成員数**に関しては少し前まで，行政実務は，当

---

226) Vgl. すでに§17 Teil II Titel 11 des ALR.
227) Vgl. BayVerfGH NVwZ 1999. 759.
228) BVerfGE 102, 370 (385).
229) *H. Weber* ZevKR 34 (1989), 337 (377 f., 378 f.)に掲載されている．
230) Vgl. *Zacharias* NVwZ 2007, 1257.
231) BVerfGE 102, 370 (385).
232) Vgl. BVerfGE 66, 1 (24). Vgl. auch Art. 1 II 2 Bay KirchStG，これによれば期間の保証は，当該団体が，その財政上の期間に関する義務を守ることが可能であることを前提としている．
233) BVerfGE 102 370 (385); *H. Weber* ZevKR 34 (1989), 337 (350 ff.); *Kirchhof*, HStKR I, S. 651 (684 ff.).; *Muckel* DÖV 1995, 311 (315).

該ラントの人口の1000分の1を基礎に置いていた[234]。しかし，この数は，達成の際にはさらなる審査が不要となるような行政執行の軽減に資する可能性がある．そのほかの要因（例えば，構成員の年齢構成，宗教共同体の総存続期間，他のラントおよび（または）外国における支部）が顧慮される場合は，より少ない数でも条件を満たすことができる．例えば，連邦行政裁判所は，ヘッセンラントにおけるバハイ教のゲマインデの訴えを，全人口の1000分の1の限界を全く達成されずにいた（ドイツにおける全構成員の数もまた，これを下回っている）にも関わらず，認容した[235]。公法上の社団の地位を得ようとする宗教共同体はまず第一に，登録された団体であることを先んじて証明してあるということは，要件とされていない[236]。通常，実務においては世代の交代を乗り越えた存続（約30年）を期間として要求される[237]。このことは，決してヨーロッパ人権条約の基準と両立しないであろう．ヨーロッパ人権裁判所は待機期間を，例外的事態にのみ，ヨーロッパ人権条約9条2項の意味において必要であるとみなしており，オーストリアにおけるエホバの証人に対する法的承認のための10年の期間を条約違反として位置づけた[238]。また，終末論的な信条は，存続期間に対する肯定的な評価の妨げとはならない[239]。

[28]　社団の権利の付与は，ワイマール憲法137条5項2文のなかで挙げられているメルクマールのほかに，暗黙に記述され，憲法秩序の総体から生じる制約として，共同体の法への忠誠（Rechtstreuen）を前提としている[240]。

---

234)　*H. Weber* ZevKR 34 (1989), 337 (354); *Kirchhof*, HStKR I, S. 651 (686).
235)　BVerwG NVwZ 2013, 943.
236)　BVerfGE 102. 370 (385).
237)　Vgl. *H. Weber* ZevKR 34 (1989), 337 (352).
238)　EGMR NVwZ 2009, 509 ff. ドイツ法への帰結についてはvgl. *H. Weber* NVwZ 2009, 503 (505 f.).
239)　BVerfGE 102, 370 (386).
240)　基本的にBVerfGE 102, 370 (389 ff.); 賛意を示すものとして *v. Campenhausen* ZevKR 46 (2001), 165 ff.; 憲法への忠誠としての法への忠誠については vgl. *Magen*, Körperschaftsstatus und Religionsfreiheit, 2004, S. 142 ff. Vgl. auch EGMR EuGRZ 2007, 543 (545 – これによれば，民主制社会の理念および価値を衰弱させたり破壊したり

ただし，個々の法および法律への違反すべてが，法への忠誠行動の保証を疑わしいものにするわけではない[241]．連邦憲法裁判所の見解は次のようなものである．すなわち，公法上の社団の地位を取得する意思をもつ宗教共同体は，とりわけ自身の将来の行動が，79条3項に規定されている憲法の基本原理，国家的に保護委託された第三者[242]の基本権，基本法上の宗教の権利および国家教会法上の権利の自由的な基本原理を危殆化しないための保証を提示しなくてはならない[243]．これを越えた国家への忠誠は，要求されえない[244]．また国家は，社団化された宗教共同体に，国家に協力することを義務づけることもない[245]．宗教の内容は問題とならない．決定的であるのは，宗教共同体の行動のみである[246]．国政選挙への宗教上の参加禁止のみによって社団の地位を与えないことは正当化されない．それに対し，推奨された教育の実施方法が，子の福祉を侵害しているかまたは，脱会意思をもつ構成員が強制的に共同体に引きとめておかれるなどしている場合には，法への忠誠は存在しないことになる[247]．エホバの証人は，こうした判例を基礎として公法上の社団の権利を付与された．今日，とりわけ論争的であるのは，イスラム共同体[248]を公法上の社団として承認しうるか否かという点である．法への忠誠が存在しているのであれば，組織化

することを目的として条約上の決定を引き合いに出すことは，何人にも許されえない．)．
241) BVerfGE 102, 370 (391).
242) 法律上の明確化に関しては，*Hillgruber* NVwZ 2001, 1352; *H. Weber* ZevKR 57 (2012), 347 (371).
243) BVerfGE 102 370 (392 ff.)
244) そのほか，さらに BVerwGE 105, 117 (126)，批判的なものとして *Korioth*, GS Jeand'Heur, 1999, S. 221 ff.; *Robbers*, FS Heckel, 1999, S.411 ff.
245) BVerfGE 102 370 (396).
246) BVerfGE 102 370 (394, 397).
247) BVerfGE 102 370 (399 ff.)
248) 多数の論考があるが，とりわけ，*Muckel* DÖV 1995, 311 ff.; *H. Weber*, in: Oebbecke (Hrsg.), Muslimische Gemeinschaften im deutschen Recht, 2003, S. 85 (97 ff.); *Lindner*, Entstehung und Untergang von Körperschaften des öffentlichen Rechts, 2002, S. 57; *Kazele* VerwArch 69 (2005), 267 (278); *Kloepfer* DÖV 2006, 45 ff を参照．

の度合いが，特にこれを左右する．ヘッセンでは，初めてイスラム団体「アフマディーヤ・ムスリーム・ジャマート」が，公法上の社団として承認された．

[29] 要件が満たされていれば，裁判で主張可能な社団の権利の付与への請求権が生じる．連邦憲法裁判所の見解によれば，基本法4条1項，2項を根拠とした憲法異議を提起することも可能である（[21]も参照)[249]．ここで主張されている見解に基づく場合，すでにワイマール憲法137条5項2文から基本権同等の権利が導き出されている（140条[3]）．──ブレーメン（ラント憲法61条2項）およびノルトライン=ヴェストファーレン（国家実務に基づいて）のように──議会法によって付与が行われ，ラントが個別的な憲法異議を認めない場合，宗教共同体は，直接連邦憲法裁判所に憲法異議を提起することができる[250]．請求権の要件の存在に関する実体的な立証責任は，当該宗教共同体が負担し，法への忠誠の欠如に関する立証責任はラントが負う[251]．宗教共同体の所在地があるラントでの，初めての社団の地位の付与は，それが直接ワイマール憲法137条5項から導き出される（雇用可能性，または税の徴収のための権利といった）社団の権利の，連邦レベルで妥当する付与と結びつけられる限り，「超地域的な手続き」である．このことは各ラントの（例えば，教会税の額の決定を目的とした，[34]）内容形成的規律を排除しない．連邦の通常法律が，社団の地位に結びついている限り，地位の付与は全連邦領域において妥当する[252]．社団の地位にラント法上の優遇措置が結びついている場合，該当する他のラントにおける「**第二の付与**」が必要となる[253]．「発祥当時からの」宗教共同体にあっては，原則的に当該宗教共同体だけではなく，一定の，その

---

249) BVerfGE 102 370 (383). 批判については vgl. Fn.174 に挙げられている文献.
250) Vgl. auch *H. Weber* ZevKR 57 (2012), 347 (378).
251) *H. Weber* ZevKR 57 (2012), 347 (372 ff.).
252) Vgl. *Bohl*, Der öffentliche-rechtliche Körperschaftsstatus der Religionsgemeinschaften, 2001. S.96.
253) 全体の詳細（個別的には，部分的に異なる）につき *Zacharias* NVwZ 2007, 1257 ff.; *Walter/v. Ungern-Sternberg/Lorenz*, Die "Zweitverleihung" des Körperschaftsstatus an Religionsgemeinschaften, 2012; *H. Weber* ZevKR 57 (2012), 347 (381 ff.).

下位集団（教会ゲマインデ，教会群）も社団の性質を持っている．また，組織的な権力が，社団化された宗教共同体に，公法上の下位集団，またはその他の公法上の人格を形成する権限を与えることもある[254]．5項3文によれば，複数の公法上の社団は，単一の公法上の連合へと統合することが可能であるが[255]，これは，その**上部団体**を宗教共同体とするか否かという点には左右されない[256]．また，その場合には，**承認**という形での国家の協力が必要である．

より詳細な事項――例えば，(司教区，ラント教会といった)団体連合および(ゲマインデといった) 下位集団は，いつ社団の地位を取得可能となるのかという問題，ならびに公法上の営造物および財団は設立することが許されているのかという問題等――は，ラント法によって定められる（ワイマール憲法137条8項と結びついた基本法140条）．いくつかのラントでは，付与は，法律によってか，または法律に基づいて[257]行われ，またその他のラントでは法規命令の形式で（のみ）行われるが[258]，多くの場合は，ラント政府または大臣の決定を通じるのみで行われている．ワイマール憲法137条8項は法律上の規定を要求し，一般的な原則によれば（公法上の，または私法上の）法人は，法律によってか，または法律に基づくことによってのみ設立されうるために[259]，**法律上の規律**を制定することを放棄したラントは，**憲法違反**の行いをしている．さらに，法律上の諸条項が，一般的に妥当する意義をもつものとされている場合，期間の保証の具体化のための基準は，詳細に，これによって規定されなくては

---

254) BVerfGE 102, 370 (371); BVerwG ZevKR 54 (2009), 376 (378).
255) 詳細には，不明確な点が多々ある（例えば，どのラント法が決定力を持つのかなど）．
256) Vgl. BVerwGE 123, 49 (59).
257) それが行われるのは，例えばバイエルンおよびハンブルクである．法的問題については vgl. *Rüfner*, FS Listl, 1999, S. 431 ff. いわゆる間接的な教会行政の問題については *Albrecht*, FS Listl, 1999, 449 ff.
258) バーデン＝ヴュルテンベルクでは 1928年7月14日付のヴュルテンベルク文部省による命令に基づいて新たな公法上の宗教共同体が創設されている（*H. Weber* ZevKR 34, 1989, 337 379 ff. に掲載）．
259) Vgl. *Ehlers*, in: Erichsen/Ehlers (Hrsg.), Allgemeines Verwaltungsrecht, 14. Aufl. 2010, §2 Rn. 46.

ならない.既存の公法上の社団のなかでの下位集団の変更および設立は,部分的には国家教会法のなかで規律されている[260].

III. 社団の権利の喪失

[30] 社団の地位は,当該宗教共同体が,その構成員を失うか,申立てにより解散するか,または(当該宗教共同体が——[20]で示したように——禁止されなくてはならないものであるか,社団の地位の付与が違法になされていたか,ワイマール憲法137条5項2文における諸要件を満たさなくなった等の理由によって)社団の地位を剥奪されるまで,存続し続ける[261].剥奪は,法律によってか,または法律に基づくことによってのみ,容認される[262].その際には,当該宗教共同体の自己決定権(ワイマール憲法137条3項)が顧慮されなくてはならない.宗教共同体の意思に従えば,下位集団に社団性が存在する場合,とりわけ自己決定権が重要となる[263].剥奪についての——明確な——法律上の規定が存在するのは,バイエルンのみである[264].社団の権利を剥奪することは,自動的に私法上の法人への変更に至るわけではない[265].宗教共同体の社団の地位を(移行期間を伴ったうえで)すべて取り消すことは,憲法制定者の自由裁量に委ねられている[266].ただし,これは望ましくない.

---

260) 例えば vgl. Art. 3 S. 2 Preußenkonkordat i. V. m. der Vereinbarung über die staatl. Mitwirkung bei der Bildung und Veränderung kath. Kirchengemeinden; Art. 8 Evang. Kirchenvertrag SachsAnh.
261) Vgl. VG Berlin NVwZ 1995, 513 (514 ff.); *Kunig/Uerpmann* DVBl 1997, 248 ff.; *Radkte* NdsVBl 1999, Art. 140 GG Rn. 94 ff. シナゴーグ Adass Jisroël の存続については vgl. BVerwGE 105, 255.
262) 同じく *Korioth*, in Maunz/Dürig, Art. 137 WRV Rn. 82; *Kästner*, in: BK, Art. 140 GG Rn. 494.
263) これについて Vgl. BVerwG ZevKR 54 (2009), 376 ff.; *Engelbrecht* ZevKR 55 (2010), 227 ff.
264) Vgl. Art. 1 III-V BayKirchStG.
265) Vgl. *Kästner*, in: BK, Art. 140 GG Rn. 498.
266) *Sailer* ZRP 1999, 455 (458) は,教会はもはや国民教会ではないとしていることか

G. 課税権（6項）

[31] ヨーロッパにおいて，宗教共同体の資金調達は実にさまざまに規律されている．例えば，宗教共同体の財産収益，国家による交付金，教会税または宗教共同体かまたは他の立場へ割りあてられうる（ごくわずかな）文化税の徴収，分担金または寄付金または献金の収集等が資金調達の基本となりうる[267]．ドイツでは，6項に従い，社団化された宗教共同体は，税を徴収する権限，すなわち，受領収入の達成を目的として，反対給付的な性格を持たずに，公法上の金銭給付を徴収する権限を与えられている[268]．教会税の保障は，宗教の自由の発展に役立ち，それゆえに（4条1項，2項によっては要求されていない）基本法上の宗教助成の形式である[269]．教会税は社団化された宗教共同体の主要な収入源である[270]．規模の小さい社団化された宗教共同体は，しばしば教会税を徴収していない[271]．――ワイマール憲法137条3項と結びつ

ら，（不当にも）廃止を要求している．

267) *Böttcher* ZevKR 52 (2007), 400 ff.; さらに *Hammer*, Rechtsfragen der Kirchensteuer, 2002, S.90 ff.; *ders.*, in: Birk/Ehlers (Hrsg.), Aktuelle Rechtsfragen der Kirchensteuer, 2011, S. 65 ff.; *Marré*, Die Kirchenfinanzierung in Kirche und Staat der Gegenwart, 4. Aufl. 2006, S. 23 ff.; *Kühne*, FS Rüping, 2008, S. 173 ff における概説を参照．
268) 比較法的には *Marré* ZevKR 42 (1997), 338 ff.; ドイツにおける教会税徴収の歴史的な法展開については vgl. *dens.* ZRP kan. 116 (1999), 448 ff.; *Schlief* ZRG kan. 116 (1999), 465 ff. *Kleine* は Institutionalisierte Verfassungswidrigkeiten im Verhältnis von Staat und Kirche unter dem GG, 1993, S. 214 ff. にて，違憲の実定憲法を是認しているが，これは不当である．
269) Vgl. *H. Weber* NVwZ 2002, 1443 (1447). 批判的なものとして *Tillmanns*, FS Rüfner, 2003, S. 919 ff.
270) ドイツのカトリック司教区における教会税収益は，2012年時点で51億9700万ユーロにまで，福音主義教会の教会税収益は，46億2400万ユーロ（およそ100億の支出のもとで，収入の約40%）にまで，それぞれ達している．展開については vgl. *Petersen* Kirchensteuer kompakt, 2010, S. 31 ff.
271) Vgl. *Suhrbier-Hahn,* Das Kirchensteuerrecht, 1999, S.51.

いた基本法140条から生じ，6項による影響を受けない——宗教共同体の分担金への権利は，以下の点からのみ，課税権と区別される．すなわち，国家が宗教共同体に，**行政強制**の方法による対価の**高権的な取り立て**を目的として権限を委任したという点である[272]．「教会税」は，国家と宗教共同体の共通事務に属する[273]．税は，「**市民租税台帳（bürgerlicher Steuerlisten）**」（公的な編成表）に基づいて，徴収されるとされる．そのような税表はもはや長い間用いられておらず，そもそも国家は，「教会税」の系統的な管理の可能性を確保しなくてはならないため[274]，課税権の実現のため他の適切な情報の基礎を宗教共同体が自由に利用できるよう国家は配慮せねばならない[275]．課税の基礎は，ラント法によって規律されねばならない[276]．連邦の立法権限は，105条2項および2a項に従えば，存在しない[277]．ラントの立法者は，あらかじめ法律上，税を詳細に定めるか，または——一定の許可留保を伴う——税徴収のための一般的授権にとどめ，形式的または実体的な課税権に関する個別的規律はすべての者に妥当する法律の制約の範囲内で，課税権限をもつ宗教共同体に委任することができる[278]．税の設定は，——教会税制および税率を基礎として——法律の基準の枠内で，宗教共同体に義務づけられる．教会によって制定された税法は，非国家法として，100条1項の適用領域にあたらない[279]．宗教共同体

---

272) BVerfGE 19, 206 (217); *v. Campenhausen/de Wall* (Fn. 102), S. 229. 税ではない団体負担は *F. Kirchhof* EssGespr 47 (2013), 7 (24) において是認されている．

273) BVerfGE 19, 206 (217); *Listl*, FS Mikat, 1989, S. 579 ff.; *Kirchhof*, FS Heckel, 1999, S. 373.

274) Vgl. auch *Meyer-Teschendorf* EssGespr 15 (1981), 9 (22 ff.).

275) BVerfGE 44, 37 (57).

276) ワイマール憲法発効当時に存在し，一般的国家的な承認で足りる．Vgl. BVerfGE 19, 253 (257 ff.).

277) Vgl. *v. Campenhausen/Unruh*, in: v. Mangoldt/Klein/Starck III, Art. 137 WRV Rn. 254. 加えて § 51a, Ⅵ EStG 批判的なものとして *H. Weber*, in: Birk/Ehlers (Fn. 267), S. 149 (163).

278) BVerfGE 73, 388 (399).

279) BVerfG (K) NVwZ 2002, 1496 (1497 - 公法上の社団の自律に基づく法制定権).

は税の徴収の際，国家に管理を委任した（[35]）という事情に関わらず，国家権力の主体として活動し[280]．そのために，納税義務者との関係では合憲的秩序，とりわけ基本権に拘束される[281]．ただし，国家との関係では，宗教共同体は（国家が税の徴収を制約する場合）さらに，基本権を引き合いに出すことができる[282]．3条は，国家権力の主体を，固有の管轄領域のなかでのみ拘束していることおよび，宗教共同体の課税権は，確かにワイマール憲法137条4項のなかで保障されているものの，ラント法上の付与をその基礎としているといったことのために，課税権限をもつ宗教共同体の活動領域が，複数のラントに亘るような場合には，当該条項は，あらゆる課税債権者に同じ税率を定めることを要求してはいない[283]．

[32] **課税債権者**は，宗教共同体（例えば，司教区，ラント教会）かまたはその下位集団（例えば，教会ゲマインデ，教会群）である．それゆえに，教会税は，例えば，司教区教会税もしくはラント教会税とそれとは別の地方教会税として，場合によっては司教区教会税もしくはラント教会税と，それと並んだ地方教会税として，徴収されうる[284]．教会税請求者の決定は，社団化された宗教共同体に義務づけられている[285]．構成員のみが**課税債務者**として考慮

---

280) BVerfGE 19, 206 (218); 19, 288 ff.; BVerwGE 7, 189 ff.; 異なる見解として *Lorenz* ZevKR 45 (2000), 356 (369 ff.).
281) BVerfGE 30, 415 (422); BVerfG (K) NVwZ 2002, 1496 (1497). 異なる見解として *F. Kirchhof* EssGespr 47 (2013), 7 (29).
282) *Ehlers* ZevKR 48 (2003), 492 (500 ff.); 異なる見解として Gehm NVwZ 2002, 1475 ff.
283) 異なる見解として BVerfG (K) NVwZ 2002, 1469; *Axer*, FS Rüfner, 2003, S. 13 (24 ff.). 本文と同旨のものとして *Ehlers* ZevKR 48 (2003), 492 ff.; *de Wall* EssGespr 37 (2003), 123 (134 ff.); *ders*., FS Rüfner, 2003, S.945 ff.; Waldhoff StuW 2005, 37 ff.; *Kästner*, in BK, Art. 140 GG Rn. 506.
284) 例えば，Vgl. §2 I KiStG NRW.
285) ローマ-カトリック教会では1950年まで，教会税は，個々の教会ゲマインデが徴収していた．これ以降は，司教区教会税は地域教会税を引き継いだ．福音主義ラント教会では，ほとんどもっぱら，ラント教会税としての教会税が徴収されている．例外を形成するのは，ラインラントおよびポンメルンの福音教会である．これ

されるのであり,例えば法人はこれに入らない[286]．構成員が誰であるのかは，宗教共同体自身が決定する．キリスト教会は，洗礼および信仰告白を引き合いに出す．国家領域における承認のために決定的であるのは，構成員資格が，構成員または（例えば，幼児洗礼の際には）教育権者の自由な意思決定に基づいていることであり[287]，——また，このことが，（例えば，受洗者名簿の登録によって）証明可能でもあることである．形式的な表明宣言は不要であるとみなされている[288]．福音主義ラント教会における構成員が，他の支部教会の領域へと転居する際，当該構成員が他の教会に加入しないのなら，ドイツ福音主義教会構成員法8条1文[289]によれば，新たな居住地の支部教会においても教会構成員資格は，継続する（**家具輸送車式改宗 Möbelwagenkonversion**）．このことは，構成員は初めての入会とともにすべての支部教会が批准するドイツ福音主義教会法に服するようになったことおよび，いつでも脱会または他の福音主義教会に加入可能であるがゆえに，消極的な信仰告白の自由と両立しうる[290]．また，他国からの招聘者（Hinzuziehender）に関しても，（入会に代わり）洗礼，信仰告白，居住地を引き合いに出すことが許されるとされている[291]．ただし，常に（明白な）表明が必要である．ドイツ福音主義教会構成

らの教会では税徴収の権利は，教会ゲマインデにのみ属し，ラント教会さえこれに含まれない．これについて vgl. *Suhrbier-Hahn* (Fn. 271), S. 93 ff. m. w. N.

[286] BVerfGE 19, 206 (217 ff.); 44, 37 (49 ff.).

[287] BVerfGE 19, 206 (217); 30, 415 (423 ff.); 認めないものとして BVerwGE 21, 330 (これによれば，事情により生まれと居住地で足りるとされている)．幼児洗礼の許容性について vgl. Bay VerfGH, NVwZ 2001, 916. 幼年期における洗礼への両親の同意表明によって根拠づけられる構成員資格は，その子どもが，宗教成年の開始後にこれに背く表明を発しない限り，存続する（*Kästner*, in: BK, Art. 140 GG Rn. 330）．

[288] BVerfGE 30, 415 (424).

[289] ABl EKD 30 (1976), S.389.

[290] 後者について vgl. §§8 S. 2, 9 Ⅳ EKD-MitgliedG.

[291] Vgl. BVerwG NVwZ 1992, 66; BFHE 177, 194; *D. Meyer* ZevKR 33 (1988), 213 ff.; *Rausch* ZevKR 36 (1991), 337 (352); *C. Meyer* ZevKR 40 (1995), 357 ff.; *Suhrbier-Hahn* (Fn. 271), S. 61 ff.

員法9条1項もまた，この点を出発点としている．もっとも，この条項は，国家の住民登録官庁への届出で十分だとしている[292]．教会への所属は宗教共同体に表明されなくてはならないために，このことが十分であるか否かには疑問の余地もある[293]．しかしながら，国家官庁への表明それ自体をも拘束力あるものとしてみなそうとするか否かは，該当する宗教共同体に委ねられている．他国の教会との間に教会構成員資格についての取り決めがなされていた場合，そのような表明は必要ではない[294]．ローマ-カトリック教会にとって，他のカトリック司教区または外国からの構成員資格上の流入人口の把握は，ここでは統一的な構成員資格に関する法を備えた世界的な教会が問題となっているために，特に困難を伴うことにはならない．また，ユダヤ教のゲマインデにおける構成員資格にとって，ユダヤ人の母の血統の一致のみが焦点となるわけではない．むしろ，外観上認識可能でありかつ帰責可能な意思表示が，同様に必要となる[295]．おおよその支配的見解[296]とは逆に，宗教共同体への再入会のためには，首尾一貫した行動ではこれを充足しない[297]．いわゆる**信仰の異なる夫婦**（一方の配偶者のみが課税権限をもつ宗教共同体に属する夫婦）に際しては，支配的見解によれば，その構成員からのみ（所得に応じて）[298]税を徴収す

---

292) Vgl. §9 III EKD-MitgliedG.
293) 批判的なものとして *Obermayer* NVwZ 1985, 77 ff.; *Engelhardt* NVwZ 1992, 239 ff.; *ders.* ZevKR 41 (1996), 142 (156 ff.); *Haß*, Der Erwerb der Kirchenmitgliedschaft nach evangelischem und katholischem Kirchenrecht, 1997, S. 181 ff.; *H. Weber* NVwZ 2002, 1443 (1449); *Kästner*, in: BK. Art. 140 GG Rn. 335.
294) Vgl. §9 II EKD-MitgliedG; FG München NVwZ 1998, 106 ff. も参照せよ．
295) BFHE 188, 245.
296) Vgl. OVG Lüneburg ZevKR 31 (1986), 232 (233 ff.); *Suhrbier-Hahn* (Fn. 271), S. 66 ff.; *Hammer* (Fn. 267), S. 283 f. このことは，教会法の条項が，教会管理委員会（Gemeindekirchenrats）による再審決定を要求している場合にさえも妥当するとされている．批判的なものとして FG BW, KirchE 31, 386; *Haß* (Fn. 293.), S. 220 ff. 明確ではないが *Kästner*, in BK, Art.140 GG Rn. 331, 他方で Rn.553.
297) これについてより詳しくは *Haß* (Fn. 293), S.220 ff. 異なる見解として OVG Lüneburg ZevKR 31 (1986), 232 (233 ff.).
298) BFHE 183, 107 ff.; BFH/NV 1998, 1262; Suhrbier-Hahn (Fn. 271), S. 108 ff.

ることが許されている(個人課税に限られている)[299]. これに対して,いわゆる**宗派の異なる夫婦**(それぞれの配偶者が,異なる課税権限をもつ宗教共同体に属する夫婦)に関しては,五公五民原則が許容されるとみなされている[300]. それに応じて支配的見解に従えば,教会税法律上規定されている[301]責任原則(すべての夫婦は,固有の課税債務を除いて,宗派を違える配偶者の課税債務に関しても連帯債務者として責任を負うとしている)がここでも適用される[302]. 連邦税務裁判所の見解によれば,教会税の通知は,宗派を違える配偶者には向けられてはならない[303].

[33] **構成員資格の喪失**は,国家法(ラントの教会税法または教会脱会法)に基づく. すべての個人が,国家法に対する拘束力のもとに,宗教共同体を脱会する可能性を持っている. 国家は,脱会表明に対して,留保,条件,附加を用いてこれを承認する必要はない[304]. というのも,表明者が条件なしに,完全に,真剣に,自身の宗教共同体から離れる意思をもつということは,十分な確実性をもって確定可能でなくてはならないからである[305]. 連邦行政裁判所は,ローマ-カトリック教会からの脱会を「公法上の社団」という付記をもっ

---

299) BVerfGE 19, 268 (273); 20, 40. 批判的なものとして P. *Kirchhof* EssGespr 21 (1986), 117 (143). 教会に属する夫婦に割り当てられた所得税の一部を基礎とすることは許容されている (BFHE 183, 107 ff.).
300) BVerfGE 20, 40 (42 ff.); BFH NJW 1995, 2807. しかし vgl. auch *Wassermeyer*, FS F. *Klein*, 1994, S. 495 (504) これによれば,信仰の異なる夫婦と宗派の異なる夫婦の区別は3条1項に違反する.
301) Vgl. BFH NVwZ 1992, 303 ff.
302) 全体の詳細につき *Link* ZevKR 37 (1992), 163 ff.; *Marré*, HStKR I, S.1101 (1127 ff.); *Suhrbier-Hahn* (Fn. 271), S. 105 ff.
303) BFHE 175, 189 ff.
304) 例えば § 3 IV KiAustrG NRW.
305) Vgl. BVerfGE 30, 415 (426); BVerfG (K) NJW 2008, 2978 ff.; VGH BW ZevKR 55 (2010), 425 ff. (m. umf. Nachw.); *Häußler* DÖV 1995, 985 ff.; *Kästner*, in: BK Art. 140 GG Rn. 338. 批判的なものとして *Renck* DÖV 1995, 373 ff.; 表明が有効となる時点については vgl. VGH BW NVwZ 1998, 96.

て適法であるとみなしている[306]。国家的な脱会手続きへの料金徴収は、憲法と両立する[307]。国家法秩序に関わらない、有効な脱会のもたらす宗教共同体への効果は、その宗教共同体の法に従って定められる。カトリック教会法では、「一度カトリックとなった者は、永遠にカトリックである（semel catholicus, semper catholicus)」とする原則が妥当するが、国家法に従った脱会は、教会の不利益と結びつけられうる[308]。脱会を考慮期間によって左右させたり、宗教共同体に現在の課税年度の終わりまで、追徴課税の権利を容認したりするようなことは許されない[309]。国家法に従った、ある宗教共同体から他の宗教共同体への有効な**移行**（改宗）は、原則的に従来の宗教共同体からの有効な事前的脱会を前提としている[310]。該当する社団間での取り決めに基づき、教会脱会法律が、移行を許可していた場合には、その限りではない[311]。

[34] ラント教会税法に従えば、考慮対象となる教会税の徴収基準はさま

---

306) BVerwG NVwZ 2013, 64 ff.; 批判的なものとして *Löhnig/Preisner* NVwZ 2013, 39, 原則的に賛意を示すものとして *Muckel* NVwZ 2013, 260.

307) BVerfG (K) NJW 2008, 2978 ff.

308) Vgl. Allgemeines Dekret der Deutschen Bischofskonferenz zum Kirchenaustritt v. 20. 4. 2012. Vgl. 種々の意見をともなう論争については *Muckel/Zapp*, in: Birk/Ehlers (Fn. 267), S. 229 ff. 福音主義の法によれば、教会構成員資格は、国家法上許容された脱会表明が有効となるとともに終了する（§10 Nr. 3 EKD-MItgliedG)。教会構成員資格なしに福音主義教会へと所属することの可能性については vgl. *Ennuschaut* ZevKR 55 (2010), 275 ff.; 教会からの脱会を公表することの許容性については vgl. *Germann* ZevKR 48 (2003), 446 (483 ff.).

309) BVerfGE 44, 37 (49 ff.). ただし vgl. auch BVerfGE 44, 59 (66 ff. – 脱会表明後1暦月経過時まで対象とすることの許容性)。年間収入の均等な分配（12分割方式）は、所得税は立法者により年次課税として形成されているがために、許されない追加徴税の場合にあたらず、合憲とみなされている。BVerwGE 79, 62 (64); *Hammer* (Fn. 267), S.371 ff. ノルトライン＝ヴェストファーレンでは、脱会証明の処理は、裁判官ではなく、司法補助官に義務づけられている（OLG Hamm JMBl NRW 1997, 139 ff.)。

310) OVG NRW NVwZ-RR 1999, 503 ff.

311) そのように述べるものとして §5 I 1 KiAustrG Nds.

ざまである．教会税は原則として，（とりわけ実行可能性を理由として）**所得税への上乗せ**（付加税）として，あらゆる所得税の査定方式，とりわけ給与所得の形式の中で，教会固有の税率に従って徴収され[312]，主要収入に対しては，資本収益税へ上乗せする形式となる（[36]）．さらに多くの場合，財産税への上乗せ[313]および土地租税算定額への上乗せとすることも許されている[314]．若干の教会法は，信仰の異なる夫婦のなかで一律化された，もしくは段階づけられた一般教会金[315]または特別教会金を徴収することをも可能としている．特にこのような教会税は夫婦合算査定の際，教会税を義務づけられていない配偶者が固有の収入を持っている場合にのみ，教会に所属している配偶者における民法上の扶養請求権を，教会税を義務づけられていない配偶者に対してその生活費用（Lebensführungsaufwand）に応じて引き合いに出すことができる[316]．宗教共同体の税秩序および賦課率の決定は，国家の承認または**許可**を必要とする．課税の度合いは，経済的な給付可能性に従って調整される[317]．今日，税率は通常，課された所得税または給与所得税のうちの9％（部分的には8％）に達している[318]．所得税による教会税の固定化は給付可能性の原則に対応している[319]．ただし，原則的に[320]，教会税は算定の基礎ではなく，

---

312) 許容性について BVerfGE 20, 40 (43); BFHE 176, 382 ff.

313) 例えば §4 I Nr. 2 KiStG NRW. 1997年の年次課税法による財産税の撤廃とともにこのバリエーションは事実上廃止された．

314) 例えば §4 I Nr. 3 KiStG NRW; さらに vgl. *Suhrbier-Hahn* (Fn. 271), S.176 ff.

315) 例えば §4 I Nr. 4 KiStG NRW; 合憲性については vgl. BayVerfGH KircheE 10, 171.

316) 例えば §4 I Nr. 5 KiStG NRW. さらに vgl. BVerfGE 19, 268 (282); BVerfG (K). DÖV 2011, 117; BVerwGE 52, 104 ff.; *Suhrbier-Hahn* (Fn. 271), S. 168 ff. 夫婦合算課税廃止の場合の法的状況について vgl. *Lang*, in: Birk/Ehlers (Fn. 267), S.169 (171 ff.).

317) BVerwG NJW 1989, 1747 (1748).

318) Vgl. Tabelle der Kirchensteuersätze in den Ländern bei *Suhrbier-Hahn* (Fn. 271), S. 272 ff.

319) Vgl. *Tipke/Lang*, Steuerrecht, 21. Aufl. 2013, § 8 Rn. 962.

320) §51a EStG のモデルに従った家族課税の調整方法については vgl. *Marré*, HStKR I,

未納税金に結びつけられているために，国の所得税におけるあらゆる社会政策的な目的設定は，「**ピギーバックシステム**」[321]の方式に従って引き継がれている．これに加え，宗教共同体の構成員の多く（約 60%）[322]が，税を納めていない（例えば，学童，学生，国家による社会給付の受領者，年金生活者等）．このことは，宗教共同体にとっての課題として位置づけられうる．ベルリン，ザールラント，シュレスヴィヒ＝ホルシュタインでは，最低税率（Mindeststeuer）にて税を徴収することが可能である[323]．さらに，とりわけ，税の累進およびそれに結びつけられた再分配を強要しないようにするために，教会税に一定額の**上限を設けること**が宗教共同体の自由裁量に任された事項となっている．しかしながら，税法上の合法性原則および課税要件該当性の原則は，教会法上のレベルでの十分な規範的基礎を要求している[324]．連邦行政裁判所は，宗教共同体が，当該宗教共同体にとどまる構成員に教会税額の上限設定が限定される場合であり，当該宗教共同体が，構成員の宗教共同体への結びつきを強化しようとしているのであれば，基本法3条1項および4条1項と両立するとみなしている[325]．

[35] 税の**管理**は，本来宗教共同体に義務づけられている．しかし，一定

S. 1101（1128 f.）；さらに *P. Kirchhof*, FS Heckel, 1999, S. 376 ff.
321)　*v. Campenhausen/de Wall*（Fn. 102）, S. 233.「付加税事例」（国家税への付属）につき批判的なものとして *H. Weber* NVwZ 2002, 1443（1454 ff.）；*F. Kirchhof* EssGespr 47（2013）, 730 ff. さらに vgl. *Petersen*（Fn. 270）, S. 27 ff. 支払われた教会税に基づく宗教共同体への寄付金の控除を所得税の範囲内で支払われた教会税に限定することについては *Wernsmann*, Verhaltenslenkung in einem rationale Steuersystem, 2005, S. 135 m. Fn. 642 をみよ．
322)　Vgl. *Suhrbier-Hahn*（Fn. 271）, S. 164, 176; *H. Weber* NVwZ 2002, 1443（1450）．
323)　現在は，このような税種は徴収されていない；vgl. *Rausch*, in: Birk/Ehlers（Fn. 267）, S. 179（189）．
324)　BVerwGE 118, 201 ff. 上限条項についてより詳しくは *Rauch*, in: Birk/Ehlers（Fn. 267）, S.179（183 ff.）．
325)　BVerwGE 118, 201 ff.（脱会の後もなお支払われるべき教会税には上限はない）．

の規模の収入総額[326)]から，適切な対価[327)]の支払いと引き換えに，**税務署**に管理を委任する可能性を国家は，教会税法律および幾度かの国家教会条約[328)]のなかでさえも——6項がこれを勧めているわけではないが[329)]——宗教共同体に容認している[330)]．この手段を多くの宗教共同体は，自身での管理が著しく高額となりうるがために，ほとんど一貫して利用している[331)]．雇用者は，教会税を給与所得税によって支払わずに，保留しておき，税務署に支払うことを義務づけられている[332)]．連邦憲法裁判所は，このことを基本法と両立しうるとみなした．というのも，雇用者は宗教共同体のためにではなく，国家のために行動しているからである（ワイマール憲法136条と結びついた基本法140条[8]）[333)]．支配的見解はこれを完全に支持している[334)]．これを支持しない見解によれば，高権的強制は，雇用者の（特に，彼が，宗派に属さない，または他の宗派に属している場合に）消極的な宗教的行為の自由および被雇用者の消極的な宗教の自由を侵害しているとされる．なぜなら，ワイマール憲法136条

---

326) 例えばvgl. § 15 II KiStG NRW（4万人の所属者）．比較的小規模な宗教共同体を枠外へ置くことの合憲性については vgl. *v. Campenhausen/de Wall* (Fn. 102), S. 235.

327) 実務においては総額の2.5％から4％である．Vgl. *Suhrbier-Hahn* (Fn. 271), S. 96. 対価は国家による財産管理の負担を上回る．

328) Vgl. *Hammer* (Fn. 267), S. 127 ff.

329) *Wasmuth/ Schiller* NVwZ 2001, 852（854）．

330) 例えばvgl. §§9, 15 KirchStG NRW.

331) そのためバイエルンにおけるローマ－カトリック司教区および福音主義ラント教会は幾つかの例外を伴う（Art. 17 BayKirchStG）．

332) 例えばvgl. §10 KirchStG NRW; BayVerfGH NVwZ 2011, 40 ff.

333) BVerfGE 19, 226（240）; 44 103（104）; BVerfG (K) NVwZ 2001, 909. 雇用者を給与所得税控除の手続きに含めることを，任用（Indienstnahme）または行政権限の委任（Beleihung）と認定するべきか否かを，今日まで判例は明確にしていない．被雇用者の権利の観点における合憲性（徴税カードへの登録）について vgl. BVerfGE 49, 375; BayVerfGH, NVwZ 2011, 40; 前記ワイマール憲法136条[7]．

334) Vgl. *Ankel/Zacharias* DÖV 2003, 140（145 f.）; *v. Campenhausen/de Wall* (Fn. 102.), S. 236 f.; *Korioth* in: Maunz/Dürig, Art. 137 WRV Rn. 96; *Heinig* in: Birk/*Ehlers* (Fn. 267), S. 91 ff.

3項2文は，（雇用者ではなく）官庁の問題のみを引き合いに出しているのであり，第三者の情報の転送については包含しておらず，宗教共同体は国家の官庁による教会税の徴収を要求する権利を持っていないからであるとされている．そのほかに，宗教共同体のなかの事項の国家による遂行は，ワイマール憲法137条と結びついた基本法140条および国家の中立義務を侵害しているともされている[335]．ヨーロッパ人権裁判所は，ドイツにて普及している実務を是認している[336]．**給与所得税**は，所得税法40条以下によれば，**概算**（pauschalieren）されるので，教会税もまた，概算税率に従って徴収される．ただし，連邦財務裁判所によれば雇用者には，一定の被雇用者が教会の構成員ではないことを立証する可能性が容認されていなくてはならない[337]．税の管理は雇用者に，概算される教会に課された給与所得税をラント固有の百分率に則して分配することを伴う典型的な手続きと立証手続きのいずれかを選択せしめるのである[338]．

[36] 「教会税決定（Kirchensteuerbescheide)」は，それぞれのラントに応じて行政裁判所または財務裁判所の訴訟の対象となりうる[339]．支払われた教会税は，現行法（所得税法10条1項4号）によれば，所得税の算定基礎から，次の効果によって**控除可能**となっている．すなわち，教会税の納税者に彼の個人的な限界税率の高さのもと，彼から支払われた教会税の百分率化された割当分を国家が「償還」することによって生じる効果である．この控除可能性は憲

---

335) Vgl. *Wasmuth/Schiller* NVwZ 2001, 852 ff.; *Wasmuth*, FS Brohm, 2002, 607 (612); ders., in Will (Hrsg.), Die Privilegien der Kirche und das Grundgesetz, 2011, S. 33 ff.; ders., in: Birk/Ehlers (Fn. 267), S. 105. ff. 徴税カードへの宗教の登録についてはさらに前記ワイマール憲法136条[7]．

336) EGMR, Beschwerde Nr. 12884/ 03, 17. 2.2011 (Wasmuth).

337) BFHE 159, 82 (84 ff.); 176, 382 ff. m. Anm. *Hammer* JZ 1996, 572 ff.; しかし vgl. auch *Marré*, HStKR I, S. 1101 (1142 ff.); さらに *Birk/Jahndorf* StuW 1995, 103 ff.; C. *Meyer* ZevKR 40 (1995), 365 ff.

338) Vgl. *Tipke/Lang* (Fn. 319), § 8 Rn. 972.

339) *v. Campenhausen/Unruh*, in: v. Mangoldt/Klein/Starck III, GG, Art. 137 WRV Rn. 274; Ehlers (Fn. 116), § 40 Rn. 33, 688; *Reim* in: Birk/Ehlers (Fn. 267), S. 137 ff.

法上要請されているものではない[340]．資本収入にかかる**清算税**が徴収される場合（所得税法 32d 条 1 項 1 文，51a 条 2 項 b-e，4 項），この税は算出可能な外国の税にまで減じられ，資本収益にかかる教会税を 25％の範囲まで軽減する（所得税法 32d 条 1 項 3 文）[341]．これらのケースであっても，（金融機関に対する）匿名性は保障されない．教会税の正当性は，かなり以前から，法政策上の論究対象である[342]．しかし，憲法状況の変化は考慮に入れられていない．社団化された宗教共同体は，国家の地域社団と同様に，自身に向けられた公法上の法人への税法上の優遇を享受する．納税義務は，それらの事業経営（Betriebe gewerblicher Art）の範囲内に限って生じる（法人税法 4 条）[343]．**取引税上の責任**は，宗教共同体によって融資された団体への当該宗教共同体の任務の外部委託（Auslagerung）がこれを負う可能性がある[344]．

H. 世界観共同体

[37]　7 項によれば，世界観共同体[345]は，宗教共同体と**等置される**．この

---

340) ここで述べているような支配的見解とおそらく異なるものとして *Wernmann* (Fn. 321), S. 369 ff.（教会税ではなく）教会会費（Kirchenbeiträgen）の控除可能性について vgl. BFH NJW 2003, 694.
341) Vgl. *Tipke/Lang* (Fn. 319), §8 Rn. 973; これにつきより詳しく‐また，教会税法上関連する，企業財産における割当分の課税のための部分免除方式についても *H. Weber*, in: Birk/Ehlers (Fn. 267), S. 149 ff.
342) 一方で vgl. *v. Campenhausen/de Wall* (Fn. 102), S. 238 ff.: *Marré* (Fn. 268), S. 79 ff.: *Müller-Franken* BayVBl 2007, 33 ff.; *Hammer* DÖV 2008, 975 ff., 他方で *Ockenfels/Kettern*, Institutionalisierte Verfassungswidrigkeiten im Verhältnis von Staat und Kirchen unter dem GG, 1993, S. 214 ff.
343) これにつきより詳しくは *Beermann*, Hoheitsbetriebe von Kirchen und Religionsgesellschaften. Eine körperschaftssteuerliche Untersuchung, 2005. これにつき部分的に批判的なものとして *Antoine* ZevKR 54 (2009), 241 ff.
344) これにつき vgl. BFH DStR 2009, 476; *Lippross* DStR 2009, 781 ff.; *Kube* ZevKR 56 (2011), 27 ff.; *English*, in: Birk/Ehlers (Fn. 267), S. 193 ff.
345) これにつきより詳しくは *Mertesdorf*, Weltanschauungsgemeinschaften, 2008; *Hoff-*

ことは，4条1項（宗教的および世界観的な信仰告白の自由）のなかでこれに照応する表現が見出される．この等置は，社団の権利の獲得にも関連する．連邦行政裁判所の見解によれば，兵役義務法 11 条 1 項 1-3 号におけるいわゆる聖職者特権は，ただ宗教共同体のみが享受しうるものであり，世界観共同体はこれにはあたらない[346]．宗教共同体と世界観共同体との間の差異を適切に表現するのは難しいが[347]，通常，これらは等置されるために言及せずにおくことが可能である．

J. 立法管轄

[38] ワイマール憲法 137 条と結びついた基本法 140 条の規定の執行が，さらなる規律を必要とする場合，これは，**ラント立法**に従って義務づけられる．その他の場合には，立法権限は一般的規律（とりわけ基本法 7 章）に従う．これらに従えば，原則的にラントに管轄権がある[348]．もっとも例えば，国家給付の有償廃止のための原則の設定（ワイマール憲法 138 条 1 項 2 文と結びついた基本法 140 条），軍事司牧[349]の規律，または宗教共同体の刑事法上の保護（基本法 74 条 1 項 1 号）が問題となる場合には，連邦に立法権限が付与される．

---

  mann, Die Weltanschauungefreiheit, 2012.
346) BVerwGE 61, 152 ff.
347) Vgl. *Obermayer*, in: BK, Art. 140 GG (1971) Rn. 42; *Muckel*, Religiöse Freiheit und Staatliche Letztentscheidung, 1997, S. 135 ff. 外在と内在のメルクマールを基準とした区別に関しては BVerwGE 61, 152 (156 - 聖職者の兵役免除); 90, 112 (115); *Winter* ZevKR 42 (1997), 372 (376).
348) この条項の重要性の低下について vgl. *Korioth*, in: Maunz/Dürig, Art. 137 WRV Rn. 104. 部分的に相違するものとして *Morlok*, in: Dreier III, Art. 137 WRV Rn. 126 f.
349) 後記ワイマール憲法 141 条 [6].

ワイマール憲法138条
［国家給付；教会財産］

　(1) 法律，条約又は特別の権原に基づいて宗教団体に対してなされる国の給付は，ラントの法律制定によってこれを有償で廃止する．これについての諸原則は，ライヒがこれを定める．

　(2) 宗教団体及び宗教的結社が，礼拝，教化及び慈善の目的のために用途を指定した自己の営造物，財団その他の財産に対して有する所有権その他の権利は，これを保障する．

A．概　　　略

　[1]　ワイマール憲法138条と結びついた基本法140条は，宗教共同体の財産法上の地位を規律するが，これは部分的なものにとどまる．両項は異なる規律対象をもつものであるが，**意味上の関連性**を有している．第1項は，かつての国家給付を有償廃止（Ablösung）することを目的とするものであり，これによりこの分野における国家と宗教共同体との分離を求める．第2項はこれに対し，「教会財産」を特別の保護のもとに置くものである．

B．国家給付の有償廃止（1項）

　[2]　第1項によれば，ワイマール憲法の発効時に有効であった，宗教共同体への特別な権原に基づく国家給付が有償廃止される．国家給付は，「教会財産」[1]の**世俗化への代償**（Ausgleich）として，とりわけ宗教改革の時代ならびに1803年の帝国代表者主要決議[2]および類似の勅令（たとえば，1810年のプ

---

1)　Vgl. BVerwG NVwZ 1996, 786.
2)　帝国代表者主要決議は，それ自体としてはワイマール憲法138条の意味における特別の権原ではないが，これを取得する国家へ旧法における拘束性を移行させ

ロイセンでの「君主国における全教会財産の公用廃止に関する勅令（Edikte über die Einziehung sämtlicher geistlicher Güter in der Monarchie）」を通じて固有の権原に基づいて保障されてきた．かくして，この国家給付は過去の行為の代償とされ，通常，福音主義およびカトリックの教会のためだけのものであった[3]．古くからの歴史的拘束性を認めることの正当性は学説の一部において疑いをもたれている[4]．このことは，ワイマール憲法138条が有効であり，引き続き妥当性を有する実定憲法であるということに何ら変更を加えるものではない．同様に，国教会の廃止（ワイマール憲法137条1項）の結果としての国家的宗教事項（staatl.cura religions）の廃止が，宗教共同体を助成することを排除することもない[5]国家給付が，1919年からの時の経過を通じて，すべて，またはそれ以上に（weitestegehend）補償されてしまっているという見解には応じることができない[6]．

[3]　国家給付は，それが継続的で規則的に反復される給付であるかぎり，**積極的な金銭給付**および現物給付（たとえば，司祭俸給手当（Pfarrerbesoldungszuschlägen）の方式に従った贈与，現物給付，サービス，用地の提供，

（§§35, 38），新たな給付義務への根拠を与えた. Vgl. *Mückel* VBlBW 2003, 144 (152 ff.)．
3)　批判的なものとして *Czermak*, Staat und Weltanschauung, 1993, S. 313.
4)　Vgl. *Brauns*, Staatsleistung an die Kirchen und ihre Ablösung, 1970, S. 114 ff.; *Preuß*, AK, Art. 140 Rn. 60 ff.; *Sailer* ZRP 2001, 80 ff.; *Czermak* DÖV 2004, 110（115つまり，190年前にナポレオンによって収用された者は，40年前にソビエトによって収用された者よりもはるかに優遇されることとなる．）; *Frek* in: Will (Hrsg.), Die Privilegien der Kirchen und das Grundgesetz, 2011, S. 61 ff.; これらに対し vgl. *v. Campenhausen/de Wall*. Staatskirchenrecht, 4. Aufl. 2006, S. 288 f.; *de Wall*. in Will. aaO, S. 49 ff.; *Unruh*, Religionsverfassungsrecht, 2. Aufl. 2012, §15 Rn. 535.
5)　Vgl. auch BVerwG NVwZ-RR 2009, 590 f.; 異なるものとして *Renck* DÖV 2001, 103. さらに vgl. *dens.* NVwZ 2007, 1383 ff.
6)　ただしこれにつき *Czermak* (Fn. 3), S. 313; *ders.* DÖV 2004, 110 (115); 慎重なものとして *ders.*, Religions- und Weltanschauungsrecht, 2008, Rn. 360; Humanistische Union, Entwurf eines Gesetzes über die Grundsätze zur Ablösung der Staatsleistung an die Kirchen, 2011.

後援 (Patronate)[7]）のみならず，いわゆる**消極的給付**[8]（租税およびその他の公課の免除）でもあると理解されている[9]．税制上，寄付者を優遇することはここに含まれない．というのも，これは宗教共同体への直接的な給付ではなく，意図された（gezielte）寄付者の優遇であるからである[10]．国家給付は（実体的な）**法律**，**条約**または特別の**権原**（たとえば慣習法[11]またはラント法上の命令の形式をとる承諾のなかでのもの）に基づいていなくてはならない．1919年以前から請求可能であった財産価値のある反復的な給付のみがここでの給付であると理解され，例えば，新たなラントにおける国家教会条約によって基礎づけられた給付義務はこれに含まれない．ただし，たんに継続的に（さらには一律的に）義務を引き継いでいた場合にはこの限りではない．国家給付の主体はラントのみである[12]．事情により権限の変更に際して，連邦が給付主体として考慮されることもありうる[13]．その他の場合には，ドイツ帝国または連邦の国家給付はここには含まれない[14]．また，1項の保護は，ワイマール時代には国家と地方自治体との区別がなされていたために，地方自治体の給付には及ばない[15]．今日地方自治体は，間接的な国家行政の主体であるとみ

---

7) これにつき批判的なものとして *Renck* DÖV 2003, 526 ff. 後援につき詳しくは *Lindner*, Baulasten an kirchlichen Gebäuden, 1995, S. 47 ff.

8) これにつき vgl. BVerfGE 19, 1 (13 ff.) - 裁判手数料の免除からの除外 BVerfG (K) NVwZ 2001, 318. Vgl. auch RGZ 111, 134 ff.

9) Vgl. BVerwG NVwZ 1996, 786; *Isensee*, HStKR I, S. 1009 (1024 ff.). このことは，裁判手数料の免除にはあてはまらない．Vgl. BVerfGE 19, 1 (13 ff.); BVerfG (K) DVBl 2001, 273; BVerwG NVwZ 1996, 786; *H. Weber*, JuS 1997, 113 (116). 通常法上の裁判費用負担および行政費用負担については *Hammer*, HStKR I, S. 1065 (1086 ff.).

10) 同じく *Morlok*, in Dreier III, Art. 138 WRV Rn. 17; *v. Campenhausen/Unruh*, in: v. Mangoldt/Klein/Starck III, Art. 138 WRV Rn. 6.

11) これにつきより詳しくは *Lindner* (Fn. 7), S. 119 ff.

12) BVerfG (K) NVwZ 2001, 318; BVerwG NVwZ 1996, 787.

13) Vgl. *Isensee*, HStKR I, S.1009 (1030); *Kästner*, in: BK, Art. 140 Rn. 592.

14) Vgl. BVerfG (K) NVwZ 2001, 318; *Wolff*, FS Badura, 2004, S. 839 (847).

15) Vgl. RGZ 113, 349 (397); 125, 186 (189); BVerwGE 28, 179 (183); 38, 76 (79); BVerwG NVwZ-RR 2009, 590 (591); *Anschütz*, WRV, Art. 138 Anm. 4; *Lindner*, (Fn. 7) S.

なされているという事情は，憲法変遷および地方自治体による給付をここに追加的に含めることを基礎づけることはできない[16]．しかし，この規定の基本思想（地方自治体の権原の有償廃止）の適合的な援用は考慮されうる[17]．

[4] ワイマール憲法138条は，有償廃止を伴わない**一方的な廃止**のみを禁止しているのであって，契約上給付権原を終結させることを禁止しているのではない[18]．ヘッセンおよびノルトライン＝ヴェストファーレンの一部において維持負担義務に関するこれに照応する契約上の協定が結ばれた[19]．有償廃止とは，補償を引き替えとした，国家給付の一方的廃止と解しうる[20]．支配的な見解によれば，有償廃止の場合には完全な対価[21]が補償されなくてはならず，有力な反対説[22]によれば，――基本法14条3項および15条も援用のもと――相当な補償でこと足りるとされる．有償廃止の形態（一度の給付かま

---

199. 教会維持負担義務についてはさらに vgl. VerfGH NRW NVwZ 1982, 431 ff.; *Knöppel/Köster* Thür VBl 2000, 8 ff.; *Renck* DÖV 2001, 103（105）. 加えて後記ワイマール憲法138条2項[7]．

16) 異なる見解として例えば *v. Campenhausen/Unruh*, in: v. Mangoldt/Klein/Starck III, Art. 138 WRV Rn. 10; *Unruh*（Fn. 4）, Rn. 525; *Isensee*, HStKR I, S. 1009（1031 ff.）; *Böttcher*, HStKR II, S. 19（39）; *Morlok*, in: Dreier III, Art. 138 WRV Rn. 18; *Korioth*, in: Maunz/ Dürig, Art. 138 WRV Rn. 7; *Kästner*, in: BK, Art. 140 Rn. 593. 未解決のままにしているものとして BVerfG（K）NVwZ 2001, 318; BVerwG NVwZ 1996, 787.

17) 異なる見解として *Renck* DÖV 2001, 203 ff.

18) 異なる見解として *Unruh*（Fn. 4）, Rn. 533.

19) Vgl. ヘッセンに関して，2003年12月13日の教会維持負担義務の有償廃止に関する枠組協定：さらに *Knöppel* ZevKR 58（2013）, 188（195 f.）．

20) *Anschütz*, WRV, Art. 138 Anm. 3.

21) *Huber*, Die Garantie der kirchlichen Vermögensrechte in der Weimarer Verfassung, 1927, S. 59 ff.; *Isensee*, HStKR I, S. 1009（1035）; *v. Campenhausen/de Wall*（Fn. 4）, S. 286 f.; *Knöppel* ZevKR 58（2013）, 188（197）.

22) *Hollerbach*, HStR VI, § 139 Rn. 59; *Preuß*, AK, Art. 140 Rn. 61; *Droege*, Staatsleistung an Religionsgemeinschaften im säkularen Kultur- und Sozialstaat, 2004, S. 210 ff.; *Rozek*, in: Holzner/Ludya（Hrsg.）, Entwicklungstendenzen des Staatskirchen- und Religionsverfassungsrecht, 2013, S. 421（425）; *Unruh*（Fn. 4）, Rn. 527.

たは分割された弁済か)²³⁾ は1項には定めがない。給付の年度額の数倍が基準として考慮される²⁴⁾。有償廃止はラントの立法者に義務づけられる。ただし、あらかじめ**連邦**が法律で**原則**を定めていなければならない（1項2文）。原則立法に特徴的なのは指導基準（諸ラントに裁量が残されている）の規範化である²⁵⁾。有償廃止が、カトリック教会と関わる場合、さらにライヒ政教条約18条に応じて、教皇座との友好的な協調をもたらすものでなければならない。連邦が何ら措置を取らない場合、（ワイマール憲法173条を受け継がなかったことに関わりなく）ラントは有償廃止を妨げられる²⁶⁾。原則を定めた法律の公布は、ラントの立法者による有償廃止の前に法律が発効した場合にのみ意義を有する。

[5] ドイツ帝国もドイツ連邦も、1項の一義的な憲法上の指示に反して原則法律を公布したことはない。したがって、**憲法に適合しない行為**をしたことはない。「左翼党（Die Linke）」によって連邦議会第17会期中に提出された有償廃止に関する法律案²⁷⁾は否決された。ラントが合意に基づいて有償廃止を放棄することができない場合、連邦に対して原則を定めた法の公布を求めることができる。というのも、そのような法もまた、まさにその目的（憲法上の義務の履行）に資するために定められたからである。この場合、**連邦とラント間**

---

23) 「永代金利」は、国家と宗教共同体の分離を目的とする1項の任務に対応していないとされる。異なる見解として *Isensee*, HStKR I, S. 1009 (1036 ff.).
24) 連邦議会における「左翼党」党派の立法案（BT Dr 17/ 8791）は、評価法律における18、6 (*Unruh*, in: Heinig/Monsonius 100 Begriffe aus dem Staatskirchenrecht, 2012, S. 258)、25の要因に依拠したうえで、10におよぶ有償廃止の要件（立法案の§2 I, *de Wall*, (Fn. 4), S. 54）を提示している。
25) 立法権限についてはさらに vgl. Art. 109 III. ワイマール憲法138条1項2文に従った連邦立法上、可能な規制対象については vgl. *Wolff*, FS Badura, 2004, S. 839 (851 ff.).
26) 異なる見解として *Brauns* (Fn. 4), S. 114 ff.; *Preuß*, AK, Art. 140 Rn. 65; *Wolff*, FS Badura, 2004, S. 839 (847 ff.). 本文と同旨のものとしては例えば *Isensee*, HStKR I, S. 1009 (1039 ff.).
27) Vgl. Fn. 24.

の抗争関係（基本法93条1項3号）が問題となる[28]．それに対して，立法を求める宗教共同体の**主観的権利**は基礎づけられえない[29]．実際には，宗教共同体は今日まで，原則的に補償のない，エスカレーター条項（Gleitklausel）によって価値を保障する現状維持的な長期給付を，一度かぎりの有償廃止よりも選んでいる[30]．国家給付の総額は，教会税収の総額よりもはるかに低い額にとどまっている[31]．そのために，国家給付は教会財政のほんのわずかな割合を構成するにすぎず[32]，大きい南北格差（南方の諸ラントはより著しく高い国家給付を受けている）が存在している[33]．ブレーメンおよびハンブルクは国家給付を受けていない．いくつかのラント法[34]および国家教会条約[35]（新ラントも同様）のなかにはより詳細な国家給付に関する規定が見出される．ラント法の規定がワイマール憲法138条に違反する場合，その規定は無効とみなされる[36]．比較的新しい国家教会条約（新ラントも同様）のなかでは，国家給付は規則にしたがって一律に統合されている（新たに基礎づけられなかっ

---

28) Vgl. Rozek (Fn. 22), S. 430.
29) Vgl. auch Wolff, FS Badura, 2004, S. 839 (851).
30) 教会の維持について，Dokumentation von Haupt, Ablösung der Staatsleistung, 2012を参照．
31) 国家給付の算定には異論の余地がある．連邦統計庁の報告によれば，(…) 2013年におけるカトリック教会および福音主義教会のための国家給付は（教会税収総額が約100億であるのに対し）4億8100万ユーロに達したとされる．
32) 2005年の調査に基づけば，（教会税が40.1％であったのに対し）福音主義教会においては2.3％の数値であると報告されている．
33) Vgl. *Knöppel* ZevKR 58 (2013), 188 (193).
34) Vgl. まとめ上げているものとして *Droege* (Fn. 22), S. 546 ff.
35) これについて vgl. *H. Weber*, FS Heckel, 1999, S. 463 (477 ff.). 近時のものは例えば Art. 25 EvKiV BW (GBl 2008 S. 2); Art. 19 des Vertrages zwischen dem Heiligen Stuhl und dem Land SH (GVOBl 2009, 264).
36) 例えば，バイエルン憲法145条およびザクセン憲法112条は，長期的な国家給付を保障し，ノルトライン＝ヴェストファーレン憲法21条によれば，国家給付は，協定によって「のみ」有償廃止することが「可能である」．これらの規定はワイマール憲法138条1項に対応していない．

た)³⁷⁾. 新たな給付（補助金）義務（別の方法によるものであり，回顧的（retrospektive）ではないもの．同様に長期的な方式によるもの)³⁸⁾を基礎づけることを138条1項は妨げるものではない．というのも国家は宗教への助成を授権されているからである（140条[9])³⁹⁾．ただしその際，一般平等原則（3条1項），特別平等原則（とりわけ3条3項）および場合によっては，ヨーロッパ法上の支援法⁴⁰⁾が顧慮されなければならない．また，このような給付にはワイマール憲法138条1項の現状保護（Bestandsschutz）は及ばない．請求権のある宗教共同体が，転送によって他の，請求権のある宗教共同体へ委託することは，基本法4条1項および2項と両立しえない⁴¹⁾．

C. 財産的価値に関する権利（2項）

[6] 第2項は，――前身の規定⁴²⁾を受け継ぎ――宗教共同体の財産価値に関する権利を，これが宗教的目的に資する限り保護するものである⁴³⁾．基本法4条1項および2項ならびにワイマール憲法137条と結びついた基本法140条によって予定された教会の地位および自由を，それらの物的基礎のもと保障するという責務をこの規定は含む⁴⁴⁾．この規範は，宗教上の展開の物質的な

---

37) Vgl. auch *Unruh* (Fn. 4), Rn. 523.
38) その限りで異なる見解として *Brauns* (Fn. 4), S. 82 ff., 131 ff.; *H. Weber* ZevKR 36 (1991), 253 (263); *Preuß* AK, Art. 140 Rn. 63, 68; *Sailer* ZRP 2001, 80 (84); *Morlok*, in: Dreier III, Art. 138 WRV Rn. 22; 同旨のものとして *Isensee*, HStKR I, S. 1009 (1057 ff.); *Wolff* ZRP 2003, 12 (13); *Korioth*, in: Maunz/Dürig, Art. 138 WRV Rn. 6.
39) ユダヤゲマインデへの贈与金提供について vgl. *Isensee*, HStKR I, S. 1009 (1058), バイエルンにおけるすべての宗教共同体および世界観共同体への給付について vgl. *de Wall* (Fn. 4), S. 57.
40) Vgl. *Stürz*, Die staatliche Förderung der christlichen karitativen Kirchentätigkeit im Spiegel des Europäischen Beihilferechts, 2008.
41) BVerfGE 123, 148 (177 ff.).
42) すでに vgl. §63 Reichsdeputationshauptschluss.
43) いくつかのラント憲法において，これに対応する規律が見出される．

基底（Substrat）を国家による制限および剥奪から保護することによって，一方で宗教共同体の自己決定権（ワイマール憲法137条3項）を[45]，他方で，基本法14条の所有権の保障を[46]補完する[47]．憲法制定者にとって主に重要な点は，**世俗化**および世俗化類似の行為を**防禦する**ことである（[10]）．

I. 保 護 領 域

[7] 2項は，外国のものも含めたあらゆる宗教共同体を保護する[48]．保護対象は現存の**所有権**（Eigentum）とその他の権利であり，財産それ自体ではない[49]．所有権には基本法14条1項の意味[50]におけるあらゆる財産的価値に関する権利が属し，それ以外の財産的価値に関する権利（とりわけ，国家の承認にのみ基づくようなもの）はその他の権利に属する[51]．その権利が私法に

---

44) BVerfGE 99, 100. 教会財産，宗教の自由，自己決定の関係について *Pirson*, FS Listl, 1999, S. 611 (616 ff.).
45) BVerwGE 87, 115 (121).
46) 以下に述べるところから明らかなように，ワイマール憲法138条2項と基本法14条は，多くの観点から区別されている．ワイマール憲法138条2項は宗教共同体および結社を，それぞれの財産が「〔損失〕補償」なしに没収されてしまうこと（のみ）から保護しているとする，ワイマール時代に主張されている見解は，時代遅れのものである（vgl. auch *Pirson*, FS Listl, 1999, S. 611 (616)）．そのような保護は今日において，すでに14条3項によって保障されているがために，無用であろう．
47) 私人への違法な介入に対抗措置をとる国家の義務は，基本法上の保護義務が存在している場合にのみ，存する．さらに，*Kästner*, HStKR I, S. 891 (895).
48) 異なる見解として *Unruh* (Fn. 4), Rn. 495; *Muckel* in: Friauf/Höfling (Hrsg.), Art. 138 WRV Rn. 36. 19条3項に対する4条1項及び2項の関係について vgl. 前記基本法140条[2]．
49) 異なる見解として，未解決のままとしているのは *Hollerbach*, HStR VI, 1. Aufl. 1989, §139 Rn. 64; *Kästner*, HStKR I S. 891 (898).
50) ワイマール憲法発効の際にはより狭義の財産概念が妥当していたことは，あまり重要ではない．ただし vgl. BVerfGE 18, 392 (398) - 所有権概念の非拡大．
51) Vgl. auch BVerwGE 87, 115 (122); VerfGH NRW NVwZ 1982, 431 (432). 公法上の請求権に関し，異なる見解として *Korioth*, in: Maunz/Dürig, Art. 138 WRW Rn. 15.

基づくか公法に基づくかは決定的ではない[52]．同様に，使用権の種類も重要ではない．他者の財産の使用の可能性さえ，正当に容認されていると解される[53]．さらに，当該条項の保護にあたるものとして，不動産の占有権および使用権[54]，後援義務[55]，**地方自治体の維持費負担義務**[56]，ならびに（有償廃止されていない場合に限り）1項の意味における国家給付がある．連邦行政裁判所[57]は，東ドイツにて**ドイツ民主共和国**が設立される以前に契約上取り決められていた市町村の教会維持費負担義務が失効させられることを，適法としている．確かに，1957年1月18日における地方自治体の解体[58]とともに教会維持費負担義務はドイツ民主共和国全体へと移されたとされる．しかし，1990年7月6日付けの立法[59]によっても，また，統一条約の21条および22条ならびにこれと関連づけられている財産帰属法（vermögenszuordnungsgesetz）[60]によっても，1990年5月に新たに設立された市町村[61]または他の権利主体にこの義務が移行されることはなかった．また憲法上連邦の立法者は，統一条約への同意法律によって，契約上取り決められていた教会維持費を失効させることを妨げられていなかった．学説では，「1803年の帝国代表者主要決議

---

52) BVerfGE 99, 100 (120).
53) BVerwGE 87, 115 (122).
54) BVerfGE 99, 100 (120).
55) これにつき一般的に vgl. *Albrecht*, HStKR II, S. 47 ff.; さらに *vgl. Lindner* (Fn. 7), S. 95 f.; 公法上の所有者（Hand）の後援につき *Renck* DÖV 2003, 526 ff.
56) VerGH NW NVwZ 1982, 431 (432); *Böttcher*, HStKR II, S. 19 (39); *Lindner* (Fn. 7), S. 211. 根拠と妥当性についてはさらに vgl. BayVGH Bay VBl 1996, 564 ff.; HessVGH NVwZ 1996, 1227; VGH BW NVwZ 1996, 1230; NVwZ 1996, 1232. 平等原則との両立可能性につき vgl. BVerwG NVwZ-RR 2009, 590 (591).
57) BVerwGE 132, 358.
58) GBl I S. 65.
59) GBl I S.660.
60) Gesetz vom 3.8.1992 (BGBl. I S.1464) i. d. F der Bekanntmachung vom 29.3.1994 (BGBl. I S.709).
61) Vgl. Gesetz über die Selbstverwaltung der Gemeinden und Landkreise in der DDR vom 17.5.1990 (GBl I S. 255).

以来,事実上最も大きく,そのうえ補償のない教会財産の没収」の適法性に対して有力な疑義が呈示されている.その根拠として,統一条約からは教会財産について何ら命題を読みとることができず,法効果の却下には,公法上の債務者のために法律上の規定に基づくことが必要であったからなどとされている[62].

[8]　財産的価値に関する権利は教化,教育および慈善目的のための一定の営造物,財団およびその他の財産に関連づけられていなくてはならない.この列挙は単に例示的な意味合いをもつにすぎない(個々の例が「又は(oder)」ではなく「及び」(und)で一度に結びつけられていることは矛盾的である).決定的であるのは,財産的価値に関する権利が,**宗教的な目的設定**に資することである[63].直接的に宗教目的に資するもの(例えば,教会の建築物および墓地の土地[64]といったような社団化された教会における神聖物[65]およびカリス,祭壇および教会の鐘といったような文化的対象,または教会病院および教会学校[66])——これらが公法上の利用体系の下に置かれているか私法上のそれの下に置かれているかは,問われない——はとりわけこれに該当する(ワイマール憲法137条[23]参照).その給付が直接的に,宗教的な任務の履行のためになされているとされる限り,金銭および現物給付を顧慮した法的地位に関しても同様のことがあてはまる[67].宗教との関連性が大きくなるほど,保護の度合いは大きくなる.たんに間接的に宗教上の目的設定を助長するのみでは

---

62)　Vgl. *Traulsen* NVwZ 2009, 1019 ff.; *Droege* ZevKR 54 (2009) 488 ff.; *ders*. ZevKR 55 (2010), 339 ff.; *Germann*, in: Epping/Hillgruber, Art. 140 Rn. 126.3; *Muckel*, in: Friauf/Höfling, Art. 138 WRV Rn. 28. さらに vgl. *Lindner* (Fn. 7), S. 274 ff.

63）　BVerfGE 99, 100 (120); *Kästner*, HStKR I, S. 891 (892 ff., 898 ff.); *Pirson*, FS Listl, 1999, S. 611 (615 ff.).

64)　OVG Saar. NVwZ 2003, 1004 (1008).

65)　Vgl. 前記基本法140条,ワイマール憲法137条[23].さらに *Axer*, FS Listl, 2004, S. 553 ff. をみよ.

66)　*Korioth*, in: Maunz/Dürig, Art. 138 WRV Rn. 16.

67)　連邦行政裁判所は,(文化事業の対象自体との区別において)文化事業の目的のために定められた「財産」について述べている‐NVwZ-RR 2009, 590 (591).

十分ではない．その理由として一方では，そのような財産的価値に関する権利は，礼拝目的またはそれに類する目的のためと「定められて」いないためであり，他方で，そうでなければ宗教共同体のあらゆる財産的価値に関する権利が，これに含められてしまい，構成要件上の限定はもはや意味をなくしてしまうであろうためである．よってここで主張されている解釈によれば，行政財産（たとえば行政建築物および乗り物）における宗教共同体の物の保護および国有財産（Finanzvermögens）（例えば修道院ビール製造所，耕地等々）における物の保護においてはより一層，基本法 14 条のみに従うこととなる[68]．反対説によれば，弱められたものにとどまるが，こうした保護を肯定する[69]．2 項の**保護主体**は，組織の形態に関わらず[70]，あらゆる宗教共同体および宗教に関する結社である．つまり，すべての宗教共同体の分派[71]および，ただ個別的な信仰に条件づけられた目的を追求するのみである（たとえその構成員が同一の信仰告白に与することがなくても，そのことに関わらず）あらゆる結社である[72]．世界観共同体にも同様のことがあてはまる（ワイマール憲法 137 条 7 項と結びついた基本法 140 条）．

II. 制　　　限

[9]　ワイマール憲法 138 条 2 項と結びついた基本法 140 条に従い，ある対象が特別の保護に置かれるという事情は，その対象があらゆる国家による干渉

---

68)　Vgl. auch BVerfGE 18, 392 (398); *Preuß*, AK, Art. 140 Rn. 67; *Magen*, in: Umbach/Clements, Art. 140 Rn. 132; *Korioth*, in: Maunz/Dürig, Art. 138 WRV Rn. 16.

69)　異なる見解として *Mainusch*, Die öffentlichen Sachen der Religions- und Weltanschauungsgemeinschaften, 1995, S. 182; *v. Campenhausen/Unruh*, in: v. Mangoldt/Klein/Starck III, Art. 138 WRV Rn. 26 ff.; *Morlok*, in: Dreier III, Art. 138 WRV Rn. 31 ff.; *Pirson*, FS Listl, 1999, S. 611 (618 ff.).

70)　BVerfGE 99, 100 (120)

71)　BVerfGE 46, 73 (85 ff.); BVerwGE 87, 115 (122 ff.).

72)　*Wehdeking*, Die Kirchengutsgarantie und die Bestimmungen über Leistungen der öffentlichen Hand an die Religionsgesellschaften im Verfassungsrecht des Bundes und der Länder, 1971, S. 21.

から守られるということを意味するのではない[73]．2項は財産的価値に関する権利を基礎づけるわけではなく，前提としているがために（[7]），たとえば，財産的価値に関する権利が，それに初めから内在している理由のために**内容上変化**したりまたは，（例えば解除条件の開始によって）中止したりすることから宗教共同体を守る規定ではない．これに従い，神聖物であるために公共用物と指定された公物の国家的貸主は賃貸期間の満了後に，公共用物指定の解除および事物の引渡しを請求する権利があるが，宗教共同体はこの要求に対し，2項を引き合いに出すことはできない．地方自治体の維持負担義務が「**行為基礎の喪失**」のために失効すること[74]，または本質的な変化のために状況に適合させられなくてはならないといったことも同様のかたちで考えられうる[75]．行政契約上基礎づけられた公法的性質を持つ負担に際して，以上の事柄は，行政手続法発効以前に締結された契約にも適用可能である行政手続法60条1項に従う[76]．状況が変化している場合には，契約の順守が要求しうるものか否かが問題となる．人口における宗派の構成が契約内容にとって決定的であり，また，これが変化した場合，個々の事例の事情によるが，連邦行政裁判所は，他の宗派に属する住民の占有率が全人口の10％から25％へと増加した場合を本質的な変化ではないと判断している[77]．行政手続法60条1項の主要な法効果は契約内容を適合させることである．そのような適合が不可能または要求しえない場合のみ，解約告知が考慮される．状況の変化にも関わらず，宗教共同

---

73) OVG Saarl. NVwZ 2003, 1004（1008）．
74) Vgl. BVerwGE 28, 179（182）; 38, 76（81 ff.）; *Renck* BayVBl 1996, 554 ff. 批判的なものとして *Wiesenberger*, Kirchenbaulasten politicsher Gemeinden und Gewohnheitsrecht, 1981, S. 202 ff. 侵害的な慣習法について，および機能性の喪失による法規範の失効について，一般的に BVerwGE 26, 282（284 ff.）; 54, 5（7 ff.）．地方自治体における教会維持負担義務の請求根拠となる法規範の妥当性喪失に批判的なものとして *Frisch* ZevKR 44（1999）, 244 ff.
75) *Böttcher*, HStKR II, S. 19（40 ff.）; *Lindner*（Fn. 7）, S. 229 ff.
76) BVerwG NVwZ-RR 2009, 590（591 f.）．
77) BVerwG Buchholz 11 Art. 140 GG Nr. 18.

体が適合に同意することを拒否した場合，適合の要求は権利消却的な抗弁として，給付の訴えに対抗することができる[78]。権利が一定の前提に結びつけられていたために，始原的な制約に服する場合および，前提の消滅とともに切迫したものとなった制約が，意思行為による形式的な転換を必要とした場合，その取消しも，2項の保護領域に介入しないとされている[79]。この見解には賛成することはできない。立場が自動的に変更されず取消しが必要とされる場合，この取消しは，権利形成的に権利消却をもたらす[80]。この適法性にはワイマール憲法138条2項と結びついた基本法140条の基準に照らした審査が必要である。古い権利は，それらがたんに期限付きで保障されているにすぎなかったとされていると決して想定してはならない。よって，原則的にそのような権利は，適切な補償と引き替えの，合意の上の破棄または有償廃止によってのみ排除されうる[81]。

[10] その他，宗教共同体はすべての者に妥当する法律に結びつけられている。というのも，2項は，自己決定権を補足しようとするものであり，そのため**ワイマール憲法137条3項と結びついた基本法140条**の制限はこの規定にも妥当するからである[82]。それとともに，例えば警察法，秩序法，記念建築物保護法，イミシオーン保護法，計画法，土地収用法，行政手続法などの規範は，宗教保護および制限目的の相互作用の斟酌のもと，顧慮されなくてはならない（すなわち例として，倒壊のおそれのために教会を閉鎖すること，伝染病警備の理由から墓地の利用を禁止すること，ダム建造[83]のために教会を公用

---

78) BVerwG NVwZ 2002, 486.
79) BVerfGE 99, 100 (124).
80) 個別的には同様に BVerwGE 87, 115 (124).
81) Vgl. auch VGH BW NVwZ 1996, 1230 ff.
82) BVerwGE 87, 115 (125); *Magen*, in: Umbach/Clemens, Art. 140 Rn. 135; *Korioth* in: Maunz/Dürig, Art. 138 WRV Rn. 18. *Lücke* JZ 1998, 534 (541) によれば，教会財産の保障の核心のみが憲法内在的なのであり，周辺領域は，すべての者に妥当する法律を根拠として制約可能である。
83) これにつきより詳しくは *Kremer*, Enteignung von Kirchengebäuden, 2010.（基本

収用および公用廃止することなどである）．原則的に宗教共同体に向けられた特別法，つまり直接に「教会財産」そのものに宛てられているとされる介入は禁止される．そのような意味では，2項は世俗化および世俗化類似の行為に対抗するものである[84]．問題となるのは他の宗教共同体に譲与する目的を伴う法的地位の剥奪である．ワイマール憲法138条2項と結びついた基本法140条によって保護された権利は，一定の組織化された(verfasst)教会に関わる場合，個々のゲマインデのこの教会への所属は，さしあたり当該教会の自己理解に従う[85]．

法14条3項に反して）完全な市場価値の補償の義務を *Lücke* JZ 1998, 534（543 ff.）は是認している．

84) Vgl. BVerwGE 87, 115（121）; *Huber*, Die Garantie der kirchlichen Vermögensrechte in der Weimarer Verfassung, 1927, S. 22 ff.; *Heckel*, FS Smend, 1952, S. 129 ff.

85) BVerfGE 99, 100（125），これにつき *Niebler*, FS Listl, 1999, S. 665（671 ff.）; *Flimer/Görisch* ZevKR 45（2000），453 ff.，さらにすでに BVerwG NVwZ 1997, 799; BayVerfGH NVwZ 1997, 379 ff.; *Renck* NVwZ 1996, 1078 ff.; *Pirson* ZevKR 42（1997），431 ff.

ワイマール憲法139条
［日曜日・祝日の休息］

日曜日及び国が承認した祝日は，労働を休む日及び精神向上の日として，引き続き法律により保護する．

A. 概　　略

［1］　ワイマール憲法139条によって補償され，法律上の諸規定によって形成される日曜日および祝日の保護[1]は，社会的および宗教的基礎に資するものである．この保護は，労働休息および精神向上に資するともされるため，一方で，**社会国家原理**の具体化であり，他方で，基本権上保障された**宗教の保護**および人間の尊厳と関わりをもつさらなる基本権による刻印でもある（Ausprägung）[2]．宗教的行為の可能性と同様，個人のまたは家族・団体生活[3]の休息，沈思，休養，娯楽[4]といった世俗の（profaner）目的の追求もまた，助成されると言われている．市民は日曜日および祝日には職業的活動から疲労回復し，自身がその人格的目的の実現のために個人的に重要だとみなすことおよび，平日を埋め合わせるものとして個人的に重要とみなすことをすることができる[5]．同時に，職業上の展開の可能性を制限するために，ワイマール憲法139条は，基本権助成的でもあり基本権制約的でもある諸作用をもつ[6]．ワイマール憲法139条と結びついた基本法140条は，基本法2条2項1文，4条1項お

---

1) 日曜日および祝日のラント憲法上の保護および契約上の保護について vgl. *Kästner*, HStKR II, S. 337（335 ff.）
2) BVerfGE 125, 39 (82); Vgl. auch *Häberle*, Der Sonntag als Verfassungsprinzip, 2. Aufl. 2006, S. 65 ff., これは保障内容を人間の尊厳の保障と関連させている．
3) BVerfGE 125, 39 (85).
4) Vgl. BVerfGE 125, 39 (83, 86).
5) BVerfGE 111, 10 (51).
6) *Korioth*, in: Maunz/Dürig, Art. 140 GG/Art. 139 WRV Rn. 4.

よび2項, 6条1項から生じる基本権上の保護義務によって補われる[7]. これらは個人的な部分局面（Teilaspekte）を保護し，基本法139条と結びついた基本法140条は暦に基づいて保護する．ワイマール憲法139条は，主観的な性質をもたず，もっぱら**客観法的な制度的保障のみを含む**[8]. とりわけ，社会政策的動機と宗教的動機が両立することは，この保護の遵守を申請可能性を個々の主体へ帰属させることを許すものではない．連邦憲法裁判所[9]も，専ら（基本権または基本権同等の権利とは異なる）客観法的な保障であるということから出発している[10]．しかしこれは，ワイマール時代の教会条項の保障が宗教の自由を基本権上で主張，実現，展開することをその狙いとしていたがために，基本法4条1項および2項の具体化ならびに強化の意味において「立ち入って作用する（überwirken）」とされることもある[11]．これに従い, (社団化された) 宗教共同体による, 基本法4条1項および2項ならびに140条と結びついたワイマール憲法139条の誤認（Verkennung）に裏付けられた**憲法異議**は認められる（また, 具体的事例においては, 部分的に根拠づけられる）ものとみなさ

---

7) さらに（部分的に）vgl. *Kingreen/Pieroth* NVwZ 2006, 1221 ff.

8) Vgl. BVerfGE 111, 10（50）; BVerwGE 79, 118（122）; 79, 236（238）; BerlVerfGH NJW 1995, 3379（3380）; HessStGH NVwZ 2000, 430（432）; *Häberle*（Fn. 2）, S.49; *Kunig*, Der Schutz des Sonntags im verfassungsrechtlichen Wandel, 1989, S. 21; *Pahlke* EssGespr. 24（1990）, 53（57）; *Kästner*, HStKR II, S. 337（339）; *Rüfner*, FS Heckel, 1999, S.447（448 ff.）; *Dietlein*, FS Rüfner, S. 131（136, 144 ff.）; *Jeand' Heur/Korioth*, Grundzüge des Staatskirchenrechts, 2000, Rn. 155; *de Wall* NVwZ 2000, 857（859 ff.）; *v. Campenhausen/de Wall* Staatskirchenrecht, 4. Aufl. 2006, S. 328 f.; *Westphal*, Die Garantie der Sonn-und Freiertage als Grundlage subjektiver Rechte?, 2003, S.153; *Stollmann* VerwArch 96（2005）, 348（368）. Vgl. auch *Korioth*, in: Maunz/Dürig, Art. 139 WRV Rn. 20.

9) 賛意を示すものとして *Egidy* VR 2010, 140 f.; *Mosbacher* NVwZ 2010, 537 ff., *Rozek* ArbuR 2010, 148 ff. 批判的なものとして *Classen* JZ 2010, 144 ff.; *Wißmann/Heuer* JURA 2011, 214（219 ff.）; *v. Lucius* KritV 2010, 190（206 ff.）; *Mager*, in: v. Münch/Kunig, Art. 140 Rn. 88; *Germann*, in: Epping/Hillgruber, Art. 140 Rn. 146.

10) BVerfGE 125, 39（73 f., 84）.

11) BVerfGE 125, 39（73 f., 80 f.）. 判決は，この点につき5対3の評決にて下された．

れることになった[12]．日曜日および祝日の保護を無視した規定は，確かに意図された（gezielte）基本権介入，または，機能上介入と同等のものではないものの，基本権上の保護義務を侵害しているとされる．この見解は説得力あるものとはいえない．基本法4条1項および2項からなお導き出されていない保護義務は，ワイマール時代の教会条項それ自体が授権事項を含んでいる場合のみ，ここから導き出されうるのである[13]．確かに，ワイマール憲法137条2項，3項，4項および5項2文はこれに該当するが[14]，ワイマール憲法139条にはあてはまらない．宗教共同体の主観的保護を肯定するのであれば，個人的な宗教の自由または他の（社会生活を守る）基本権を引き合いに出す宗教共同体にその保護を否定することはできないであろう．このことは民衆訴訟および民衆異議を許容するという結果に陥る[15]．ワイマール憲法139条を参照するラントの憲法上の規定も，参照規定がラント憲法上の基本権部分に属していたとしても，主観的法性質を欠いている[16]．日曜日および祝日の保護の（国家教会）条約上の保障がそれ自体として，第三者保護的性質をもつか否かは[17]，第三

---

12) Vgl. auch OVG SH, Beschl. v. 25.22.2005, (AZ: 3 MR 2/05); 日曜日の保護への憲法上の主観的権利に関してはさらに *Morlok/Heinig*, NVwZ 2001, 846 ff.; *Morlok*, in: Dreier III, Art. 139 Rn. 18 f.; *Heinig*, Öffentlich-rechtliche Religionsgesellschaften, 2003, S.221; *Heinemann*, Grundgesetzliche Vorgaben bei der staatlichen Anerkennung von Freiertagen, 2004, S.191; *Muckel*, in: Friauf/Höfling, Art. 139 WRV Rn. 4; *Mosbacher*, Sonntagsschutz und Ladenschluss, 2007, S. 322 f.; *Unruh* ZevKR 52 (2007), 1 (12 ff.); *ders.*, Religionsverfassungsrecht, 2. Aufl. 2012, Rn. 552.; *Couzinet/Weiss* ZevKR 54 (2009), 34 ff.

13) ここで主張される見解による，この授権の基本権類似の性格について vgl. 前記基本法140条[3]．

14) ワイマール憲法137条5項2文につき vgl. BVerfGE 102, 370 (387).

15) この点では連邦憲法裁判所（E 125, 39 (84)）は一貫して，他の基本権主体は，自身の基本権保障の枠内において日曜日の保護および国家的に認められた祝日の保護を引き合いに出すことができると指摘している．

16) Vgl. auch *de Wall* ZevKR 45 (2000), 626 (630).

17) おそらくそのように述べるものとして，OVG MV GewArch 2000 109 (110 ff.); *de Wall* NVwZ 2000, 857 (860 ff.); *Heinig/ Morlok* KuR 2001, 25 ff.

者（例えば，販売所の所有者）の負担となる契約は原則的に許されないという理由で，疑わしい．しかし，国家教会条約の同意法律は，しかるべく解釈されうる．立法者は，いかなる祝日が存在すべきかについてを規定しなくてはならない[18]．さらに，法律上日曜日および祝日の保護を（例えば，労働禁止の規定を置くことによって）内容形成しなくてはならない．これに際しては，**過小禁止および過剰禁止**[19]が顧慮されなくてはならない[20]．

　[2]　一方で，この制度に関しては名目のみが残るようであってはならない．より正確にいえば，適切な数の祝日ならびにとりわけ日曜日および祝日の適切な保護が存在していなくてはならない[21]．後者は，これらの日の公的生活は，できうる限りその平日的要素を取り上げられるべきであるということを意味する[22]．連邦憲法裁判所はこれを**原則・例外関係**としている[23]．原則的には，日曜日および祝日において，典型的な「平日の業務性」は休止しなくてはならない．いかなる場合においても日曜日および祝日の保護の十分な水準は維持されなくてはならない[24]．もっとも，日曜日および祝日の特別性の**核心部分**のみが憲法上保護されている[25]．「イギリスの日曜日」（古典的タイプ）またはユダヤ教の安息日を基準とした保護は求められない[26]．

　[3]　他方で，日曜日および祝日の保護は，基本権上の稼働（Betätigung）の自由（とりわけ，12条1項を通じて保護される職業遂行の自由）へ介入する．

---

18)　Vgl. *Ehlers* ZevKR 46 (2001), 286 (301 ff.).
19)　この法形態につき BVerfGE 88, 203 (254).
20)　実質的に同旨のものとして BVerfGE 111, 10 (50 ff.). Vgl. auch *Korioth*, in: Maunz/Dürig, Art. 139 WRV Rn. 27. 過剰禁止による限界づけに対しては *Richardi*, Sonntagsarbeit, 1988, S. 54; *Bender*, Sonntagsarbet, 1990, S. 30 ff.
21)　BVerfG (K) NJW 1995, 3378 (3379).
22)　BVerwGE 90, 337 ff.
23)　BVerfGE 87, 363 (393); 111, 10 (53); 125, 39 (85); BayVerfGH, NVwZ-RR 2012, 537 (539).
24)　BVerfGE 111, 10 (50); 125, 39 (85).
25)　*Unruh*, Religionsverfassungsrecht, 2. Aufl. 2012, Rn. 552.
26)　*Pahlke* EssGespr. 24 (1990), 53 (66); *Rüfner*, FS Heckel, 1999, S. 447 (454).

確かに，ワイマール憲法139条は法律に基づき[27]，**基本権制限**を正当化することができる．しかし制限は，その目的設定に照らして適合的かつ必要的および比例的でなくてはならない[28]．それとともに，立法者は基本権上の自由の制限に際しては，ワイマール憲法139条と基本法12条1項および2条1項の間の調整を義務づけられている[29]．日曜日および祝日の原則的な開店禁止（閉店法3条1項1文1段）は基本法と両立するものである．連邦憲法裁判所はそのうえさらに，この法律が，「正当化の必要がない」ものであることを認めている[30]．また日曜日および祝日の保護は，集会の自由に対しても優位性をもつ．よって，日曜日および祝日における 主日礼拝の間の屋外での公的集会は，通常禁止されている[31]．記念日および忌日における集会の禁止も，憲法上異議を唱える余地はない[32]．それに対して，復活祭当日の日曜日における集会は，それが，復活祭デモの伝統に立脚していない場合，許容される[33]．

[4] EUは，日曜日の保護に関する一般的な規律を公布する権能を持って

---

27) 関係する基本権を憲法上直接限界づけることに関して，おそらく支配的見解であるものとしてvgl. BVerwGE 79, 236 (243); *Rüfner*, FS Heckel, 1999, S. 447 (454) m. w. N.

28) BVerwGE 79, 118 (123); 90, 337 (341 ff.)．これに対し，*Korioth*, in: Maunz/Dürig, Art. 139 WRV Rn. 19によれば，通常法の立法者は，契約上の義務づけによってワイマール憲法139条を拡張することはできない．ただしvgl. auch dens., Rn. 43, これによれば立法者は主観的な法的地位を容認することができる．

29) BVerfGE 111, 10 (50); 125, 39 (85).

30) BVerfGE 111, 10 (52).

31) 例えばvgl. §51 1 lit. a FeiertG NRW. これにつきより詳しくは*Beltle*, Die Vereinbarkeit feiertagsrechtlicher Versammlungsverbote mit dem Grundgesetz, 2009.

32) Vgl. BVerfG (K) NVwZ 2003, 602（国民哀悼日に「前線兵士の栄光と名誉」という標語のもとで集会を行うことの禁止）．ホロコースト記念日における極右集団の集会の禁止についてBVerfG (K) NJW 2001, 1409 ff.

33) BVerfG (K) NJW 2001, 2075. 聖土曜日における集会の許容性についてvgl. BVerfG (K) v. 12.4.2001 (Az.: BvQ 20/01); クリスマスイブにおける許容性についてBVerfG (K) v. 22.12.2006 (AZ.: 1 BvQ 41/06). 全体につき（また，基本法旧74条1項3号に基づく権限法上の疑義につき）より詳しくは*Arndt/Droege* NVwZ 2003, 906 ff. Vgl. auch *Höfling*, Art. 8 Rn. 56 ff., 63.

いないが[34]，部分的な保障（例えば，青少年の労働保護の目的のためなど）についてはこの限りでない[35]．EU 司法裁判所は，加盟国を日曜日および祝日法と結びつける販売制約を共同体法に適合するものとみなした[36]．国際法は，有給の公休日を定めることおよび，これに適切な補償をすることのみを義務づける[37]．ラント憲法は，完全にまたは部分的にワイマール憲法 139 条に対応する規定をいくつか含んでいる[38]．ベルリン（35 条），ブランデンブルク（14 条），ブレーメン（55 条 1 項および 3 項）といった，ワイマール憲法 139 条に劣後する効力をもつ規定の場合，これらは，憲法適合的に解釈されるか，ワイマール憲法 139 条を通じて補充されなくてはならない．

B. 日曜日および国家的に承認された祝日

[5] 法律上保護され続けるのは日曜日および国家的に承認された祝日である．**日曜日**は，グレゴリウス暦[39]によって設定された日にちであると解されうる．これにより七日周期であることが確定する[40]．国家的に承認された世

---

34) これにつき vgl. EuGH, Slg. 1996, I-5755 (5805 ff.) – 連合王国/下院 / Rat.
35) Art. 2 RL 94/33/EG（明示的な日曜日および祝日の保護への関連づけはない）.
36) EuGH Slg. 1989, 3851 (3888 ff.).「ケック裁判」以来，EU 司法裁判所は閉店時間の固定を，もはや EU 基礎条約 28 条，今日の EU 機能条約 34 条の意味における同等の効力を持つ措置としてみなしていない（Slg. 1994, I-2355, I-2368 ff.）. Vgl. auch EuGH Slg. 1996, I-5793 (5805 ff.) – 日曜日が含まれている限りにおいて，労働時間形成方針は無効と判断した．閉店法とヨーロッパ法の両立可能性につき一般的に *Heckmann*, in: Achterberg/Püttner/Würtenberger, Besonderes Verwaltungsrecht, Bd. I, 2. Aufl. 2000, § Rn. 35 ff.
37) ヨーロッパ社会憲章 2 条 2 号；さらに vgl. Art. 7 lit. d IPWirtR.
38) *Korioth*, in: Maunz/Dürig, Art. 139 WRV Rn. 16 における概略を参照．
39) 法的基礎を形成したのは，1582 年 2 月 24 日のグレゴリウス 13 世による「Inter gravissimas」ならびにさまざまなプロテスタントによる身分制集会およびドイツ帝国議会である．最終的に 1699 年 9 月 23 日にこの暦は導入された．
40) *Morlok*, in: Dreier III, Art. 139 Rn. 12; 異なる見解として *Korioth*, in: Maunz/Dürig, Art. 139 WRV Rn. 39.

俗的または宗教的(教会的)祝日は,日曜日または平日にあたるものであるが,法律上固定されている．これらは宗教的(教会的)祝日および保護された日とは区別されなくてはならない．保護のもとにある教会的祝日[41]においては,延期不可能なまたは公共的利益にまで及ぶような責務を処理しなくてはならないような場合でない限り,被雇用者および,場合によっては該当する宗派の門下生に礼拝へ出席する権利が認容される[42]．そのほか,一定の行事が礼拝の時間の間には禁止される[43]．**保護されたまたは神聖な日**(12月24日または聖木曜日のような日)においては,同様に一定の活動(たとえば,ダンス,娯楽的な催し物)を行うことは——たいてい特定の時刻からであるが——許されない[44]．

[6] 祝日の承認は原則的に**諸**ラントに義務づけられるものであり,さまざまな方法において祝日法のなかで規定されてきた[45]．世俗の祝日の承認に関しては,とりわけ基本法74条12号(5月1日は労働の日としている)[46]および事柄の性質(10月3日はドイツ統一の日である)[47]から,連邦の権限が生じている．立法者は,これまでの祝日をそのまま残すことを義務づけられているわけではない[48]．祝日を廃止すること(これは介護保険の資金調達の関係上,

---

41) 例えばvgl. §8 III FeiertG NRW, これによれば,市町村における教会の祝日は,当該市町村において少なくとも人口の5分の2がこの祝日を祝うか,または祝日への一般的敬意が,長年の慣習にあたる場合に保護される．
42) 例えばvgl. §8 II FeiertG NRW.
43) 例えば§5 FeiertG NRW, 日曜日および祝日の保護(復活祭の翌日の月曜日)の,公的集会に対する保護について vgl. BVerfG (K) NJW 2001, 2075.
44) 例えばvgl. §7 FeiertG NRW. 神聖な日の保護について vgl. BVerwG NJW 1994, 1975; BayVerfGH GewArch 2007, 251; 18.4.2013, 10 B 11. 1530; OVG RP NVwZ-RR 2013, 641.
45) *Kästner*, HStKR II, S. 337 (359) にて示されているものを参照．
46) 連邦が権限を行使していない場合に限り,ラントは権限をもつ．全体についてさらに vgl. *Korioth*, in: Maunz/Dürig, Art. 139 WRV Rn. 1; *Dirksen*, Das Feiertagsrecht, 1961, S. 39 ff.
47) Art. 2 IIEV. これにつきより詳しくは *Mattener*, Sonn- undFeiertagsrecht, 2. Aufl. 1991, §4 Rn. 2.
48) ラントの祝日法が10月3日を祝日とみなす (例えばvgl. §2 I Nr. 8 FeiertG NRW)

行われたことがある[49]）も可能であり，新しい祝日を導入することもできる．

　[7]　現存の日曜日および祝日の保護は，――世俗の祝日を度外視すれば――キリスト教的に特徴づけられた文化伝統と結びついている．このことは，日曜日に関しては，憲法から直接的に判明する．祝日の規定に際しては，立法者は全住民のうちの多数派の宗派属性を指向することが許されている[50]．情勢が変化した場合，立法者は基本法4条1項および2項と結びついた基本法3条1項に応じて，このことを斟酌することおよび場合によっては他の宗教の祝日を承認することを要請される．立法者が，比較的少数派の宗教の祝日をも保護に置いていた場合[51]，他の宗教共同体は上述の規範に応じて，事情によっては平等取扱いを要求することができる．法律上の承認がない場合にも，**宗教的少数派**の構成員は，法律上の承認なしに，配慮または事情によっては自由（Freistellung）を求める権利を有している[52]．こうしたことは日曜日および祝日法に応じて判断されるのではなく，（間接的には私法とのかかわり合いのなかで顧慮されるべきである）宗教の自由の射程範囲に応じて判断される[53]．ただし，全面的な労働免除を求める契約外の権利は，基本法4条1項および2

　　場合，このことは宣言的な作用をもつ．当該祝日に追加的な目的が与えられ，そのような目的が連邦の規律と両立可能である場合には，この限りではない．§58 II SGB XIに関する連邦の立法権限についての問題につきvgl. *Kästner* ZevKR 41 (1996), 272 ff.

49)　BVerfG (K) NJW 1995, 3378 (3379); BerlVerfGH NJW 1995, 3379 – 贖罪日と祈祷日のその都度の削除；*Kästner* ZevKR 41 (1996), 272 (302 ff.)．現在では「聖ステファノの日」は，裁量に委ねられている．*Kästner* NVwZ 1993, 148 (150)．

50)　*Waldhoff*, 68. DJT, Gutachten D, 2010, D175 (These 23) によれば，非キリスト教の祝日を導入することは憲法上必要ではない．

51)　例えばユダヤの祝日はArt. 6 Bay FeiertGにおいて定められている．§9 FeiertG NRW；ブレーメン（10条）およびハンブルク（3条）におけるイスラム共同体との間で結ばれた協約（140条[8]，脚注67）は，イスラム教の祝日を教会の祝日として列挙している．

52)　例えばvgl. BVerwGE 42, 128 ff.; BSGE 51, 70 ff.

53)　これにつきvgl. *Starck*, in: v. Mangoldt/Klein/Starck I, Art. 4 Rn. 124; 異なる見解として*Hess* VGH NVwZ 2004, 890 (892)．

項の援用によって基礎づけられえない[54]．最後に，日曜日および祝日において宗教的に動機づけられた労働実施のための特例的許認可を個々人に与えることは要請されている[55]．

C. 労働休息

[8] 日曜日および祝日は一方で，労働休息の日として保護されている．このことは，これらの日においては原則的に平日の業務活動を休ませることを必要としている[56]．つまり，平日の**拘束性および強制性**が失われる．この日曜日および祝日の目的規定には，公的生活においてその目的，内容形態，外観に照らして，典型的に平日の生活事象として表される行為は調和しない[57]．このことは，被雇用者保護および宗教的行為の妨げに対する防御を越えたものである．また，典型的に平日に組み込まれるべきことは，顧客の来訪，道路交通の緻密化，公共近距離旅客輸送の緻密化である[58]．よって，広範囲にわたり，人員の使用なしに自動機械によって，または専ら所有者によって営業されうる営造物は，そのことによっても平日的性質を失うことはない[59]．同様に，職業の行使であることを前提にする必然性はない．むしろ原則的に，あらゆる平日的性質が感知可能な活動は，ワイマール憲法139条と結びついた基本法140条と両立しない．その一方，日曜日および祝日における労働は，市民または共同体の基本権の保護のためおよびその他の重要な法益の保護のためであれば，

---

54) *v. Campenhausen*, in: v. Mangoldt/Klein/Starck III, Art.140 GG/Art. 139 WRV, 5. Aufl. 2005, Rn. 21.
55) Vgl. HessVGH NVwZ 2004, 890（イスラムの犠牲祭のために日曜日に行われる屠殺）．
56) BVerfGE 111, 10 (51); BVerwGE 79, 118 (126); 236 (241); BVerwGE 90. 337 ff. 包括的な行為禁止に対しては *Korioth*, in: Maunz/Dürig, Art. 139 WRV Rn. 55.
57) BVerwGE 79, 118 (127); 90, 337 (343).
58) BVerfGE 125, 39 (91).
59) BVerwGE 90, 337 (344).

許容される．連邦憲法裁判所がこれに加えたものとしては，例えば，消防隊および警察における救助隊，あらゆる医療の提供，インフラの維持――エネルギー供給のほか，可動性の確保（車道，鉄道，バス，航空交通）――，さまざまな部門における多様な緊急業務ならびに産業領域における，製品技術上の理由および国際競争力を維持するためおよびこれに伴う雇用政策といったことから生じる特例などである[60]．

[9] 保護の内容形成は部分的には連邦に義務づけられ（例えば，74条12号――労働の保護，24号――騒音制御），そのほかはラントに義務づけられる．最も重要な連邦法上の規定は，**閉店法**[61]，**労働時間法**[62]および営業法55e条[63]のなかに見出され，最も重要なラント法上の規定は，諸ラントの**日曜日および祝日法**および開店法のなかに見出される．74条1項11号（閉店法に関する法には連邦の競合的な立法権限はおよばない）に関する逆推論から，閉店法は連邦制改革ののち，ラントの立法権能へと帰属することになったことが理解される[64]．しかし，連邦の**閉店法**は，基本法125a条1項に従い，これがラント法に置き換えられるまで，継続して妥当する．後者は例外の場合（[11]）をも含む．新たに構想することは，連邦には禁止されている[65]．閉店法3条1項1文1段1号によれば，販売所は，日曜日および祝日における顧客との業務上の交流を理由とするのであれば，原則的に閉鎖されていなくてはならない[66]．類似の規定が，ラントの日曜日および祝日法ならびに開店法にも含ま

---

60) BVerfGE 125, 35 (86 f.)．
61) これにつき vgl. *Rozek* NJW 1999, 2921 ff.
62) BGBl 1994 I S. 1170. 日曜日の業務禁止の特例的許認可の要件について vgl. BVerwGE 90, 238 (239 ff.); BAGE 73, 118 (134).
63) Vgl. auch die §§30 III StVO, 222 II ZPO, 43 II StPO.
64) Vgl. auch die amtliche Begründung des Gesetzentwurfs BT-Dr. 16/ 813, S. 9 (13).
65) BVerfGE 111, 10 (29 ff.). 基本法125a条1項に応じた連邦法の継続的妥当につき vgl. *Kallerhoff*, Die übergangsrechtliche Fortgeltung von Bundesrecht nach dem Grundgesetz, 2010, S. 55 ff.
66) 合憲性につき vgl. Rn. 3.

れている⁶⁷⁾．しかし，日曜日および祝日における開店の禁止は，多くの例外を予定している．例外規定に該当するに至らなかった店の所有者は，原則的に，自身へと例外規定を拡張することを要求する権利を基本法上，有しない⁶⁸⁾．日曜日および祝日の労働禁止に対する例外の正当化においては，平日の夜の閉店時間の例外におけるものよりも，本質的により高い要求が課されうる（そもそも平日の閉店時間に関する制約がなお存在する場合ではあるが）⁶⁹⁾．過去に幾度かあったように，閉店法23条1項1文に基づき一律に例外を認めること（例えば，観光事業の助成のためまたは労働の場の提供のため）は，許容されない⁷⁰⁾．**労働時間法**は，被雇用者のために，日曜日および祝日における原則的な業務禁止を定めている（9条）．ただし，平日において労働が行われえない（10条）場合はこのかぎりではない⁷¹⁾．さらに連邦法は，連邦参議院の同意を伴う法規命令を通じて，著しい損害を回避するために，被雇用者ならびに日曜日および祝日の休息保護の斟酌のもと，例外を許容しうる（13条1項）⁷²⁾．連邦法の不作為に際しては，一定の範囲においてラントは命令を出すことが許されている（13条2項）．ラント法上の，必要品または必需品のための営業命令（Bedarfs- oder Bedurfnisgewerbesverordnungen）のあらゆる規定が，ワイマール憲法139条と結びついた基本法140条と両立しうるか否かには疑問の余地がある⁷³⁾．また，所得税法3b条1項に応じた，日曜日および祝日

---

67) 例えばvgl. §§3 FreiertG NRW, 4 I LÖG NRW.
68) Vgl. BVerfGE 111, 10 (53); 125, 39 (94).
69) BVerfGE 111, 10 (53).
70) Vgl. OVG SachsAnh. DVBl 1999, 1447; OVG MV NVwZ 2000, 945 (947); *Rozek* NJW 1999, 2921 ff. m.w.Hinw.
71) 労働時間法10条の法定例外要件は，部分的に広すぎる状態にあり，場合によっては，憲法適合的に解釈されねばならない．労働時間法10条1項15号についてはBVerwGE 112, 51 ff. をみよ．批判的な評釈は *Schoch* JZ 2001, 406 ff.; 労働時間法10条4項について *Richardi/Annuß* NZA 1999, 953 (955).
72) 労働時間法13条1項2号c.の憲法上の問題性について vgl. *Richardi/Annuß* NZA 1999, 953 (955).
73) 若干の問題提起として *Richardi/Annuß* NZA 1999, 953 (956); *Rüfner*, FS Heckel,

の労働のための宗教特別手当の広範な免税に対しても憲法上問題が投げかけられる．というのも，この法律は，ワイマール憲法139条の保護委託に反し，日曜日および祝日の労働を助長しかねないからである[74]．いずれにせよ税法が，許されていない日曜日の労働を，税の控除または減免を通じて助成することは許されない[75]．**営業法55e条**は，路上営業においても日曜日および祝日の休息が原則的に顧慮されることを保障しているとされている[76]．

[10] そのほか，日曜日および祝日の保護は，ラントの，日曜日および祝日法ならびに閉店法（[11]）のなかで規定されてきた．ラントには（広い）形成の余地が付与されている[77]．**日曜日および祝日法**は，その日の外観上の平穏を乱すことになるあらゆる公的に認識可能である労働を，それが特別に許可されていない限り，禁じている．許可された労働にあたる場合，不要な攪乱および騒音は避けられなくてはならない[78]．各規定の解釈および適用の際には，一方でワイマール憲法139条の，他方で基本権の照射効が顧慮されなくてはならない．警察法の意味における日曜日の平穏への一般的または具体的危険は，必要とされない[79]．混合企業（例えばガソリンスタンド内のビデオレン

1999, S.447（459 ff.）を参照．

74) 批判的なものとして *Wernsmann*, Verhaltenslenkung in einem rationale Steuersystem, 2005, S. 132 ff.; *ders.* ZRP 2010, 124 ff. 現在，日曜日の労働および祝日の労働および夜間の労働における特別手当への免税措置は，約20億ユーロにおよぶ税収減額へと至っている．

75) Vgl. auch *Rüfner*, FS Heckel, 1999, S. 447（461）．

76) ミサ，展覧会，市場に関しては，いまやラントの立法権限のもとにあり（74条1項11号），営業法69a条1項3号の条項は，ラントの祝日法によって具体化されている．一部は，市場における営業的な催し物を日曜日の労働および祝日の労働の許可としてみなし（OVG NRW NWVBl 1990, 350 ff.; *Hess*VGH GewArch 1998, 242 ff.），また一部は，日曜日および祝日の営業的な市場を原則的に禁止し，──祝日法上の許可の存在のもと──例外的にのみ許可している（VGH BW GewArch 1996, 479; OVG Thür DÖV 1996, 965）．

77) BayVerfGH NVwZ-RR 2012, 537（539）; *Sächs* VerfGH NVwZ-RR 2012, 873（876）．

78) 例えば vgl. §3 S. 1 および S. 2 FeiertG NRW．

79) BVerwGE 79, 118（124）; 236（239）; *Kästner*, HStKR II, S. 337（363）．

タル店など)においては，許容された企業部分の顧客は公然性を示しているが，その結果，これらの理由のために許可されていない部分が公的に認識可能となっている[80]．喧噪を生じせしめない平日的な性質をもつ労働もまた，外観上の平穏を乱す．裁判所は，例えば以下のものが，日曜日および祝日においては許容されないとしている．すなわち中古車取引の操業[81]，ビデオカセットの賃貸[82]，自動ビデオレンタルの操業[83]，完全自動性のコインランドリーの操業[84]，痛みやすい種の野菜および果物の売却[85]，商業的な蚤の市における慣例的な催し[86]などである．また，合憲とみなされたものは，（その後廃止されたが）日曜日のパン製造の禁止（Sonntagsbackverbot）である[87]．それに対し，例えば（牧師の活動またはジャーナリストの活動といったような[88]）一定の基本権行使の目的のため，または，（農場における労働または監視業務における労働[89]といったような）社会的または技術的理由から必要とされるよ

---

80) *Hoeren/Mattner*, Feiertagsgesetze der Bundesländer, 1989, §3 Rn. 15, §4 Rn. 42. 閉店法6条2項の解釈について vgl. BVerwGE 94, 244 ff.（かなり異論の余地のあるものである）．
81) BVerwGE 79, 118 ff.
82) BVerfG GewArch 1988, 188; BVerwG NVwZ-RR 1995, 516 (519).
83) VGH BW GewArch 2008, 253; OLG Düss GewArch 2008, 255; 異なる見解としてOLG Stuttgart GewArch 2008, 255 ff. この裁判について vgl. *Humberg* GewArch 2008, 233 ff.
84) OVG NRW NVwZ-RR 1994, 439 ff.; OLG Düss NVwZ-RR 1999, 309; OVG Sachs 2.7.2002（Az.: 3 B 767/ 00）．ただし vgl. auch HessStGH NVwZ 2000, 430 (432)，これによれば，自動洗車装置のための日曜日および祝日の保護の例外は，一定の要件のもとで許容される．さらに Bay VerfGH NVwZ-RR 2012, 537（主日礼拝時間外の自動洗車装置操業の原則的許容）; Sächs VerfGH NVwZ-RR 2012, 873 (880)．
85) OVG NRW NVwZ-RR 1994, 209.
86) BayVGH NVwZ-RR 1993, 74; 原則的な非許容性について vgl. OVG RP KommJur 2012, 110.
87) BVerfGE 87, 363 (393).
88) 無料の広告紙の配布について vgl. HessVGH NVwZ-RR 1994, 155.
89) これについてより詳しくは労働時間法10条1項における一覧を参照．

うな労働は許されている[90]．さらにはこれらの「日曜日にもかかわらずの労働」の分野とならび，「日曜日のための」労働が許可されている．これは例えばホテルおよび飲食店といった業種のほか，市民が個別的にそれらの日々を，労働休息および精神向上のものとして形成することを可能とするのに資するような，個々人の柔軟性の保障の領域にあるものである．しかしまた，そうであるからには，十分な水準において日曜日および祝日の保護が保障されたままでなければならない[91]．

　[11]　バイエルンによる例外にともない，近時あらゆるラントが**開店法**を制定してきている[92]．これらは，日曜日および祝日における売却の例外規定と一般的にみなされているもの（たとえば時間的に限定されたパン菓子および農業製品の売却ならびに文化的施設もしくはスポーツ施設の営造物における売却または薬物の販売[93]など）とならび，さまざまなスケールにおいて日曜日および祝日の売却を認める（部分的には教会的祝日においても認めている[94]）．開店時間の違反に際しては，競争者は不正競争防止法3条および4条11号と結びついた8条1項1文に応じて，不作為請求権を有する[95]．連邦憲法裁判所は，全4日の待降節の日曜日における無条件の7時間の開店を，日曜日および祝日の保護の違反としてみなしたが，それに対して，（憲法適合的解釈により）販売店の開店を最大で（その他の）4日，日曜日または祝日に設定すること，ならびに特別なイベントという根拠から販売店の開店を，年間でさらに2日，その他の日曜日または祝日に選定することは，ワイマール憲法139

---

90)　Vgl. auch すでに Rn. 8.
91)　BVerfGE 125, 39 (87). Vgl. auch BVerfGE 111, 10 (51 ff.). 日焼けサロンの営業について BVerwGE 90, 337.
92)　*Schmitz* NVwZ 2008, 181 における Fn. 5 において，示されているもの，さらにメクレンブルク゠フォア・ポンメルンに関して 2007 年 6 月 18 日のラント法律（GVOBl MV 2007, 226）を参照．
93)　例えば vgl. §§5 I, 7 LÖG NRW.
94)　この傾向に批判的なものとして *Unruh* ZevKR 52 (2007), 1 (25 ff.).
95)　Vgl. OLG Düsseldorf NJOZ 2013, 357.

条と両立しうるとみなしており[96]．こうした判断は正当であろう．145の保養地・静養地・行楽地に対し，日曜日の開店時間をほとんど一年中11時30分から18時30分まで許可することは，憲法上要請される日曜日の保護に違反する[97]．ラントの日曜日および祝日法ならびに開店法への違反行為は，秩序違反である[98]．

D. 精神向上

[12] 他方で，日曜日および祝日は精神向上を可能とするべきである．これには，外的および内的休息の環境，あわただしさおよび職業活動からの自由が欠かせない．それとともに，**宗教的行為**が助成されるだけでなく，国家は同時に不当な**攪乱**から宗教的行為を**保護する**ことを義務づけられる．それゆえ，例えば主日礼拝の間，ダンス施設の営業を法律上禁止することは，ワイマール憲法139条の許された内容形成である[99]．精神向上の保護は宗教的結びつきに関わりなく，人々に与えられるべきものである[100]．人々が精神的に向上しようとするか否かは，各人自身が決めることである．

---

96) BVerfGE 125, 39 (95, 97, 100).
97) OVG MV NordÖR 2010, 321.
98) 例えば vgl. §§11 FeiertG NRW, 13 LÖG NRW.
99) BVerwG NJW 1982, 899 ff.
100) BVerfGE 111, 10 (51).

ワイマール憲法 141 条
［公の営造物における宗教的行為］

　軍，病院，刑事施設又はその他の公の営造物において礼拝及び司牧の要望が存する限りにおいて，宗教団体は，宗教的行事を行うことが許されるものとし，その際にはいかなる強制も避けなければならない．

A．概　　　略

　［1］　いわゆる営造物司牧（Anstaltsseelsorge）は，特別な営造物の条件のもとで，**基本権行使を可能とすること**に資するものである．基本法 4 条 1 項および 2 項によれば，営造物利用者（営造物構成員もしくは営造物被収容者）には国家に対する防禦権としての宗教の自由が保障される．ここからまた，（継受されなかった）ワイマール憲法 140 条が明文をもって軍隊の構成員のために規定していたのと同様に，場合によっては利用者には，「自身の宗教的義務履行のため」必要な自由時間が保障されなくてはならないことが導き出される．ここで言及されている特別な地位関係のなかでの生活事情は，自由の行使を方法を制約するかたちにおいてのみ許すため[1]，国家は基本法 4 条 1 項および 2 項の客観的内容およびこれらから導かれる保護義務に従って，現実的自由を可能にすることが義務づけられる．自由は国家からの自由のみを意味するのではなく，国家のもとでの自由および国家による自由をも意味する[2]．ワイマール憲法 141 条は，宗教共同体は宗教的行事を行うことを許容されなくてはならないということを規定することによって，この義務を履行している．この規定は**宗教共同体の主観的権利**を基礎づけており，――基本法 4 条 1 項および 2 項を通じてかまたは直接的に（140 条［3］）――憲法異議により権利を主張できる．

---

1)　Vgl. *Isensee* EssGespr. 23（1989），36 ff.; *Loschelder* EssGespr. 23（1989），38 ff.
2)　*Heckel* AöR 137（2009），309（360）; *Ehlers*, FS P. Kirchhof, 2013, § 130 Rn. 6.

礼拝および司牧に利害関心を持つ営造物利用者もワイマール憲法141条によって直接権利を保障されるか否かについては[3]，未確定である．というのもいずれにせよ看護の用意のある宗教共同体への妨害は，基本法4条1項および2項を通じて保護される宗教の自由を侵害しているからである[4]．営造物司牧は国家と宗教共同体の**共通事務**（ワイマール憲法137条[2]）に属しており，両者とも憲法上守られている他方の利益への配慮を義務づけられている（ワイマール憲法137条[89]参照）[5]．世界観共同体は，基本法4条1項および2項，ワイマール憲法137条7項に応じて，平等取扱いを要求する権利をもつ[6]．ワイマール憲法141条は部分的に，戦時下における軍の司牧を特別に保護する戦時国際法によって補われている[7]．さらには，国家はヨーロッパ人権条約9条によっても，（たとえば捕虜の）営造物司牧を可能としなくてはならない[8]．

B. ワイマール憲法141条の構成要件

[2] ワイマール憲法141条は礼拝および司牧が**必要であること**を前提としている．営造物利用者がその焦点とされる．宗教共同体の構成員が営造物に存

---

3) 結果的に，これは否定されなくてはならないだろう．Vgl. auch *Kästner*, in: BK, Art. 140 Rn. 688.
4) 結果的には同じく *v. Campenhausen/de Wall*, Staatskirchenrecht, 4. Aufl. 2006, S. 202; *Jeand'Heur/Koriorh*, Grundzüge des Staatskirchenrechts, 2000, Rn. 292.
5) 例えば，国家が，営造物司牧を夜間にのみ指示することは許されない一方で，宗教共同体には，国家施設（例えば，国防軍）の存在権に疑問を投げかけることが許されていない．
6) 同じく *Eick-Wildgans*, HStKR II, S. 995 (1001).
7) Vgl. 捕虜の待遇についてのジュネーブ諸条約36条・37条（BGBl 1954 II S. 838），戦時中の文民保護のためのジュネーブ諸条約24条1項（BGBl 1954 II S. 917），1ジュネーヴ条約の国際的な武力紛争の犠牲者の保護に関する追加議定書5条5項（BGBl 1990 II S. 1551）および非国際的な武力紛争の犠牲者の保護に関する追加議定書9条1項（BGBl 1990 II S. 1637）.
8) EGMR, 29.4.2003, Nr. 38812/ 97, Rn. 166 f.

在し，宗教的看護を事前に拒否していない限り，反証的推論[9]の意味における必要性の存在から出発しなくてはならない[10]．必要性は営造物の主体によって確認されなくてはならない[11]．それに際してはあらゆる内容上の評価を含んでいなくてはならない．そのほか，営造物の主体は，その調査結果を宗教共同体に転送しなくてはならない．というのも，そうする限りにおいて司牧が可能であるからである．ここで主張されている立場を越えた見解によれば，それは宗教共同体の必要性次第であるとする．というのも，その宗教共同体の構成員の精神的な看護をすることによる利益（Interesse）は，基本権上保護されているからであるとされる[12]．そのため，営造物利用者の無関心（Desinteresse）も必要性を除外することにはならないとされる．

[3] 必要性は礼拝の挙行および（厳密には，「または」）司牧に必然的に関連づけられる．司牧の概念は広く解されなくてはならない．これには，信仰および信仰告白の自由に資するもの（また，「宗教的行為の実行の許容」の法効果から生じるようなもの）すべてが含まれる[13]．宗教的に動機づけられたあらゆる種の対話もこれに数えられる．

[4] ワイマール憲法141条は軍[14]，病院，刑務所またはその他のあらゆる公の営造物のなかの営造物司牧に該当する．軍は今日では，（空軍および海軍を含めた）国防軍と理解されうる．病院は，刑務所[15]およびその他の営造物と同様に，そのような**公的な種**の営造物にあたる．その組織を，国家権力（例

---

9) Vgl. *Korioth*, in: Maunz/Dürig, Art. 141 WRV Rn. 7.
10) *v. Campenhausen/Unruh*, in: v. Mangoldt/Klein/Starck III, Art. 141 WRV Rn. 11; *Eick-Wildgans*, HStKR II, S. 995（1002）; 宣教活動性について S. 1008 ff.
11) 質疑権について vgl. Rn. 9.
12) *v. Busse*, Gemeinsame Angelegenheiten von Staat und Kirche, 1978, S. 252 ff.; *Pirson* EssGespr. 23（1989），4（12）．さらに vgl. *Ennuschat* Militärseelorge, 1996, S. 116.
13) より狭くは *Eick-Wildgans*, HStKR II, S. 995（1002 ff.）
14) 軍事司牧の法的問題につき *Kruk* NZWehrr 1977, 1 ff.
15) これにつきより詳しくは *Eick-Wildgans*, Anstaltsseelsorge-Möglichkeiten und Grenzen des Zusammenwirkens von Staat und Kirche im Strafvollzug, 1993, S. 91 ff.

えばラントまたは地方自治体）が主体として支えているか，または少なくとも支配している場合には[16]，常にこのことは妥当する[17]．組織形態は問題とはならない[18]．ワイマール憲法141条が，**営造物**を挙げる場合，この概念は技術上の意味[19]において，他の行政権の主体と境界づけるために用いられているわけではない．この営造物はむしろ，あらゆる利用可能な公的施設として理解されなくてはならない[20]．それゆえ，公法上の営造物とならび，公法上の社団または財団，私法上の形態をとる（ただし，私法上の施設ではない）組織が同様に問題となりうる．国家が私人と協働している場合――例えば，混合的に構成された会社の形態をとる場合など――には，国家は，自身も影響する可能性のある範囲内で（したがって，支配的な地位でない際も含めて）ワイマール憲法141条の顧慮を達成しようとしなくてはならない．国家教会条約のなかでは部分的に，私的な営造物においても宗教の援助に配慮することをラントが承諾している部分があった[21]．**その他の営造物**は，上に挙げた例と類似する方法において国家領域においての宗教的行為を利用者が必要としている場合にのみ該当する．これは例えば，国立の老人ホームおよび障害者営造物，警察[22]に勤めている際ならびに地方自治体の墓地[23]の利用の際に問題となる．

---

16) BVerfGE 128, 226 に依拠している．
17) 国家権力の主体は同様に，行政権限委任者である．
18) BVerfGE 102, 370 (396); *v. Campenhausen/Unruh*, in: v. Mangoldt/Klein/Starck III, Art. 141 WRV Rn. 7.
19) Vgl. *Burgi*, in: Erichsen/Ehlers (Hrsg.), Allgemeines Verwaltungsrecht, 14. Aufl. 2010, §8 Rn. 13 ff.
20) 類似のものとして *Korioth*, in: Maunz/Dürig, Art. 140 GG/Art. 141 WRV Rn. 5.
21) 許容性に関して: *Eick-Wildgans*, HStKR II, S. 995 (1001)．これに対し *Fischer*, Trennung von Staat und Kirche, 3. Aufl. 1984, S. 251 ff.
22) これにつきより詳しくは *Hollerbach*, HStR VI, 1. Aufl. 1989, §140 Rn. 12 ff.; *Schwark*, Geschichte und Rechtsgrundlagen der Polizeiseelsorge in den Ländern der Bundesrepublik Deutschland und Berlin (West), 1986; *Heintzen*, HStKR II, S. 985 (987 ff.)．ブランデンブルグラント憲法38条1文における明示的な警察への言及についても参照．
23) Vgl. *Kästner*, in: BK, Art. 140 Rn. 694.

放送局はその他の営造物にあたらない[24]．国家による宗教の助成は許容されている（140条[9]）ため，国家は，幼稚園，学校および大学といったような営造物のなかでも，宗派に結びつけられた（例えば，宗教の授業または神学部の）催し物の枠内に限られず，司牧を（「公務的な部分」の開始前，終了後，またはその範囲外において）許可することが許されている．これは，ある宗派の構成員が，当地の市町村に司牧を要求する可能性を当然に有しているということにかかわらず，あてはまる．

C. ワイマール憲法141条の法効果

[5] 上に述べたような要件が満たされている場合，**宗教共同体**（すなわち，**すべての**，社団化されたものに限られず）は，宗教的行事の**実施**が許されなくてはならない．宗教共同体の側のそれ以上に特別な組織的要件は必要ではないため，イスラム教の共同体も同様に許可を要求することができる[25]．「宗教的行事」の解釈に対しては，基本法4条1項および2項が指針を提供する．協働的な基本権行使として考慮されるすべての行事が含まれる[26]．ワイマール憲法137条7項ならびに基本法3条1項および3項によれば，世界観に関する保護の必要がある場合，宗教共同体とならび，世界観共同体も許可されうる（[1]）[27]．

[6] 許可は，宗教的（もしくは世界観上の）行事の実施を目的とした禁止

---

24) これに応じ，ワイマール憲法141条は放送法上の参加権とつながりをもつものではない．Vgl. BVerwG NVwZ 1986, 379 ff.
25) 異なる見解として *Unruh*, Religionsverfassungsrecht, 2. Aufl. 2012 Rn. 389.
26) より狭くは OVG R-P ZevKR 33 (1988), 464 ff.; *Anschütz*, WRV, Art. 141 Anm. 1. より強く施設構成員に着目するものとして *v. Campenhausen/Unruh*, in: v. Mangoldt/Klein/Starck III, Art. 141 WRV Rn. 17.
27) 異なる見解として *Korioth*, in: Maunz/Dürig, Art. 141 WRV Rn. 6（これによれば，世界観共同体が，司牧を行うことができることまたは，宗教的行為をなすことができることは，想定しがたい．）．

の解除（Freigabe）にも等しく，まさに国家的な施設のなかで行われる．宗教共同体が，ワイマール憲法141条に基づく申出をなす意思がある場合には，入場の権利および行動の権利がこのなかには含まれる[28]．営造物司牧の編成は宗教共同体の問題であり，国家の問題ではない．ワイマール憲法141条から国家の財政的責任は生じることはない．しかし，費用の国家による引き継ぎは許容されており，これは法政策的にも適切である．というのも，国家は営造物司牧の責任者であるからである[29]．支配的見解によれば**国家**は，営造物司牧の「責任を自ら引き受ける」という，ワイマール憲法141条を越えた権限を与えられている[30]．これに応じて，1957年2月22日発効の「ドイツ連邦共和国とドイツ国内の福音主義教会とによる福音主義の『軍事牧会』に関する規律のための契約」[31]2条2項に基づき，軍事牧会の組織的な構築に国家は配慮し，費用を負担している．一方，牧会自体は1項により，教会の委託と監視のもとにある教会における労働の一部として行われている[32]．従軍牧師（Militärgeistlichen）

---

28) これについて vgl. *Classen*, Religionsrecht, 2006, Rn. 561. m. w. N.
29) 賛意を示すものとして *Jeand' Heur/Korioth*, Grundzüge des Staatskirchenrechts, 2000, Rn. 293 ならびに Fn. 9.
30) *Anschütz*, WRV, Art. 141 Anm. 2. さらに vgl. *Seiler*, HStKR II, S. 961 (968 ff.); *Mückel*, HStR VII, §161 Rn. 55 ff.; *Pirson* EssGespr. 23 (1989), 21 ff., 26 ff., 45 ff., 48 ff., *v. Campenhausen/de Wall* (Fn. 4), S. 198; *Ennuschat* (Fn. 12), S. 121, 159; *dens.*, ZevKR 41 (1996), 419 ff.; *Kruk* NZWehrr 1977, 1 ff.; *Mehrle*, Trennung vom Staat-Mitarbeit in staatlichen Institutionen, 1998, S. 304 ff.
31) BGBl 1957 II S. 702.
32) 牧会契約は，連邦の全領域に関わりをもつ．ただし，新ラントの福音主義ラント教会における教会内部への実効性は，欠如している．というのは，この点ではラント教会の同意を欠いているからである．1996年3月8日に，ドイツ福音主義教会とドイツ連邦共和国との間で，新ラントにおける軍事牧会についての2003年末までの期限がついた枠組協定（Rahmenvereinbarung）が締結された（LKV 1996, 196 ff. に掲載）．これによれば，とりわけ新ラントにおける福音主義の専任従軍牧師は，国家公務員関係にはない．2002年に連邦政府とドイツ福音主義教会との間で交渉のうえ決められた解決策は，軍事牧会契約を確かに全ドイツにおいて統一的に適用することを予定するものである．しかし，契約の解釈に関する議事録覚書によって，

は，公務員関係のなかで任命される（同契約 16 条以下）．カトリックの従軍司祭については，公務員法上の諸規定が，1957 年 7 月 26 日発効の軍事牧師についての法律[33] 2 条 2 項と結びついたライヒ政教条約 27 条 4 項 2 号の趣旨に則して適用されなくてはならない．従軍司教（Militärbischöfe）は確かに国家的職務を果たしているわけではない．しかし，カトリックの従軍司教の指名は国家の了解を必要としており[34]，福音主義の従軍監督の指名は，国家の協賛が必要であるとされている．無論後者に関しては，拒否権の意味のもとで理解されてはならないとされる[35]．また，その他の——とりわけ刑務所における——営造物司牧者については，幾つかのラントでは公務員としての地位をもつものも存在する[36]．

[7] ワイマール憲法 141 条と結びついた基本法 140 条を越えるような**規律は，部分的に基本法と両立しえない**．このことは特に，国家公務員としての関係の構築についてあてはまる[37]．確かに，国家と教会の分離（ワイマール憲

柔軟な運用が許されており，これは，旧連邦共和国での軍事牧会の今日までの構造を無制約に新ラントへと転用することに対して依然として存在する疑念を，とりわけ新ラントにおける福音主義ラント教会の中で顧慮することを可能とするものである（vgl. LKV 2004, 22 ff.）．全体につきより詳しくは *v. Campenhausen/de Wall*（Fn. 4), S. 203 ff. ならびに Fn. 47; *Unruh*,（Fn. 25), Rn. 397.

33) BGBl 1957 II S. 701.
34) Art. 27 II RK.
35) Vgl. *Pirson* EssGespr. 23（1989), 4（21).軍事牧会契約 11 条 1 項が法的基礎である（Fn. 32）．これに対し，軍事牧会契約の政府の提案理由によれば，従軍監督の指名の際重大な抗弁に限定された拒否権は，同 11 条 1 項によって容認されている（BT-Dr. 2/ 3500, S. 2). 全体につきさらに vgl. *Blaschke/Oberhem*, Bundeswehr und Kirchen, 1985, S. 73 ff.
36) 刑事執行法 157 条 1 項によれば，司牧者は，その都度の宗教共同体と協調して，本局に置かれるか，または契約上義務づけられる．
37) また vgl. *Isensee* EssGespr. 23, 36（38); *Jeand'Heur/Korioth*, Grundzüge des Staatskirchenrechts, 2000, Rn. 301; *Eick-Wildgans*（Fn. 15), S. 183 ff.; *Huber*, Kirch und Öffentlichkeit, 1973, S. 264; *Obermayer*, in: BK, Art. 140（1971) Rn. 95; *Preuß*, AK, Art. 140 Rn. 71; *Sailer* ZRP 2001, 80（85); *Magen*, in: Umbach/Clements, Art. 140 Rn. 147;

法137条1項), 国家の中立性の要請 (基本法140条[9]) および, ワイマール憲法137条3項2号はある宗派と結びついた公職を除外してはいない. しかし, ここでは例外として扱われなければならない. 憲法自体からそれに適合した根拠が読み取られえないかぎり, 国家的領域における法的に認められた宗教助成が, ある宗派に結びついた公職を設置することを必要としているという証明がなされなくてはならない (ワイマール憲法136条[3]). ここでは, この必要性は根拠づけられえない. というのも, 公務員としての地位が, 公務を実施するための作用を条件づけるのではなく, むしろ実際としては,「教会勤務者」によって営造物司牧は実施されうるからである. 公務員としての関係は,(公務員の原則的な命令拘束性もあいまって) 国家的事柄と宗教的事柄を混同する危険性および国家の目的のために司牧が手段化される危険性を惹起する[38]. 宗教共同体からの脱会は, 組織的および内容的な観点から要求されている国家と教会の根本的な分離を出し抜くようなことはできない (ワイマール憲法137条[9]). 教会による従軍司教の指名に対する国家の拒否権については, ワイマール憲法137条[9]も参照されたい.

[8] 営造物司牧の枠内において国家と宗教共同体は, 互いを顧慮しなくてはならない ([1]) ことから, 営造物の事情による意図および目的から必要とされる限りにおいて, 宗教共同体への許可は**制約**を加えることも許される. 指導的な考え方となるのは, (衝突する憲法上の権利によって保護されてもいる) 国家的営造物の機能可能性である[39]. 制約は, 場所的または時間的な方法による可能性があり, 特に (例えば刑務所の中での) 安全性の必要が関係しうる (例を挙げれば, 部外者との接触禁止[40]のためなど). こうした制約は, 比例

Mager, in: v. Münch/Kunig, Art. 140 Rn. 96; *Korioth*, in: Maunz/Dürig, (Fn. 4), S. 205; *Mückel*, HStKR Ⅶ, § 161 Rn. 63; *Muckel*, in; Friauf/Höfling, Art. 141 WRV Rn. 23.

38) 軍事司牧への国家的期待について vgl. *Pirson* EssGespr. 23 (1989), 4 (14 ff.). 刑事執行に関しては, すべての刑事執行に備わる者 (営造物司牧を含める) は, 協力し, 執行の任務を遂行することへと寄与することを刑事執行法145条は定めている.

39) Vgl. auch *Unruh* (Fn. 25), Rn. 394.

40) 接触禁止について例えば vgl. §§31 ff. EGGVG.

性の要求を満たさなければならない．これに応じて刑事執行法54条3項は，安全または秩序の重大な理由から要請される場合に，被収容者を礼拝またはその他の宗教的な催し物に参加させないことを可能としている．さらに司牧者は，法律，権利および憲法を尊重しなくてはならない．このことは確かに，法律上の諸規律への批判を不可能とするわけではない．ただし，基本法79条3項にて表されている憲法上の基本原理を疑わしいものとすることはとりわけ許されない．その限りで，公法上の社団の権利の取得とパラレルである（ワイマール憲法137条[28]）．執行の緩和中にある刑事被収容者が，閉鎖行刑のもとで提供されている刑務所の司牧に関する催し物に訪れることは禁止されうる[41]．国家は司牧の内容に影響を及ぼす権限をもつ余地はない．

[9] 個々人に対しても，宗教共同体に対しても強制力を及ぼすことは許されないということは，すでに基本法4条1項，2項およびワイマール憲法136条4項から生じている[42]．営造物利用者が，営造物の中への受け入れの際にある宗教への帰属性を問われることは，受け答えをなすことが，任意であり，要求しうる要件のもとでそれを拒否することが可能である場合，司牧的な看護を可能とするためであるとされ，許される（ワイマール憲法136条[7]）．

D. 内容形成的規律

[10] いくつかのラント憲法および国家教会条約，数多くの国家法律および行政規則の中で営造物司牧は詳細に規律されている[43]．軍人に対して（義務的に）予定されている**道徳・情操教育**はもはやかつてと異なり[44]，宗教的

---

41) BVerfG ZevKR 33 (1988), 469.
42) Vgl. BVerwGE 73, 247 ff.（軍楽隊の構成員を軍事司牧の催し物へ参加させる命令の違法性）.
43) これに関して，vgl. *Eick-Wildgans*, HStKR II, S. 995 (997 ff.) および，特別に重要な資料の一覧は EssGespr. 23 (1989), 169 ff. 例えば vgl. §§36 SG, 38 ZDG.
44) vgl. 前版の[10]．

行為として構想されてはいないが,「通常,軍事司牧者によって」教育はなされなくてはならない[45]．連邦警察にとり職業教育の一部となっている「職業倫理の教育」に対しては，より一層強い憲法上の疑念が存在している．というのも，キリスト教の生活指導上の原則にその授業は基づいているためである[46]．

刑事執行の領域については，とりわけ刑事訴訟法 53 条から 55 条，刑事執行法 157 条が刮目される[47]．刑事訴訟法 53 条 1 項 1 号によれば，聖職者は，自らの司牧者としての特質において自身を信用たらしめ，公のものと知らしめていることについて，刑事手続き上の証言拒否の権利を与えられている[48]．刑事訴訟法 160a 条 1 項 1 文は，これに関連して証拠調べおよび証拠使用の絶対的禁止を命じている[49]．聖職者の概念は，世俗的な意味[50]において理解されなくてはならないが，その際，教会法（宗教法）には指導的な像を形成する機能が与えられる[51]．委託された者には，宗教共同体内での高い地位が結びつけられた，司牧による看護を目的とした公務が委任されていなくてはならない[52]．公法上定められている宗教共同体の構成員であるかは，必ずしも問題

---

45) Nr. 104 der Zentralen Dienstvorschriften des Bundesministers der Verteidigung v. 27.6.2011. この規律に対して疑いはないとしているものとして *Muckel*, in: Friauf/Höfling, Art. 140/Art. 141 WRV Rn. 25.

46) Vgl. auch *Unruh* (Fn. 25), Rn. 408.

47) これに関し詳細には *Eick-Wildgans* (Fn. 14), S, 223 ff.; 警察法について vgl. §22 III BPolG（多様なラント警察法について *de Wall* ZevKR 56 (2011), 4 (6).

48) この条項はその核心において憲法上，要請されているものである．Vgl. auch BVerfGE 109, 279 (322), これによれば，告解または告解的な性格を伴う対話の保護は宗教的行為における人間の尊厳の内容に属する．司牧の秘密保護（さらにこれに対応するドイツ福音主義の法律）についてより詳しくは *de Wall* ZevKR 56 (2011), 4 ff. Vgl. auch die parallele Vorschrift des §383 II Nr. 4 ZPO. 盗聴工作からの告解の秘密の保護について vgl. BVerfGE 109, 279 (313 f., 322).

49) 合憲性について vgl. BVerfGE NJW 2012, 833 Rn. 252 ff.

50) *de Wall* NJW 2007, 1856 (1857).

51) *Radkte* ZevKR 52 (2007), 617 (632).

52) Vgl. BGH NStZ 2010, 646 Rn. 19.

とはならない[53]。聖祭叙階を受けていない司牧者も，彼が教会の職務に関する法の要件に従って，専属的に司牧を委託されている場合には，いずれにせよ法律上の意味における聖職者とみなされうる[54]。ただし，専属的な委託は必ずしも必須のものとされているわけではない[55]。証言拒否権は，（司牧に無関係な対話とは異なり）対話の中の司牧に関する部分にのみ関わる[56]。ある聖職者に，その司牧者としての特質を信用たらしめ，または公と知らしめている事実が備わっているか否かの問題は，決して争いがないわけではない，判例によって確立された基準によれば，客観的なものであり，疑わしい場合には聖職者の道徳的決定（Gewissenentscheidung）の斟酌のもと，判断されなくてはならない[57]。こうしたことは，自ずと著しい範囲画定の問題をもたらしうる[58]。連邦通常裁判所は，和解のやりとりを司牧に関わる活動として位置づけなかった．また，ヨーロッパ人権条約9条1項からは，被収容者の宗教的しきたり（食べ物の制約および服装の規定）を，それが，安全と秩序を脅かさない限り，顧慮される権利が生じる[59]。

---

53) BGH NStZ 2010, 646 Rn. 8 ff.
54) BVerfG (K) NJW 2007, 1865 (1866); さらに vgl. すでに BGH NJW 2007, 307 f.
55) 疑わしいものとしてはさらに BGH NStZ 2010, 646 Rn. 22.
56) BVerfG (K) NJW 2007, 1865 (1866).
57) BVerfG (K) NJW 2007, 1865 (1866 f.); BGHSt 37, 138 (140). Vgl. auch *de Wall* NJW 2007, 1856 ff.; *Radkte* ZevKR 52 (2007), 617 ff.; *Ling* GA 2001, 325 ff.; *ders.* KuR 2008, 70 ff.
58) BGH NStZ 2010, 646 Rn. 24.
59) Vgl. *Grabenwarter/Pabel*, Europäische Menschenrechtskonvention, 5. Aufl. 2012, §23 Rn. 121.

編訳者・訳者一覧

松原　光宏	中央大学法学部教授（憲法）・法学博士（Dr. iur. ドイツ・キール大学）
山内　惟介	中央大学法学部教授（国際私法・比較法）・法学博士（中央大学）・名誉法学博士（ドイツ・ミュンスター大学）
工藤　達朗	中央大学法科大学院教授（憲法）
柴田　憲司	中央大学法学部助教（憲法）・博士（法学）（中央大学）
土屋　　武	新潟大学法学部准教授（憲法）
村山　美樹	中央大学大学院法学研究科博士課程後期課程（公法）
吉岡　万季	中央大学大学院法学研究科博士課程後期課程（公法）

エーラース教授名誉学位授与記念講演集
教会・基本権・公経済法
日本比較法研究所翻訳叢書（76）

2017年3月30日　初版第1刷発行

編訳者　松　原　光　宏
発行者　神　﨑　茂　治

発行所　中　央　大　学　出　版　部
〒192-0393
東京都八王子市東中野742-1
電話 042 (674) 2351・FAX 042 (674) 2354
http://www2.chuo-u.ac.jp/up/

ⓒ 2017　松原光宏　　ISBN 978-4-8057-0377-9　　藤原印刷（株）

本書の無断複写は、著作権法上での例外を除き、禁じられています。
複写される場合は、その都度、当発行所の許諾を得てください。

日本比較法研究所翻訳叢書

0	杉山直治郎訳	仏　蘭　西　法　諺	B6判（品切）
1	F・H・ローソン 小堀憲助他訳	イギリス法の合理性	A5判 1200円
2	B・N・カドーゾ 守屋善輝訳	法　　の　　成　　長	B5判（品切）
3	B・N・カドーゾ 守屋善輝訳	司法過程の性質	B6判（品切）
4	B・N・カドーゾ 守屋善輝訳	法律学上の矛盾対立	B6判 700円
5	P・ヴィノグラドフ 矢田一男他訳	中世ヨーロッパにおけるローマ法	A5判（品切）
6	R・E・メガリ 金子文六他訳	イギリスの弁護士・裁判官	A5判 1200円
7	K・ラーレンツ 神田博司他訳	行為基礎と契約の履行	A5判（品切）
8	F・H・ローソン 小堀憲助他訳	英米法とヨーロッパ大陸法	A5判（品切）
9	I・ジュニングス 柳沢義男他訳	イギリス地方行政法原理	A5判（品切）
10	守屋善輝編	英　　米　　法　　諺	B6判 3000円
11	G・ボーリー他 新井正男他訳	〔新版〕消　費　者　保　護	A5判 2800円
12	A・Z・ヤマニー 真田芳憲訳	イスラーム法と現代の諸問題	B6判 900円
13	ワインスタイン 小島武司編訳	裁判所規則制定過程の改革	A5判 1500円
14	カペレッティ編 小島武司編訳	裁判・紛争処理の比較研究(上)	A5判 2200円
15	カペレッティ 小島武司他訳	手続保障の比較法的研究	A5判 1600円
16	J・M・ホールデン 高窪利一監訳	英国流通証券法史論	A5判 4500円
17	ゴールドシュティン 渥美東洋監訳	控　え　め　な　裁　判　所	A5判 1200円

日本比較法研究所翻訳叢書

18	カペレッティ編/小島武司編訳	裁判・紛争処理の比較研究（下）	A5判	2600円
19	ドゥローブニク他編/真田芳憲他訳	法社会学と比較法	A5判	3000円
20	カペレッティ編/小島・谷口編訳	正義へのアクセスと福祉国家	A5判	4500円
21	P・アーレンス編/小島武司編訳	西独民事訴訟法の現在	A5判	2900円
22	D・ヘーンリッヒ編/桑田三郎編訳	西ドイツ比較法学の諸問題	A5判	4800円
23	P・ギレス編/小島武司編訳	西独訴訟制度の課題	A5判	4200円
24	M・アサド/真田芳憲訳	イスラームの国家と統治の原則	A5判	1942円
25	A・M・プラット/藤本・河合訳	児童救済運動	A5判	2427円
26	M・ローゼンバーグ/小島・大村編訳	民事司法の展望	A5判	2233円
27	B・グロスフェルト/山内惟介訳	国際企業法の諸相	A5判	4000円
28	H・U・エーリヒゼン/中西又三編訳	西ドイツにおける自治団体	A5判	（品切）
29	P・シュロッサー/小島武司編訳	国際民事訴訟の法理	A5判	（品切）
30	P・シュロッサー他/小島武司編訳	各国仲裁の法とプラクティス	A5判	1500円
31	P・シュロッサー/小島武司編訳	国際仲裁の法理	A5判	1400円
32	張晋藩/真田芳憲監修	中国法制史（上）	A5判	（品切）
33	W・M・フライエンフェルス/田村五郎編訳	ドイツ現代家族法	A5判	（品切）
34	K・F・クロイツァー/山内惟介監訳	国際私法・比較法論集	A5判	3500円
35	張晋藩/真田芳憲監修	中国法制史（下）	A5判	3900円

日本比較法研究所翻訳叢書

36	G・レジエ他／山野目章夫他訳	フランス私法講演集	A5判 1500円
37	G・C・ハザード他／小島武司編訳	民事司法の国際動向	A5判 1800円
38	オトー・ザンドロック／丸山秀平編訳	国際契約法の諸問題	A5判 1400円
39	E・シャーマン／大村雅彦編訳	ＡＤＲと民事訴訟	A5判 1300円
40	ルイ・ファボルー他／植野妙実子編訳	フランス公法講演集	A5判 3000円
41	S・ウォーカー／藤本哲也監訳	民衆司法―アメリカ刑事司法の歴史	A5判 4000円
42	ウルリッヒ・フーバー他／吉田豊・勢子編訳	ドイツ不法行為法論文集	A5判 7300円
43	スティーヴン・L・ペパー／住吉博編訳	道徳を超えたところにある法律家の役割	A5判 4000円
44	W・マイケル・リースマン他／宮野洋一他訳	国家の非公然活動と国際法	A5判 3600円
45	ハインツ・D・アスマン／丸山秀平編訳	ドイツ資本市場法の諸問題	A5判 1900円
46	デイヴィド・ルーバン／住吉博編訳	法律家倫理と良き判断力	A5判 6000円
47	D・H・ショイイング／石川敏行監訳	ヨーロッパ法への道	A5判 3000円
48	ヴェルナー・F・エプケ／山内惟介編訳	経済統合・国際企業法・法の調整	A5判 2700円
49	トビアス・ヘルムス／野沢・遠藤訳	生物学的出自と親子法	A5判 3700円
50	ハインリッヒ・デルナー／野沢・山内編訳	ドイツ民法・国際私法論集	A5判 2300円
51	フリッツ・シュルツ／眞田芳憲・森光訳	ローマ法の原理	A5判 (品切)
52	シュテファン・カーデルバッハ／山内惟介編訳	国際法・ヨーロッパ公法の現状と課題	A5判 1900円
53	ペーター・ギレス／小島武司編	民事司法システムの将来	A5判 2600円

日本比較法研究所翻訳叢書

54	インゴ・ゼンガー 古積・山内 編訳	ドイツ・ヨーロッパ民事法の今日的諸問題	A5判 2400円
55	ディルク・エーラース 山内・石川・工藤 編訳	ヨーロッパ・ドイツ行政法の諸問題	A5判 2500円
56	コルデュラ・シュトゥンプ 楢﨑・山内 編訳	変革期ドイツ私法の基盤的枠組み	A5判 3200円
57	ルードフ・V・イエーリング 眞田・矢澤 訳	法学における冗談と真面目	A5判 5400円
58	ハロルド・J・バーマン 宮島直機 訳	法　と　革　命　Ⅱ	A5判 7500円
59	ロバート・J・ケリー 藤本哲也 監訳	アメリカ合衆国における組織犯罪百科事典	A5判 7400円
60	ハロルド・J・バーマン 宮島直機 訳	法　と　革　命　Ⅰ	A5判 8800円
61	ハンス・D・ヤラス 松原光宏 編	現代ドイツ・ヨーロッパ基本権論	A5判 2500円
62	ヘルムート・ハインリッヒス他 森　勇 監訳	ユダヤ出自のドイツ法律家	A5判 13000円
63	ヴィンフリート・ハッセマー 堀内捷三 監訳	刑罰はなぜ必要か 最終弁論	A5判 3400円
64	ウィリアム・M・サリバン他 柏木　昇 他訳	アメリカの法曹教育	A5判 3600円
65	インゴ・ゼンガー 山内・鈴木 編訳	ドイツ・ヨーロッパ・国際経済法論集	A5判 2400円
66	マジード・ハッドゥーリー 眞田芳憲 訳	イスラーム国際法　シャイバーニーのスィヤル	A5判 5900円
67	ルドルフ・シュトラインツ 新井　誠 訳	ドイツ法秩序の欧州化	A5判 4400円
68	ソーニャ・ロートエルメル 只木　誠 監訳	承諾、拒否権、共同決定	A5判 4800円
69	ペーター・ヘーベルレ 畑尻・土屋 編訳	多元主義における憲法裁判	A5判 5200円
70	マルティン・シャウアー 奥田安弘 訳	中東欧地域における私法の根源と近年の変革	A5判 2400円
71	ペーター・ゴットバルト 二羽和彦 編訳	ドイツ・ヨーロッパ民事手続法の現在	A5判 2500円

日本比較法研究所翻訳叢書

72	ケネス・R・ファインバーグ 伊藤壽英訳	大惨事後の経済的困窮と公正な補償	A5判 2600円
73	ルイ・ファヴォルー 植野妙実子監訳	法にとらわれる政治	A5判 2300円
74	ペートラ・ポールマン 山内惟介編訳	ドイツ・ヨーロッパ保険法・競争法の新展開	A5判 2100円
75	トーマス・ヴュルテンベルガー 畑尻剛編訳	国家と憲法の正統化について	A5判 5100円

＊価格は本体価格です。別途消費税が必要です。